U0928569

浙江省哲学社会科学规划重大招标课题成果

科学发展观与浙江发展研究中心研究成果

转型升级:浙江发展的战略抉择

徐竹青　徐明华　王祖强　等著

北京

图书在版编目（CIP）数据

转型升级：浙江发展的战略抉择/徐竹青，徐明华，王祖强等著
北京：中国经济出版社，2010.8
ISBN 978-7-5136-0088-0

Ⅰ.①转… Ⅱ.①徐… ②徐… ③王… Ⅲ.①地区经济—经济发展—研究—浙江省
Ⅳ.①F127.55

中国版本图书馆 CIP 数据核字（2010）第 142987 号

责任编辑　刘一玲
责任印制　石星岳
封面设计　久品轩工作室

出版发行　中国经济出版社
印 刷 者　北京市人民文学印刷厂
经 销 者　各地新华书店
开　　本　880mm×1230mm　1/32
印　　张　11.875
字　　数　290 千字
版　　次　2010 年 8 月第 1 版
印　　次　2011 年 4 月第 2 次
书　　号　ISBN 978-7-5136-0088-0/F·8436
定　　价　32.00 元

中国经济出版社 **网址** www.economyph.com **社址** 北京市西城区百万庄北街 3 号 **邮编** 100037
本版图书如存在印装质量问题，请与本社发行中心联系调换（联系电话：010-68319116）

目录 Contents

导 论

浙江经济:发展历程与转型升级

党的十七大明确提出以转变经济发展方式为核心内容的经济发展战略后,浙江把加快经济转型作为全面落实科学发展观,促进浙江经济又好又快发展的重要战略。应该说,在现代经济发展中,特别是在科学发展观指导下的经济转型与发展方式转变有着深刻的内涵,但如何进一步把握发展方式转变和经济转型的核心和关键,对当前浙江经济发展现状和存在问题给出相对客观的评价和解释,进而为浙江全面落实科学发展观促进经济又好又快发展提供更加科学的政策依据,为当前和今后一个时期浙江经济发展战略以及“十二五”规划的前期研究提供参考,是非常迫切的。

一、经济转型的内涵

经济转型与发展方式转变是当代发展经济学和制度经济学都十分关注的重要课题，也是我国现代化建设中的重大现实问题。国内外在增长方式转变、发展方式转变和经济转型等相关领域都有诸多研究成果。

关于经济转型，有人把它简单归结为从计划经济到市场经济的转变，且将“转型”、“转轨”和“改革”三者联系起来。如厉以宁在《转型发展理论》中，就认为中国是一个转型的发展中国家，而转型就是指中国正在从计划经济体制转变到市场经济体制，发展则是指中国正在从不发达状态迈向现代化。[①] 热若兰·罗兰在《转型与经济学》中把研究前社会主义经济从计划向市场经济转型过程的领域称之为转型经济学，并认为“转型”、“转轨”和“改革”似乎具有同一种含义。[②] 而在吴敬琏的《改革，我们正在过大关》、《转轨中国》和《当代中国经济改革》中，“改革”与“转轨”指称的是同一研究对象。[③] 但更多的学者从更广义的角度来理解转型，如纪宝成等在《转型经济条件下的市场秩序研究》中将“改革”（市场化）与“发展”（工业化）分别作为一种转型提出。[④] 科尔奈也认为，转型“不仅仅只包括经济的转型，还包括了生活方式、文化的转型，政

① 厉以宁．转型发展理论．北京：同心出版社，1996：2.

② （比利时）热若尔·罗兰．转型与经济学．北京大学出版社，2002.

③ 参见吴敬琏．改革，我们正在过大关．北京：北京三联书店，2001．吴敬琏．转轨中国．成都：四川人民出版社，2002．吴敬琏．当代中国经济改革．上海：上海远东出版社，2004.

④ 纪宝成．转型经济条件下的市场秩序研究．北京：中国人民大学出版社，2003.

治、法律制度的转型等多个方面”。“从集中管理的命令经济到市场经济是转型的一个维度。从较低发展水平到较高的发展水平，从一个农业社会到一个更为城镇化的社会是其他几个维度。”①秦晓则提出了双重转型的概念，即“中国正在经历着以工业化为目标的经济结构转型和以市场机制为导向的经济体制转型，这一双重转型是当前中国经济发展与改革的主题”②。

从发展经济学来看，转型经济最大的特点在于它是一种“过渡形态的经济”或者“阶段性经济”。刘易斯就此提出过“二元经济”、“适用技术”、“经济依附”等观点，对经济转型中的结构性特点作过探讨和研究。③ 而钱纳里进一步认为，结构构成表现为“一个经济和社会系统中相对稳定的关系。”从世界经济的发展过程来考察，经济发展是“一个相对固定的结构向另一个结构的多维过渡”。“结构转型”（the Structural Transformation）或“结构变迁”（the Structural Change）涉及“由于国民生产总值连续的增长所必然引致的经济和机制结构的一系列变化”，亦即“一个传统的经济体制向一个现代经济体制的转型”④。M. 赛尔奎因则进一步把“结构变迁”定义为“从生产和要素使用角度来考虑的各部门在经济中的相对重要性。工业化便成了结构变迁的中心过程”。而且认为，“结构变迁居于现代经济增长的中心。在不存在持续的跨部门要素收益均等化的前提下，把资源再配置到那些具有更高生产率的部门可促进增长。在这类非均衡的环境中，如果结构变迁可以导致更充分和更好地利用资源的话，那么，结构变迁将成为增长的潜在源泉。同发达国家相比，潜在收益对于发展中国家来说似乎更显得

---

① （匈牙利）雅诺什·科尔奈. 大转型. 比较，2005，17：2－4.

② 秦晓. 经济转型和政府经济职能的转变. 中国经济时报，2006－1－16.

③ （英）阿瑟·刘易斯：《经济增长理论》，北京：商务印书馆，1983 年。

④ （美）H. 钱纳里：《结构变化与发展政策》，北京：经济科学出版社，1991 年。

重要，这是因为发展中国家表现出更为明显的非均衡症状，而且发展中国家可以实现更快的结构变迁速率”①。

随着改革开放的深化与我国经济发展阶段的提升，国内学术界关于经济转型问题的研究则显得更为具体和现实，一些研究者更是着眼于发展转型中的发展方式(或增长模式)转变问题。周振华探讨了增长转型问题，即在体制约束条件下增长方式或发展方式的转换，认为“在现实经济生活中，实际增长方式的差异构成了不同总体特征反映的类型。但从理论上讲，增长方式可以从不同的角度进行划分，没有统一的格式。……而选择哪种角度来划分增长方式的类型，完全取决于其研究的内容及其需要”②。林毅夫着重从自生能力、要素禀赋、发展战略等角度深入探讨了经济转型和经济发展问题，并认为经济转型的最终完成有赖于企业自生能力问题的根本解决、政府职能的转变和公平竞争市场的建立。③ 吴敬琏在对发展经济中增长理论的梳理和现代经济增长效率源泉归纳的基础上，讨论了中国增长模式和工业化道路存在的问题，进而提出了实现增长模式转变的途径和重点举措。④ 刘世锦指出：“独特的要素组合加改革开放，使中国的增长模式呈现出低成本竞争优势，但这一优势并不能概括中国经济的全貌，而且正面临着向技术进步为基础的新竞争优势转型的紧迫挑战。”⑤尽管他与吴敬琏

① (美)H. 钱纳里、M. 赛尔奎因：《发展的型式：1950—1970》，北京：经济科学出版社，1988 年。

② 周振华．增长转型．上海：上海人民出版社，1997：3 –4.

③ 参见林毅夫．自生能力、经济转型与新古典经济学的反思．经济研究，2002(12)．林毅夫．自生能力、经济发展与转型：理论与实证．北京：北京大学出版社，2004.

④ 参见吴敬琏．当代中国经济改革．上海：上海远东出版社，2004. 吴敬琏．中国增长模式抉择．上海：上海远东出版社，2006.

⑤ 刘世锦等．增长模式转型与新型工业化道路的选择．北京：人民大学出版社，2006.

关于当代中国经济转型趋势上有着不同的看法,但他们都强调创新或技术进步是中国经济转型和发展方式转变的根本途径。党的十七大以后,发展方式替代了增长方式,且在概念上得到了共识,即“坚持走中国特色新兴工业化道路,坚持扩大国内需求特别是消费需求的方针,促进经济增长由主要依靠投资、出口拉动向依靠消费、投资、出口协调拉动转变,由主要依靠第二产业带动向依靠第一、第二、第三产业协同带动转变,由主要依靠增加物质资源消耗向主要依靠科技进步、劳动者素质提高、管理创新转变”。

本世纪,随着经济发展水平的提升,浙江经济进入新的发展阶段,加快经济转型和发展方式转变成为新阶段经济发展战略的重要课题。早在“十一五”规划前期研究中,朱家良就提出,实现三大转型(即经济增长方式由粗放型向集约型转变,经济体制由初级市场经济向更具活力更加开放的现代市场转型,传统二元经济社会结构向现代结构转型)互动发展是浙江“十一五”时期和今后更长时期经济发展的关键所在,并就如何加快增长方式转变提出过具体的政策建议。① 史晋川指出,从区域发展的视角来看,浙江经济已率先基本上完成了从农业经济向工业化中期经济的发展阶段转换,经济发展的新的历史任务是推进区域经济发展从工业化中期向工业化后期的转变转换,即发展的阶段转换。为此,要完成从粗放型经济增长方式向集约型经济增长方式的转变,建立起经济与自然及环境协调发展的机制;完成从二元经济结构向现代结构的转变,建立起产业结构升级和经济与社会协调发展的机制;完成从“强县战略”向“都市战略”的空间发展格局的转变,通过加速城市化进程来提升工业化水平和统筹城乡发展。② 金祥荣更重视国际

---

① 朱家良. 深化新阶段浙江经济发展战略研究. 浙江经济,2004(14).

② 史晋川. 制度变迁与经济发展:“浙江模式”研究. 浙江社会科学,2007(5).

化对区域经济转型和增长方式转变的影响和作用。[①] 盛世豪等则强调，体制创新和科技创新是推动经济增长方式、社会结构和政府职能转型的重要动力，在此基础上，提出了当前浙江经济转型主要体现在包括市场经济体制、发展动力等六个方面的转变。[②] 郭占恒认为，当前浙江的发展转型与以往的两个转变有着根本性的不同，一是转型的内涵是以人为本和又好又快，解决了转型的目的性问题；二是转型的外延涉及经济、政治、文化、社会各个方面，解决了转型的全面性问题。发展转型的主要思路在于实现约束目标，强化制度建设。[③] 朱卫江认为，转型是新时期的浙江经济发展战略，其目标是全面提升国际竞争力和综合竞争力，实现科学发展和谐发展，根本路径是坚持走中国特色新型工业化道路，重点领域是产业结构、增长模式、体制机制、开放格局和区域发展等五个方面。[④] 盛世豪指出，当前浙江经济转型的主要内容是全球化背景下完善社会主义市场经济体制、走浙江特点的新型工业化道路和推进城乡统筹发展，而加快发展方式转变是促进经济转型的核心。[⑤]

综合上述研究，我们更倾向于认为，一般来说，经济转轨是指经济体制的转轨，即从一种经济体制转变为另一种经济体制，其实质是资源配置方式和经济运行的转变。这是一个特定的、集合的概念，它是相对于过渡时期（即指经济运行从一个社会历史阶段向另一个历史阶段转换的时期，它描述了一般意义上的历史阶段转换过程）或过渡经济时期而言的，与政治取向无关。它更注重的是

---

① 金祥荣．两难困境：增长方式转变与国际化．浙江社会科学，2005(4)．

② 参见盛世豪．努力培育浙江经济增长的新支撑．浙江经济，2004(22)．盛世豪等．创新与转型：浙江经济新现象．北京：中共中央党校出版社，2006．

③ 郭占恒．关于浙江发展转型的几个问题．浙江经济，2007(6)．

④ 朱卫江．关于浙江经济转型升级的几点思考．政策瞭望，2008(2)．

⑤ 盛世豪．浙江经济转型30年：特点与趋势．政策瞭望，2008(5)．

整体性的制度结构的更替，以及在这种更替过程中一系列相互联系和相互制约的制度安排，因此是一种更系统的制度变迁。与此相对应，转轨经济是指经济体制转轨过程中的，即资源配置与经济运行方式牌变动过程中的经济运行状态，与之相关联的还有过渡经济的提法，都意味着将介于两种体制间的某一经济过程作为经济学的研究对象的可能性。

而转型则是一个大概念，它包括了许多方面，甚至是一些细小的转轨。它"不仅仅只包括经济的转型，还包括了生活方式、文化的转型，政治、法律制度的转型等多个方面。转型有可能是同步推进的，有可能是有前因后果的"①。在经济转型中，"既要看到显在的经济绩效，也应看到潜在的经济制度变革"②。发展转型则是指经济发展阶段的转换。③ 厉以宁曾提出过"转型发展观"，他认为中国是一个转型的发展中国家，转型是指中国正在从计划经济体制转变到市场经济体制，而发展是指中国正在从不发达状态迈向现代化。④ 秦晓则提出过双重转型，即"中国正在经历着以工业化为目标的经济结构转型和以市场机制为导向的经济体制转型，这一双重转型是当前中国经济发展与改革的主题"⑤。周振华则以体制转轨为约束条件，对狭义的发展转型问题，即"增长转型"作过专门研究，并把增长方式或发展方式的转换定义为"转型"。他对转型的描述是："在现实经济生活中，实际增长方式的差异构成了不同

---

① （匈牙利）雅诺什·科尔奈．大转型．比较（第17辑）．北京：中信出版社，2005：2.

② （匈牙利）雅诺什·科尔奈．大转型．比较（第17辑）．北京：中信出版社，2005：4.

③ 吕炜．经济转轨理论大纲．北京：商务印书馆，2006：13.

④ 厉以宁．转型发展理论．北京：同心出版社，1996.

⑤ 秦晓：经济转型和政府经济职能的转变，引自网页 http://finance.people.com.cn/GB/1045/4058367.html

总体特征反映的类型。但从理论上讲,增长方式可以从不同的角度进行划分,没有统一的格式。……而选择哪种角度来划分增长方式的类型,完全取决于其研究的内容及其需要。”①如果当经济体制变革与经济发展阶段转换同时出现,即在某一特定阶段的经济运行既受到经济体制转轨的制约,也受到发展阶段转型的制约,即发展层面的转型问题与体制层面的转轨问题构成矛盾需要经济发展从一个阶段向另一个阶段转换时,意味着经济发展模式的转型。

经济转型通常包括经济结构转变与经济体制转变,前者主要体现在发展中经济体在工业化进程中经济发展阶段的转换上,而后者则是指经济制度向以市场机制为导向的经济体制的转变。如果当经济体制变革与经济发展阶段转换同时出现,即在某一特定阶段的经济运行既受到经济体制转轨的制约,也受到发展阶段转型的制约,即发展层面的转型问题与体制层面的转轨问题构成矛盾需要经济发展从一个阶段向另一个阶段转换时,意味着经济发展模式的转型。毫无疑问,转型是改革开放以来浙江经济发展最具典型意义的特征,也是当前经济发展中所面临的各种机遇和挑战的根本源泉。

从这个意义上说,我们认为经济转型或者经济发展是否处于转型时期,可以有如下标识:

(1)原有的经济发展动力对经济发展的贡献呈下降趋势,或者说与资源环境难以支撑已有发展方式。

(2)与上述因素紧密相关的是,已有的经济结构不合理或失衡趋势日渐显现。

(3)经济发展与社会发展之间的不协调性在加强,特别是现有发展方式的收入差距、社会保障等方面的矛盾日益突出。

---

① 周振华. 增长转型. 上海:上海人民出版社,1997:3-4.

(4)现有体制对经济发展的制约在强化，特别是资源配置方式与政府职能已严重不适应经济进一步发展的要求。

当然，也可以把上述标志理解为考察经济转型的维度，即从发展动力、发展结构、经济体制和发展协调性等多个维度来分析。

二、改革开放以来浙江经济转型的基本过程

改革开放30年来，浙江从一个相对封闭的传统农业经济发展成为开放的、以现代工业为主体的经济体，无论是经济结构还是体制都发生了巨大的变化，综合经济结构、经济体制和发展阶段等诸方面因素，我们认为，过去30年浙江经济发展已经实现了两次转型：

第一次转型以农村工业化和建立有计划商品经济为主要内容，具体时间是从1978年十一届三中全会开始到1991年。这次转型的主要特点：①政府直接推动或主导，十一届三中全会以后，省委省政府连续三年(即从1979—1981年)颁布允许和鼓励个体私营经济发展的政策文件，并从税收、土地、资金等方面大力支持个体私营经济发展；②大力推进农村工业化，从20世纪80年代开始，浙江重视发挥区域比较优势，大力发展包括个体私营企业在内的乡镇工业，逐步形成了以劳动密集型产业为主体，轻、小、集、加为基本特征的区域工业结构，促进区域经济从以农业经济为主向工业经济为主转变；③开放建设以小商品市场和其他各类专业批发市场为核心的市场网络，并通过“两头在外”、贸易兴省战略，促进产品经济向商品经济转变，初步实现了从内向型经济向外向型经济的转变。

第二次转型以城乡结构优化和市场化改革为主要内容，具体时间从1992年党的十四大明确提出“社会主义市场经济”，十四届

三中全会作出《关于建立社会主义市场经济体制若干问题的决定》开始，到2001年底我国加入WTO之前。第二次转型的主要特点：①以市场化改革为核心，党的十四大明确提出建设社会主义市场经济的总体目标后，在“整体推进、重点突破”的新改革战略指引下，市场化改革开始覆盖经济体制的各个方面，如推进以产权制度改革为主要内容的企业改革改制，完善以公有制为主体多种所有制共同发展的所有制格局，深化社会保障制度、金融体制、土地使用制度改革等；②与市场化改革相适应，加快政府职能转变，一方面，政府作为市场化改革发动、组织和实施的主体，积极推进社会主义市场经济体制的建立和完善；另一方面，作为传统经济体制和经济活动的主导者，在市场化改革中，政府也适时调整自身的职能，在积极扶持企业做大做强的同时，不断减少对微观经济主体的控制和干预；③为适应工业化快速推进，以促进资源和生产要素集聚、培育区域增长点为内容的城乡结构调整步伐加快，产业和人口向中心镇和大中城市的集聚明显加快，以大中城市为中心、中心镇密集的都市带或城市群成为区域经济的核心增长极；④对内对外开放并举、全方位开放的格局初步形成，商品、资本以及劳动力等各类生产要素跨区域流动趋势加剧，本土企业开始走向跨区域发展。

经过两次转型，从体制上看，我们初步建立了社会主义市场经济体制的基本框架，培育了一大批富有活力的市场主体，市场机制日趋完善且在资源配置中的地位得到广泛尊重，作用也不断得到强化；从发展阶段看，伴随着工业化进程的快速推进，依托具有浙江特色的区域产业体系和丰厚的民间资本积累，可持续的区域经济内生发展机制正在不断完善，城乡和区域发展的协调性得到加强。成功转型为区域发展提供了新动力与保障，应该说，与改革开放初期相比，浙江已经从一个相对封闭的、以传统产业为主体的经济体系发展成为全方位开放的、以工业为主体的快速经济发展体。

表1　浙江经济的三次转型

	1978：第一次转型	1992：第二次转型	2003：第三次转型
转型内容	工业化	市场化（城市化）	全球化
转折点	改革开放：十一届三中全会	确立市场经济体制	参加WTO
发展特征或动力	资本积累	规模扩张	创新提升
发展理念	增长优先：GDP	可持续增长：竞争力	科学发展：以人为本
政府职能	直接主导	积极扶持	主动服务、法治
资源配置方式	计　划	计划+市场	市场为主
发展结构	工　业	工　业	服务业
竞争优势	低成本	规　模	品牌、核心技术

随着2001年12月中国加入WTO、2002年党的十六大召开、2003年十六届三中全会做出《关于完善社会主义市场经济体制若干问题的决定》，明确提出“第一要义是发展，核心是以人为本，基本要求是全面协调可持续，根本方法是统筹兼顾”的科学发展观等一系列重要思想和重大事件的影响下，浙江经济发展的环境发生了重大变化。从宏观层面来看，一是为适应WTO的多边贸易体制规则，市场化改革进一步加快，并促进宏观体制改革向纵深拓展，改革内容从经济体制改革扩展到政治体制改革、社会体制改革和文化体制改革等领域，即进入到全面改革阶段。二是伴随着我国加入WTO，我国经济开始全方位融入全球化进程，这对以民营经济为主体的浙江微观经济主体的行为和竞争力提出了更高的要求。三是与经济社会发展水平相适应，国内需求结构快速升级。四是为贯彻落实科学发展观，全面建设小康社会，中央明确提出了新时期的发展战略，要求更新发展理念，创新发展模式，加快发展方式转变。

从浙江自身发展趋势看,随着发展阶段的变化和发展水平的提高,决定或影响区域经济发展的各种因素都呈现出一系列新的变化和趋势。第一,改革开放以来区域经济高速增长赖以依托的要素资源出现严重短缺。低成本要素资源不仅是浙江高速发展的重要支撑,更是构成区域经济低成本扩张和价格市场竞争力的核心,然而在今天却难以继续以原有的方式支撑经济发展。第二,长期以来支撑经济发展的传统优势产业和低端产品,不仅难以适应当前的宏观需求结构,而且在人民币升值、生产成本上涨以及国际贸易摩擦日益递增的趋势下,在国内外市场的竞争力显著下降,出现"被全球化"、"被边缘化"倾向。第三,随着全国范围内的社会主义市场体制框架的建立,原有的区域性体制优势已不复存在,然而,无论是政府职能还是促进区域经济发展的体制机制,与规范的市场经济制度还存在着显著的差距;第四,发展的协调性得到更广泛的关注,如果说,在以往的发展中,我们更多关注的是"增长优先"、"增量发展"的话,随着全省人均 GDP 达到 5000 美元,经济社会发展进入一个新的阶段,越来越多的人开始把目光集中在不同区域、城乡之间、经济社会,以及人与自然等各个领域各个层面发展的协调性上,在关注经济综合实力和区域竞争力的同时,更加注重民生的改善,等等。

上述这些新的变化和趋势,预示着当前浙江经济发展正面临着一次新的转型。改革开放以来的发展实践表明,每一次经济转型,始于困惑与挑战,成于创新,关键在于如何审时度势,把握主动。与以往两次经济转型相比较,这次经济转型有两个重大背景需要我们关注和把握:一是工业化、信息化、城镇化、市场化、国际化新趋势对区域经济发展的影响,特别是这"五化"之间的互动对当代经济社会发展趋势以及区域发展方式和产业结构的影响。二是当前浙江人均 GDP 正从 5000 美元向 10000 美元跨越,这意味着经济发展进入到更高阶段，在新的发展阶段，区域产业结构、发展动力，以及发展协调性等方面都将呈现出一系列新的趋势和特征。在这些趋势和特征中，我们需要把握的是，哪些趋势和特征是健康的、合乎规律的，哪些趋势或特征是需要避免、化解或努力转变的。

三、当前浙江经济转型面临的主要挑战

进一步分析表明，当前浙江经济发展正处于一个特殊的拐点，即处于宏观调控背景下短周期经济增长转折点和发展阶段转换中经济转型分叉点的“双碰头”。

从经济增长角度看，目前是国家宏观调控背景下经济增长短周期的一个拐点，即这一轮经济增长自 1998 年起来以后，一直处于上升波段，自 2003 年宏观调控启动后，中央采取了最严厉的防止经济过热、投资过热的措施（除了常规的信贷控制外，还采取了最严厉的土地审批制度和减排节能考核），但经济高速增长的势头一直维持到 2007 年才达到峰顶。2008 年，一系列宏观调控措施的效应开始显现，加上人民币升值、能源原材料价格上涨、劳动合同法实施等经济环境因素的变化，使得经济回落的态势更加显著（实际上从投资角度看，2003 年以后浙江经济就一直处于回调状态，到 2007 年固定资产投资增幅回落了 25 个百分点）。

从发展阶段看，经过 30 年改革开放，从体制上看，我国初步建立了社会主义市场经济体制的基本框架，培育了一大批富有活力的市场主体，市场机制日趋完善且在资源配置中的地位得到广泛尊重，作用也不断得到强化；从发展阶段看，伴随着工业化进程的快速推进，依托具有浙江特色的区域产业体系和丰厚的民间资本积累，可持续的区域经济内生发展机制正在不断完善，城乡和区域发展的协调性得到加强。因此，与改革开放初期相比较，浙江已经

从一个相对封闭的、以传统产业为主体的经济体系发展成为全方位开放的、以工业为主体的快速经济体。从人均 GDP 看，目前正处于从工业化经济发展阶段向现代经济发展阶段的转换中，这是经济转型过程中的一个重要分叉点。这一分叉点的主要特点有：

——经济发展面临“发展之坎”。世界先发经济体的发展事实表明，人均 GDP 达到 5000 美元，一方面，意味着一个地区的经济发展水平已经进入从工业化向发达经济提升阶段，绝大多数发达国家是从 20 世纪 70 年代达到 5000～10000 美元的，这些国家也正是从此进入到发达经济阶段；另一方面，从具体的发展路径看，则面临着“发展之坎”：一些经济体在 5000 美元之后，继续保持稳定上升甚至加速增长的趋势，经过 4～6 年左右的时期，达到或超过了 1 万美元，也有一些经济体则在人均 5000 美元左右长期徘徊，难以提升。

——体制改革面临“攻坚”。改革开放 30 年来，作为市场化改革先发地区，浙江省在经济体制改革方面一直处于全国前列，且为区域经济增长提供了重要的保障。随着社会主义市场经济体制框架的基本建立，区域性的制度创新空间不断压缩，同时，新的经济增长又需要进一步深化体制改革，为经济发展创造新的空间。包括服务型政府建设、公平竞争体制的建立以及土地产权制度等相关领域的改革都有许多壁垒需要突破。

——增长结构从“投资拉动—工业主导”向“效率拉动—服务业主导”转变。正如前文所指出的，人均 GDP 5000 美元，是经济发展从工业化阶段向发达经济阶段转变的一个重要转折点。随着人均 GDP 超过 5000 美元，大多数经济体的投资率开始显著下降，代之而起的是居民消费需求快速扩张并成为经济发展的主要动力，服务业也随之得到迅速崛起。从统计角度来看，几乎所有的经济体在人均 GDP 达到 5000 美元后，第三产业的比重都高于第二产业的比重，且在向1万美元跨越过程中，第三产业的比重继续得到提高。服务业的迅速发展，不仅满足了居民的消费需求，而且还极大地降低了社会的交易成本，提高了交易效率和制造业竞争力，从而成为拉动经济增长的主导力量。

——创新驱动成为经济社会发展的重要驱动力。绝大多数经济体在人均 GDP 5000 美元前后，把自主创新作为发展战略的核心，明显加大了研发投入。有统计表明，大多数发达国家和新兴工业化经济体在人均 GDP 5000 美元后，R&D 支出占 GDP 的比重都超过了2%，而且研发成果快速增长，特别是专利申请量和授权量都达到了一个新的水平。

——大公司成为经济实力的主要载体。企业实力是经济实力的标志。特别是跨国公司的迅速崛起壮大是发达国家经济实力提升的主要载体，并带动发达经济体实现人均 GDP5000～10000 美元的跨越。在这一发展阶段，许多中小企业通过技术创新提升核心竞争力，通过并购、重组和对外投资扩大市场范围，使企业实力得到了显著提高，并成为支撑经济从人均5000 美元向1万美元跨越的重要力量。

这表明，以人均 GDP5000 美元为标志的这一发展阶段是经济转型的重要转折点，特别是对于后发国家和区域来说，人均产值的接近令人兴奋，而财富历史积累的薄弱又使进一步发展的基础不稳；高人均 GDP 水平和高成本决定了持续高增长的困难，而低技术水平和低层次结构又隐含着高速增长的强烈需求。

处于经济增长短周期拐点和发展阶段转折点的“双碰头”，对浙江经济转型无疑是一个巨大的挑战：如果能够抓住重点，把握政策的节奏和力度，不仅能够切实转变经济发展方式，继续保持浙江经济的平稳快速增长，而且可以加快结构优化，顺利推进发展阶段转变，使浙江经济进入到一个更高的发展平台；如果不能有效解决好当前面临的挑战，可能导致经济增长进一步回落，这会使一些长期来被经济高速增长掩盖的各种问题更加凸显和强化，并导致区域经济发展陷入长期低迷、徘徊的困境，经济转型难以顺利完成，发展阶段得不到提升。

特别是近年来，受国内外经济发展环境和宏观调控政策的影响，浙江经济发展中长期积累的各种问题和挑战显现得更加清晰。其中比较突出的有：

保持持续快速增长与原有增长动力弱化的矛盾。从人均GDP5000 美元向 1 万美元的跨越，需要区域经济继续保持可持续的快速增长速度，然而近两年来全省 GDP 增长速度的回落明显，更令人担忧的是，长期来拉动区域经济增长的固定资产投资增幅近年来持续下降。事实上，固定资产投资增幅下降是近年来浙江经济运行中的一个基本趋势，尽管目前投资率还处在相对高位，但投资对经济增长的支撑作用不断弱化是不容回避的趋势。特别是工业投资增幅的显著回落将会对未来浙江经济平稳快速增长产生较大的压力。

发展阶段转变与现有增长结构之间的矛盾。随着经济发展从工业化向发达经济转型，能否顺利推进经济结构从工业主导向服务业主导、从传统产业向知识密集型产业、从低附加值向高附加值转变，是决定经济转型成功与否的重要标志。但现状表明，第一，浙江工业在当前和今后相当时期内仍将是区域经济增长的主要支撑，服务业发展严重滞后的问题难以在短期内得到破解；第二，与全国相比较，浙江低附加值高能耗高排放产业比重相对较高（2006 年为 21.6%，比全国高 6.6 个百分点），而高附加值低能耗低排放产业的比重相对较低（仅为 32%，比全国低 4 个百分点），减排节能和结构调整的难度十分大；第三，以轻纺加工业为主体的低附加值传统产业难以顺应国内快速提升的消费结构的需求，传统优势产业对区域经济增长的贡献不断递减。

开放型经济提升与区域产业空心化之间的矛盾。随着发展水平的提升，发展成本明显提高，特别是近年来随着人民币升值、能源原材料价格持续上涨、土地紧缺、新劳动法实施等因素的影响，广大以劳动密集型产业和低附加值传统产业为主业的中小企业面临着生存困境，企业整体外迁、资本输出趋势明显。截至2006年底，浙江共有440多万人在外务工、经商，其中经商办企业的约有230多万人，在外创办企业10万多家，注册资金约2800亿元，对外累计投资6400亿元。按浙江金融机构存贷比高于全国和广东、江苏、山东等省的数据，以及贷款与地区生产总值相关数据测算，浙江多占用贷款4200亿~4300亿元，相当大部分用于民营企业资本输出（省内金融机构专家测算）。另一方面，省内许多企业热衷于以规模扩张为目标的多元化经营模式，核心竞争力缺乏，在宏观调控的背景下，资金短缺现象严重，生产经营困难重重，难以在总体上提升开放经济的层次和水平。

创新驱动与区域要素资源禀赋结构层次低之间的矛盾。要素禀赋结构是决定区域产业结构和竞争力的关键因素。转型发展需要创新驱动，而现有的要素资源禀赋结构又难以适应创新驱动的需求。目前全省从业人员中，大专及以上只有14.9%，初中及以下却有58.1%（列全国倒数第一）；具有专业技术职称的仅为13.6%，且59.2%为初级职称，其中技师和高级技师只有9.32万人，仅为0.5%。据全省500家制造业企业抽样问卷调查，大、中、小型企业认为人才缺乏是企业自主创新主要困难的分别占47.2%、46.5%和26.7%，认为资金缺乏是企业自主创新主要困难的分别占27.8%、37.5%和55.7%。低层次的要素资源结构只能支撑劳动密集型产业和低附加值产品的增长，而难以适应高新技术产业发展的需要。

现代都市经济圈发展与中心城市经济功能不强之间的矛盾。块状经济和县域经济是过去30年来浙江区域经济发展的主要基础，也是浙江区域经济增长的重要基础。然而，随着经济发展阶段的提升，这种以行政区域为边界的发展模式，局限性越来越明显：中心城市功能不全，难以形成区域创新极，龙头企业成长缓慢，产业整合困难重重，资源配置不合理，效率低下，区域间分工协作体系难以形成，等等。跨行政区域的要素优化配置和产业整合是提升区域综合竞争力的内在要求，因而要通过都市经济圈发展战略，加快空间结构重组，构筑新的增长极。

四、浙江经济转型升级的主要内容与政策取向

当前和今后一个时期浙江经济转型的主题，一是根据现代市场经济要求，积极推进市场经济法治建设，进一步完善社会主义市场体制。市场经济是法治经济，它要求法律和制度成为规范和调整社会关系和经济关系的常规手段：市场主体的资格需要法律的确认和保障；市场主体的行为要用法治来确认和规范；市场经济秩序要用法治来保障；宏观经济调控需要法治来完善。二是在国际化信息化背景下，发挥动态比较优势，建立具有浙江特色的现代产业体系。促进产业结构优化升级是推进浙江工业化和现代化的核心，它要求在充分发挥区域动态比较优势的基础上，积极利用信息化和高新技术产业，构筑新的竞争优势，提升区域产业体系在全球生产网络中的地位和层次。三是在全球化和区域一体化趋势下，推进空间结构优化，统筹协调城乡和区域发展。要在综合考虑经济增长、人口集聚和资源环境承载能力相互关系的基础上，加快都市经济圈规划和建设，进一步统筹城乡和区域协调发展。

应该说，经济转型与发展方式转变在本质上是一致的，只是经

济转型比发展方式转变具有更加深刻的内涵，它不仅包括了发展方式转变，而且也内含着市场经济体制的深化与完善。从这个意义上说，转变发展方式也是加快经济转型的应有之义。

根据浙江发展的现实，要加快经济转型，应该把握以下几个方面：

(1)进一步实施创新强省战略，加快完善区域创新体系。现代创新体系的内涵包括创新、信息化和培训三大支撑。因此，创新强省，首先要确立广义投资的理念，加大无形资产投入力度，特别是各级财政要加大对企业研发、培训、品牌等投入支持力度，提高各种无形资产对经济增长的贡献份额。要加大信息化投入，政府要加大信息化基础设施建设投入，特别是要提高宽带普及率和标准，同时要积极支持企业信息化，加快企业信息化设备投入和软件开发，提高企业的信息化水平。加快实施知识产权战略，培育一批知识产权优势企业和知识产权优势产业，大力支持发展知识产权密集型产品，促进浙江产业竞争力从低成本优势向知识产权优势转变。要进一步完善区域创新体系，要加快建设一批融产学研合作、科技成果专业化和创业创新于一体的公共平台(如孵化器、创业中心等)，积极培育高新技术产业以及各种新型业态和商业模式。

(2)实施人力资本强省战略，提高区域要素禀赋结构素质。知识经济和高新技术产业创业创新需要的是“知识精英”而不再是“草莽英雄”。无论是构筑新的竞争优势，还是促进新一轮创业创新，都必须依托高素质的人力资本。因此，要进一步实施民营企业家培训工程，鼓励广大民营企业家学习现代企业管理、知识产权、国际贸易、现代金融等相关知识，努力提高自身素质，促进民营企业二次创业。要进一步加强高等教育，全面提升浙江高等教育质量，建议设立政府奖学金制度，吸引全国优秀高中毕业生到浙江就学，并鼓励优秀高校毕业生和国内外高素质人才来浙江创业创新。

要继续重视职业技术教育，加大对农民职业培训，提高广大就业人员的整体素质。

(3)加快区域产业升级，构筑具有浙江特色的现代产业体系。浙江特色的现代产业体系必须是以高新技术为主体、以高附加值为标志、以知识产权为基础。积极把握全球产业发展新趋势新特点，加快发展一批以信息技术、生物技术为基础的高新技术产业，积极引导和扶持一批以信息技术为基础的包括现代物流、电子商务等在内的新型业态或商业模式。加快实施制造业和服务业联动战略，大力引导制造企业生产服务活动外包，积极支持发展研发、设计、品牌营销和现代物流等专业化生产性服务企业，促进浙江制造向先进制造业发展，提升制造业附加值和竞争力。要充分发挥浙江传统产业基础、中小企业活跃和港口物流等优势，积极支持和引导发展转口贸易和离岸贸易，促进贸易转型和区域产业升级，同时又带动商务服务活动和港口物流的发展。

(4)大力支持民营企业“二次创业”，积极培育本土大企业和跨国公司。要积极引导广大民营企业以专业化提升核心竞争力、以现代企业制度完善企业内部决策治理结构、以创新支撑企业长期发展战略。进一步健全地方金融和产权交易体系，特别是要积极发展创业投资、风险投资、产业基金以及中小企业基金等各种专业性金融工具，鼓励民营企业并购重组，为民营企业“二次创业”和广大中小企业发展提供金融支持。鼓励民营企业与跨国公司建立战略联盟或合作体系，提升民营企业在全球生产网络中的竞争力。大力支持民营企业“走出去”，到国外去投资设厂、建立营销网络和研发中心，吸纳国际各种创新要素、优质生产要素和资源支持浙江发展。

(5)以都市经济圈为支撑，加快空间结构优化重组。要本着经济增长、人口集聚和资源环境生态承载能力相协调的原则，结合环杭州湾、温台沿海和金衢丽三大产业带规划的实施,加大跨区域的资源优化配置和产业重组,提升产业集群和区域经济综合竞争力。特别是要高度重视跨海大桥贯通以后,环杭州湾区域要素流通和空间结构的变化趋势,努力增强区域整体优势和综合竞争力。加快温州都市经济圈规划和建设,进一步提高中心城市的创新功能和辐射能力,促进温州与丽水的经济交流与合作。浙中区域要加强金华—义乌为核心的中心城市建设,进一步完善中心城市的功能,带动区域经济发展。通过发展都市经济圈,促进生产要素和资源的跨区域优化配置,使一些重要生产要素和龙头企业通过跨区域配置和发展,提高区域经济综合竞争力。

(6)深化体制改革,加快建设服务型政府。在现代市场经济条件下,政府的职能是服务而不是创造财富,政府要努力为城乡居民和各类市场主体提供产权保护、激励竞争、规范市场秩序、创业创新等相关的基本公共服务;要加快推进资源要素配置的市场化改革,尽力减少或约束各级政府的资源配置权,完善资源要素价格的市场化形成机制;建立和完善促进经济发展方式转变的政策、体制和机制,特别是要加快排污权交易、生态补偿以及农村宅基地转让等机制的建立;要积极发展风险投资、创业投资等专业性要素市场体系,积极支持创新型企业的发展,同时加大对创新型企业重要要素的倾斜支持力度;要进一步改革财税体制,大力鼓励生产活动和服务活动的分离,促进现代服务业发展;要加快对公用事业部门的改革,积极引进市场机制,降低准入门槛,提高资源配置效率。

(7)完善社会管理体制,促进经济社会协调发展。现代社会管理是以政府管理与协调、非政府组织为中介、基层自治为基础以及公众广泛参与的互动过程。要积极培育社会主体,支持发展各类社会中介组织,建立健全社会自我管理和社会自治管理机制。强化全社会特别是企业的社会责任意识,努力开拓社会信息收集渠道，研制社会管理的监测指标，构建社会稳定的预警、预控管理系统，健全各种突发事件应急管理机制。完善对于重大工程、重大项目、重大政策和重大问题的社会影响评估机制，及时预警，及时防范。

(8)完善分配体制，提高人民生活质量。经济发展的根本目的是增加城乡居民财富，提高人民生活质量。应该说，与快速发展的经济水平相比较，城乡居民的收入增长机制还有待于进一步健全，在初次分配中能更充分地体现劳动的价值和贡献，公共财政更多地向民生领域倾斜。特别是要尽快建立企业职工工资正常增长机制和支付保障机制；通过完善法律法规，深化改革和宏观调节，规范初次分配秩序，使劳动报酬增长与经济增长和企业效益增长相适应；全面实行劳动合同制度和工资集体协商制度，确保工资按时足额发放，从而进一步完善人民群众共享发展成果的机制体制。

第一章

民营企业内涵式发展:市场主体的转型提升

改革开放30年来,浙江民营企业高速增长。1979~2007年,浙江个体私营经济增加值年均增长28.6%,高出同期GDP增长速度9.7个百分点。无论是从整体上看,还是从个体上看,高增长已成为浙江民营企业发展的一个显著特征。平面式扩张,粗放式管理,从而形成了浙江民营企业赖以生存的一种习惯性的成长模式。但这种模式存在着严重的缺陷,其脆弱性在2008年全球金融危机中表现得尤为突出,大量民营企业经营困难,生产难以为继,甚至破产倒闭。因此,成长模式的转型即"由高增长转向内涵式发展"是浙江民营企业未来发展面临的一个重要课题。

一、关于企业成长的理论

（一）关于企业成长的一般理论研究

企业成长理论一直是经济学界和管理学界研究的热点，由于影响企业成长的因素众多，加上所处时代背景导致的研究视角的不同，使得关于企业成长的研究理论呈现出多样性。总结起来，大体包括古典和新古典经济学的企业成长理论、新制度经济学的企业成长理论、企业内生成长理论等。

斯密作为古典经济学的创始人，在涉及企业成长方面，认为单个企业的成长与其分工程度正相关，分工使得企业能以较低的成本获得更高的产出，从而取得规模效益。[①] 马歇尔则引入外部经济、企业家生命有限性和居于垄断地位的企业避免竞争的困难性三个因素，认为新加入企业带来的竞争、企业家寿命有限性对企业成长的制约、企业在规模扩大时带来的灵活性降低都会使得企业规模达到一种均衡。[②]

新古典经济学的企业成长理论是基于对价格机制有效性的研究，认为企业会根据边际收益等于边际成本来安排生产，确定最优生产规模，实现利润最大化，可以说是企业规模调整理论，当企业将规模调整至最优生产规模时，即实现了企业成长。古典和新古典经济学的企业成长理论忽略了企业资源、技术条件、企业发展战略等对企业成长的影响，更加关注于企业规模的确定和调整上，而且更多的是一种静态均衡分析。

---

① （英）亚当·斯密．国富论［M］．郭大力，王亚南译．上海：上海三联书店，2009.

② （英）马歇尔．经济学原理［M］．廉运杰译．北京：华夏出版社，2005.

新制度经济学的创始人科斯认为企业是对市场的替代，企业扩张的动力是为了减少交易费用，管理费用和交易费用两相比较决定了企业的规模。[①] 威廉姆森认为企业会通过前向和后向一体化，把市场交易的部分纳入企业内部，以减少市场交易中的机会主义和交易费用。[②] 可见，新制度经济学在考察企业成长方面，更多地关注于企业和市场得边界问题。

彭罗斯在《企业成长理论》中阐述了其主要理论，建立了一个企业资源—企业能力—企业成长的分析框架，认为企业资源是决定企业能力的基础，企业能力决定企业成长的速度、路径，而企业成长是企业资源和企业管理能力交互作用的结果。同时指出，企业的多元化战略是否成功与企业掌握的资源、与原有行业的联系，以及其他企业进入的数目等有关系，而且她更加强调产品创新和组织创新对企业成长的重要性。[③] 普拉哈拉德则认为企业的竞争优势来自于企业配置、开发和保护资源的能力（即企业核心能力）。[④] 在此基础上，提斯、皮萨罗和肖恩提出了一个“动态能力”的分析框架，即企业整合、重构企业内部和外部资源、技能来适应快速变化的环境的能力。[⑤]

此外，施振荣提出的“微笑曲线”理论，认为企业在成长过程中应该加快产业升级和转型，向曲线的左右两端（即产品研发和品牌

---

① （美）科斯．企业、市场与法律［M］．盛洪，陈郁，译．上海：格致出版社，2009.

② （美）威廉姆森，反托拉斯经济学［M］．张群群，黄涛，译．北京：经济科学出版社，1999。

③ （英）彭罗斯．企业成长理论［M］．赵晓，译．上海：上海人民出版社，2007。

④ （美）普拉哈拉德，克里施南，普拉哈拉德．企业成功定律［M］．林丹明，徐宗玲，译．北京：中国人民大学出版社，2009 年.

⑤ David J. Teece. Essays in Technology Management and Policy［C］. Pengiun Group, 2003.

营销）转型，在产业链分工中占据有利位置。[①]

可见，古典经济学、新制度经济学的分析更多的是一种静态均衡分析，关注于企业的规模和边界问题。企业内生成长理论则更强调企业要不断创新，协调好企业的资源和能力，以适应不断变化的经济环境，且逐步占据了主流地位。

（二）关于民营企业成长模式的研究

民营企业的发展也一直是学界研究的热点重点之一，因此关于民营企业的成长模式也有过不少研究。赵景华根据山东民营企业发展的成功经验，将民营企业的发展总结为专业化（将小产品做大）、区域化（实为现在的块状化、集群化）、国际化（出口导向）和产业化（科技产业化和农业产业化）四种模式。[②] 陈春知类似地将民营企业的发展模式概括为专业化发展模式（将小产品做大做专）、网络化发展模式（企业的异地扩张）、国际化发展模式（出口导向）、连接发展模式（为大企业配套）、科技化发展模式（注重科技开发）五种。[③] 显然，这里所讲的有些是从经营方式角度定义的生存模式，有的则是民营经济的发展模式，并不是从成长角度讲的民营企业的成长模式。

周永亮认为中国民营企业有六大成长模式：核心聚变的德隆模式（特点是资本运营）、金蝉脱壳的联想模式（集体企业改制的方式）、核心转换的万向模式（多元化扩张）、直线集中的方太模式（专业化的家族经营模式）、核心扩散的希望模式（产权结构多元化）、联合创业的庄吉模式（注重规范的治理结构）。[④] 这里其实更多的是从企业治理结构角度讲的经营管理模式，也并不都是成长模式。

---

① 施振荣．再造宏基：开创、成长与挑战［M］．北京：中信出版社，2005.
② 赵景华．山东民营企业的发展模式与战略选择（J）．东岳论丛，2002（3）．
③ 陈春知．民营企业发展的几种主要模式（J）．中国乡镇企业，2003（9）．
④ 周永亮．中国民营企业六大成长模式（J）．企业管理，2003（9）．

吴立平提出，我国民营企业要构筑以产业集群为主导的战略模式、以“企业信用融资联盟”为主导的融资模式、以现代企业为主导，但不抛弃家族企业的产权模式、以公司治理为主导，但不抛弃家族治理的管理模式、以自主创新为主导，但不抛弃模仿和合作的技术创新模式、以诚信建设为核心的企业文化模式。① 显然，这里所讲的是企业发展过程中不同的侧面的策略模式，也不是成长模式。

阮兢青和陈文标根据企业家所拥有的物质资本、人力资本和社会资本的不同优势和组合，构建了民营企业成长的四种模式：渐进型民营企业成长模式、阶梯型民营企业成长模式、跳跃型民营企业成长模式和无所作为型民营企业成长模式。② 这是一种逻辑上一致的相对规范的分类方式，不过缺乏实证分析。

张苗荧提出，未来温州民营企业的战略转型应包括治理转型的现代化战略、资本国际化的“走出去”战略、资本技术密集发展战略以及制度变迁的强制型和诱致型相结合战略。③ 吴立平认为民营企业应构建基于自身局限视角的成长机制，即适时用现代企业制度替代以往“三缘”(血缘、亲缘、地缘)关系下的家族式企业制度；适时用“三本”(人本、资本、成本)一体化管理模式替代家族式管理模式；树立“以核心能力为支撑的有限多元化经营”理念。④ 曹建海和黄群慧构建了民营企业成长管理的“三维模型”：第一个维度是选择成长方向，第二个维度是控制企业成长速度，第三个管理

---

① 吴立平. 我国民营企业成长模式刍议(J). 求是学刊,2008(6).

② 阮兢青,陈文标. 基于企业家资本的民营企业成长模式研究(J). 新经济杂志,2008(9).

③ 张苗荧. 温州民营企业的战略转型(J). 浙江经济,2008(11).

④ 吴立平. 我国民营企业成长机制构建:基于自身局限视角(J),北方论丛,2007(1).

维度是协调成长动力。① 这里讲的都是民营企业经营管理模式问题,与成长模式是有区别的。

李博和邢敏通过实证研究得出结论,转型期我国民营企业企业家成长模式是以积累企业家物质资本和人力资本为主导的模式,同时也受到政治资本的重要影响。② 这里讲的是民营企业家的成长模式,显然与民营企业的成长模式是息息相关的。而这一结论对于理解民营企业的成长模式是有帮助的。

可见,关于民营企业成长模式有理论深度且系统的研究并不多,或者说,还没有一种研究有比较大的影响或认可度。这或许显示了这一问题本身的复杂性,因为不同地区、不同行业、不同发展阶段的民营企业,其成长模式显然是不同的,很难用一个统一的框架进行描述。因此,对民营企业发展过程中最突出的特点和最关键的问题进行分析,并得出一些有意义的结论,也许是一种更现实的研究方法。

二、民营企业的高成长模式及其缺陷

我国庞大的市场空间、转轨经济各种各样的市场真空和制度真空给民营经济提供了广阔的发展空间。正因为如此,高增长才成为民营企业发展的普遍特征,成为一种常态。也正因为高增长是一种常态,所以构成了民营企业的一种成长模式,对民营企业的行为产生了各种影响。企业的发展有其自身的规律,企业的成长需要一个演进的过程。高速的增长肯定有其高速的方式,也难免

① 曹建海,黄群慧. 制度转型、管理提升与民营企业成长———以浙江华峰集团为例(J). 中国工业经济,2004(1).

② 李博,邢敏. 转型时期中国企业家成长模式的实证研究(J). 山西财经大学学报,2006(3).

会有其固有的缺陷,从而染上某种“高增长病”,给企业长远的发展带来不利影响。

(一)高增长是过去30年民营企业发展的一大特点

过去30年,特别是1990年代以后,高增长是我国民营企业发展的一个显著特征,而浙江民营企业的高增长尤其突出。以浙江省为例分析,从增长速度看,1979—2007年,按现价计算的全省个体私营经济增加值年均增长28.6%,高出GDP增长速度9.7个百分点。从个体私营经济的贡献看,2007年全省个体私营经济增加值达到10231.87亿元,占GDP的比重为54.5%,已成为全省经济的半壁江山,远高于其他所有制形式经济所占比重。同时,2007年个体私营经济税收收入占全部税收收入的43.7%。在出口方面,私营企业的出口2004年超过国有企业,2007年又超过了三资企业,已经成为全省的出口主力。2007年私营企业出口占全省出口的比重达到39%。与2000年相比,2007年私营企业直接出口增长了76倍。在全国个体私营经济比较发达的主要省市中,浙江省的个体私营经济比重明显高于广东、山东、江苏等省市。据2004年经济普查资料,浙江全省个体私营经济增加值占GDP比重分别比广东、山东、江苏高出24.4、20.5和23.6个百分点。

再从个体私营经济的数量和规模看,2007年浙江全省个体工商户180.74万户,私营企业45.03万家,从业人员1150万人,分别是1990年的1.8、39.2和6.7倍。同时,个体私营企业单个的规模也迅速扩大。到2007年底,全省个体工商户资金总额已达654.8亿元,户均资金3.62万元,分别是1990年的18.8和10.4倍;私营企业注册资金总额达到8663.86亿元,户均资金达到192.4万元,分别是1990年的1213倍和31倍。2008年11月17日,由中国民营企业联合会、中国统计协会、中国管理科学研究院企业发展研究中心联合发布的2008年中国民营500强中,浙江占有174家,居全国各省市之首，远高于江苏的101家、山东的38家、上海的28家和广东的18家。①

另外，个体私营经济活动几乎渗透到了国民经济的各个行业。2007年，个体私营经济增加值在建筑业、居民服务和其他服务业、批发零售业、房地产业、采矿业、住宿餐饮业、制造业、交通运输仓储和邮政业、文化体育与娱乐业、信息传输计算机服务和软件业等行业所占比重分别达到了93.2%、92.5%、88.4%、82.9%、74.3%、73.5%、62.5%、51%、34.1%和31.8%。②

可见，过去30年浙江民营企业的高增长是一个不争的事实，无论是从整体上看，还是从个体上看都是如此。其实，浙江民营企业的高增长只是相对更突出一些，与其他所有制企业相比，其他地区、全国民营企业的增长与发展都可以说是非常快的。经济发展的历史也表明，伴随着经济的高速增长，企业的数量和规模会迅速地扩张。实际上，民营企业的高速增长一方面反映了我国体制改革的不断深化；另一方面也显示了我国在体制转轨过程中巨大的发展机会和潜力。而且，从未来趋势看，民营企业的高增长仍将持续。

（二）民营企业高成长模式的典型特征

1. 平面式扩张

所谓平面式扩张是指企业的物理规模单纯数量上的扩张。往往是通过扩大投资规模、并购或资本运作等方式对已有的生产能力进行简单的复制，从而实现企业占地面积、厂房设备、员工数量、产能产值等数量规模上的扩大。这是民营企业最常见的扩张方

① 中国民营企业联合会等.2008年中国民营500强出炉(EB/OL).中国企业新闻网，http://www.cenn.cn/zt/Top500/

② 有关浙江个体私营经济的数据来源：浙江非国有经济年鉴(M).北京：中华书局，2008.

式，绝大部分高速成长的民营企业都有这样的特征，其最根本的特点就是企业物理规模扩大了，但技术水平、产品档次、核心竞争能力并没有得到相应的提升。比如很多房地产公司在全国各地开发的楼盘从外观到内部结构甚至名称都是一样的，就是一种典型表现。

从扩张的空间分布看，平面式扩张可以分为本地扩张和异地扩张，但两者实质上都是一样的，都是原有生产模式、生产能力、生产水平的简单复制。

而从扩张的内容看，可分为同质扩张和异质扩张。前者是指扩张前后的主导产品或所在行业是一致的，显示出专业化和主业突出的特点，但往往产业链很短、竞争力却不突出。后者则是指扩张前后在主导产品甚至行业上并不一致，呈现出多元化特点，但由于扩张前后产品质量档次、生产技术水平是一致的，产品档次和技术水平上缺乏层次性，也属于平面式扩张。而且这类平面式扩张还存在主业不突出、不稳定、优势不集中的弱点。

2. 急功近利，急于求成

几种典型的表现：

模仿跟风，生搬硬套。简单模仿复制他人的成功模式，哪里有钱去哪里，什么好赚做什么，往往是生搬硬套，消化不良，永远只是市场的追随者、跟踪者，而做不了开拓者和领导者。当年DVD及很多家用电器企业的一哄而上以及随后的一哄而散就是典型表现。

利益导向，行为短期化。禁不住高利润的诱惑，盲目进军高利润领域。大量的民营企业投身房地产行业、炒房、炒油、炒煤、炒期货、炒股票等都是典型体现。

投机心理，赌博心态。面对眼前的利益诱惑，一些民营企业总有机不可失，时不再来的担忧，因而总是存在一种赚一票、捞一把就走的心理。很多民营企业进入高利润高风险的房地产、金融、期货、证券等领域就是这种心理的一种表现。再如2008年受美国次贷危机的影响，化工原料PX和PTA的价格不断下调，当下降到1000～1200美元/吨上下时，不少企业在缺乏严密的科学分析的基础上，预测不久将会反弹到2000美元/吨上下，因而大量购进，没想到实际价格很快下降到500～600美元/吨，结果很多企业一下子就垮了。其实这也是赌博心理的典型表现。

盲目多元化，管理失控。许多民营企业在发展到一定规模后，由于最初进入的产业市场日渐饱和，利润越来越薄，而又无力在提高技术、产品质量和优化结构、降低管理运营成本等方面更进一步，从而难以继续在市场中占据领先地位，因此，就开始寻求多元化经营，希望通过多元化来获取范围经济，获得更高的利润和更大的发展。然而，由于技术市场不熟悉、市场不确定、管理跟不上等原因，多元化往往意味着风险和失败。如像雅戈尔这样久经市场考验的著名企业，虽然也曾经因为投资地产而获益，因投资金融证券而账面收益巨大，但在危机之后，地产面临高位套牢、金融资产大幅缩水，同时服装主业和市场声誉也受到不利影响。

3. 非市场化行为

所谓民营企业的非市场化行为，是指民营企业热衷于借助非市场的力量、通过非市场化的方式获取资源、发展生产、占领市场等。几种典型表现是：

沽名钓誉，获取社会资本。不少企业家不惜花费大量的时间精力，甚至通过作假、作秀而获得某种社会声望，从而捞取一种社会资本，并期望通过某种社会舆论或道义上的支持而获得某种企业发展的资源。

与政府或政府官员过从甚密，获取政治资本。不少民营企业家花费了大量的时间、精力甚至金钱，与政府或政府官员走得太近,期望通过与政府或政府官员建立一种亲密的关系,获取一种政治资本,并借助行政力量或通过政治优势而获得企业发展的各种资源。但实际上,政府和政府官员有时是靠不住的,因为地方政府的目标是多元化的,地方官员的地位是不断变化的,行为也受到上级政府以及宏观形势的很大制约,因此,这种方式形成的政企关系是不稳定的,民营企业寄希望于这种非市场的方式获得发展也是不牢靠的。

钻空子。转型经济肯定存在一定的政策真空,而不少民营企业恰恰非常善于钻政策的空子,打擦边球,行走在非法与合法的灰色地带,虽然也存在合理不犯法的情形,但显然也存在很多虽不犯法但也不合理、不符合社会发展方向,甚至不符合消费者利益的情形。钻空子可能带来短期的收益,但肯定是不可持续的。

诚信不够。不少民营企业心存侥幸,明知一些做法不合规范甚至损害消费者利益,但还是照做不误,最后是东窗事发,害人害己。类似几年以前的陈馅月饼事件,以及不久前的三聚氰胺事件就是典型。

4. 粗放式管理

上述民营企业这些特点实际上集中反映的是企业管理的粗放式。主要表现在以下几方面:

(1)风险意识薄弱,财务控制不力。缺乏有效的财务战略,财务资源的配置缺乏规划性,具有随机性,因而企业财务资源的配置效率不高,同时,缺乏对重要财务活动的风险防范和预警机制。一旦遇到经济形势大的波动,往往措手不及,无所适从。

(2)治理结构缺陷,决策随机性。从表面的治理结构和管理方式看,民营企业无论是家族式的还是现代企业制度式,实际上都具有产权单一、一股独大的产权结构,本质上都摆脱不了民营企业家个人“能人经济”、“权威经济”的管理模式。也就是说,民营企业治理结构上的缺陷是很难避免的,决策的随意性比较强。这样,民营企业发展的成败很大程度上往往就取决于企业家个人的能力,风险显然是很大的。

(3)缺乏战略管理,基础管理不扎实。企业发展战略是企业管理体系的基础平台,企业的管理体系是建立在严密的发展战略基础之上的,也就是说,企业应当在其战略管理的框架下加强基础管理。但许多民营企业的发展都缺乏一个明确的战略作支撑,更不要说系统的战略管理了。因为缺乏明确的发展战略导向,企业发展的方向就很容易受到内外多种因素的干扰,从而造成发展方向的迷失和行为的扭曲。

(三)高成长模式的缺陷性是企业失败的主要根源

风暴来了才知道谁在裸泳。确实,每一次经济大的波动或调整都会倒下一大批企业,而最先倒下的往往是那些在高速扩张过程中忽略了强化管理和提升素质的大企业。

在这次危机中,企业倒下或造成生存困难的原因主要有以下几种:

(1)资金链断裂。这是这次危机中企业垮掉的最常见的方式。因为资金链断裂而导致企业破产倒闭重组甚至企业主逃匿的企业名单可以列出一长串,而其中相当一批是知名大企业。表面上看,企业资金链的断裂是由于国家宏观调控,实施从紧的货币政策,使这些企业的融资出现困难从而导致资金链的断裂,或者是因为金融体制的不完善,民营企业难以贷到足够的银行资金,无奈之下求助于民间高利贷从而出现支付困难导致资金链断裂。应该说,这两种情况确实是存在的。但仔细分析,导致企业因资金链断裂而出现问题的真正原因还是企业自身。首先,这些企业扩张太快,规模太大,需要的资金量巨大,在紧缩货币政策导向下,在经济出现危机的状态下,巨额贷款自然不容易满足。事实上,这些倒下的企业中，有不少是规模在同行业中全国最大、亚洲最大甚至世界最大的，而从创立到成长发展为行业规模最大，时间也不过十多年，有的甚至只有几年时间，可见这些民营企业扩张速度之快。欲速则不达，高速发展过程中出现问题是很自然的。其次，这些企业内部管理水平提高的幅度远远跟不上企业规模扩张的速度，仍然是凭老经验、凭传统的管理理念、方式面对企业的高速扩张显然是力不从心的，一旦遇到经济的波动或紧缩往往就会导致企业发展的“滑铁卢”。第三，财务控制不力。保持适当的资金结构，即适当控制企业的负债率是任何一个企业的财务管理都必须坚持的，也是一个常识。即使再高的利益诱惑，企业也不应该铤而走险，突破负债率的警戒线。但这次危机中倒下的企业，几乎无一例外地都具有过高的负债率，这反映了这些企业风险意识的淡薄和财务风险控制能力的不足，也是一种赌徒心理的体现。

(2)投机失利。在经济高速增长的过程中，在资产泡沫不断膨胀的虚假繁荣中，很多民营企业禁不住高利润的诱惑，以赌徒的心态纷纷进入房地产、证券、期货等高风险领域，因此也出现了拍卖价不断创新高的所谓“地王”、所谓“中国的巴菲特”，但事实证明这些都只是美丽的泡沫，虚假的繁荣。随着泡沫的破灭，这些企业往往一下子就垮了，或者资产大幅缩水，纸上富贵瞬间灰飞烟灭。也有不少企业高位买进大量的原材料后造成巨亏甚至破产也是投机失利的表现。

(3)市场萎缩，产品积压，生产停滞。很多民营企业在平面式扩张的过程中，缺乏技术、品牌和核心竞争力，几乎完全依靠低成本竞争获得市场份额，对广告、销售网点等传统的市场营销方式高度依赖，但在2008年因为美国次贷危机而引发的经济衰退和市场急剧萎缩的情况下，由于产品积压、生产停滞、应收账款剧增等，企业一下子就陷入了困境甚至是绝境。

可以看出，无论是哪一种方式，哪一种原因，本质上都是由于企业高速增长模式内在的缺陷性造成的。相反，在这次危机中，那些管理扎实、技术含量高、产品特点强的企业却表现出色，这从另一个方面反衬了高增长模式的脆弱性。

三、民营企业高成长模式失败的典型案例分析

（一）浙江江龙控股集团

1. 成长与失败过程①

浙江江龙控股集团是一家出口导向型的综合性印染企业，旗下拥有浙江江龙纺织印染公司（新加坡上市公司）、浙江南方科技股份有限公司、浙江方圆织造有限公司、浙江百福服饰有限公司等八家企业。公司总部位于绍兴县滨海开发区，生产基地占地面积100余亩，总投资2.2亿元，拥有厂房和基础设施10万平方米。鼎盛时期，各类印染布的日加工量达到60万米，年加工量达1.2亿米，拥有员工4000多人，销售额为20亿元，是绍兴同行业中的龙头。

然而这家绍兴纺织行业的龙头老大，从起步到发展壮大、再到轰然倒下，时间不足8年，给人留下了一曲民营企业成长的悲歌。企业创办人陶寿龙2000年从江苏来到绍兴发展，当时只是在柯桥一家印染纺织企业做外贸业务员。由于能力突出，2003年，陶寿龙被“挖”到绍兴的另一家纺织企业浙江南方控股集团，负责旗下一家外贸公司。这成为他后来迅速起家的关键。当时南方控股正在绍兴的滨海工业区兴建新的纺织印染企业。但在建设进度已经达到60%左右时，南方控股的老板意识到印染行业将迎来一波下滑

① 主要资料来源：苏旭等．告别“野蛮成长”浙江三企业的案例启示录．浙商，2008(1)．

趋势，赚钱将越来越困难，因此，有意将建设中的滨海新厂出让。在难以找到买家的情况下，南方控股将该厂转让给了陶寿龙，这为他后来的迅速起家打下了重要基础，这家原属于南方控股集团的滨海印染厂，就成了后来的江龙纺织印染有限公司。

2004年8月，江龙纺织印染有限公司正式投产，2005年就实现销售额6.2亿元，净利润7000万元。江龙印染的初战告捷激起了陶寿龙强烈的扩张欲望，在他的运作下，2006年9月7日，江龙以“中国印染”之名在新加坡主板成功上市，陶寿龙也因此一夜成名，迅速成为绍兴印染行业的龙头老大。然而，陶寿龙还不满足于此，江龙在新加坡的成上市功，激发了他更大更强烈的快速扩张欲望。就在江龙印染即将上市前一周，2006年8月，陶寿龙再次斥资4亿元买下南方控股集团位于绍兴柯桥的南方科技公司，并将江龙集团的总部设于该处。按照他的规划，是要如法炮制南方科技到美国纳斯达克上市。为了促成南方科技的成功上市，陶寿龙斥资2亿元从日本引进10条生产线，上马特宽印染项目。在国内，能做“特宽”的印染企业并不多，利润空间大大高于窄幅印染。为了预备上市，江龙抽调各子公司的流动资金，但这严重影响了正常生产。而且引进的这10条特宽生产线，最终只开了6条。2007年，江龙的流动资金严重不足，拖欠货款和员工工资已经影响了江龙的声誉。当年底，某银行收缩其贷款1个亿，到期贷款也不能转贷，无奈之下，公司向民间借高利贷，以6%～9%的月利率公开向多个个人和杭州、绍兴的多家单位募集资金达8000余万元，造成本金近7000万元无法偿还。再加上一场始料未及的美国金融危机令南方科技的上市变得遥遥无期。通过上市融资的想法破灭，银行也不再愿意贷款，江龙控股的资金链立刻出现较大问题。

2008年10月4日，江龙董事长夫妇失踪；10月7日，江龙全面停产；10月8日江龙海外上市公司“中国印染”在新加坡发布了公告,请求暂停交易。10月8日,新加坡"中国印染"上市公司停牌股价为0.025新元,与2006年9月7日的发行价相比,已不足1/10。10月17日,江龙董事长夫妇在广东准备偷渡时被抓捕;11月19日,绍兴县人民检察院以涉嫌非法吸收公众存款罪、故意销毁会计凭证罪等对江龙董事长夫妇批准逮捕。

至此,名噪一时的江龙控股寿终正寝。总资产从0到22亿元,陶寿龙用了短短8年时间;而从22亿元再到负22亿元,不到一年。江龙控股就像一颗流星,留下一个令人欷歔感叹、又充满传奇色彩的滑行轨迹。在当前的形势下,这条轨迹带给我们更多的是反思和警示。

2. 几点启示

(1)企业的快速发展应该建立在坚实的基础之上。在经济持续繁荣的条件下,企业快速发展是正常的现象。而且,宏观经济发展越快,企业的成长就越快,这也是很正常的现象。在经济过热、存在经济泡沫的条件下,企业甚至可能跨越式发展。但这一切都建立在宏观经济持续向好的条件之上。因此,趁着好的经济形势,将企业成长的基础做实是非常重要的。在形势好的时候要想着形势不好的条件下会怎么样,从而未雨绸缪,防患于未然。否则,将经济过热条件下出现的快速增长当作当然,那么在经济风暴来临之时,往往就是企业失败之日。

(2)资金链是企业的生命链,必须确保安全。很多企业的倒闭都是由于资金链的断裂。江龙为了上市,孤注一掷,把所有资金连同子公司的流动资金都抽上来,再加上银行抽回贷款,缩减贷款额度,江龙现金流和正常运营受到严重威胁。结果是,一个环节的问题产生多米诺骨牌效应而一发不可收拾。事实上,江龙资金链出现问题后,讨薪讨债的队伍一度造成交通堵塞,从而使整个企业失控,情况变得无法收拾。据绍兴审计局报告,江龙总资产约22亿元,2007年销售额20亿元;总负债22.17亿元,负债大于总资产,其中银行贷款12.81亿元，社会性借款5.87亿元，供货商欠款1.5亿元，建筑工程余额0.2亿元。部分银行抽贷和高利贷追债，是江龙集团资金链断裂的直接原因。包括没到期的贷款、信用证在内，江龙在银行的授信余额为11.3亿元，涉及浙江、上海等地的14～15家银行。最让人头痛的是民间借贷，陶寿龙最后的一笔民间借款，本金只有7000万元，但利息却高达1.1亿元。2008年8、9月份，民间借贷债权人听说江龙出现危机，开始上门逼债。9月后期，陶寿龙几次开会都要临时更换会场，以躲避债主的追债。处在追债压力下的江龙，又如何稳健的生存发展下去呢？在一片恐慌中，陶寿龙夫妇，选择了逃避。

(3)科学的管理是企业稳定发展的保证。管理是生产力，企业科学运营的基点就是科学有效的管理，管理的命脉是设立组织、打造团队、建立机制、完善制度、苦练内功、提高效率。基点是不断提升全员素质。这是企业科学发展、和谐发展、持续发展的根本大计。目前，一些民营企业仍存在着重经营轻管理的误区，一说要扩大生产规模或经营领域，就可以不惜成本，不讲赢利模式。规模在短期内是可以扩大的，但管理却不一定能跟上，管理跟不上，管理就无效，成本就上升，效率就不高，效益就下降。江龙的倒闭，肯定存在管理不善问题。江龙8个工厂，如果没有好的高管团队做支撑，单凭陶一个人，必然会出问题。企业家不能只考虑经营，忽略管理。在发展过程中，江龙急于扩张规模，却没有练好基本功。

(4)要将上市作为自我约束的机制，从而实现科学健康发展，而不是为了圈钱。公司上市是为了提高自有资本比例，优化资本结构，提高抗风险能力，促进企业做强、做大。上市意味着资本社会化，企业从此成为社会化企业。江龙2007年的经营状况表明，上市公司如果都像江龙这样，中国的股市、世界的股市必将是一片悲哀！江龙偶然性的成功上市也不要紧，但必须在上市后把企业做实、做强、做优。在新加坡的成功上市，使陶寿龙的资产一下子增大了好几倍，从而使他对资本运作的兴趣，开始大于做实业。一个企业如果把资本运作放在第一位，把做实业放在次要位置，那就已经不是企业了。

（二）浙江华联三鑫石化有限公司

1. 成长与失败过程①

作为我国第一家有民营资本介入的大型石化企业，华联三鑫挤进了投资门槛动辄几十亿元的PTA产业。面对上下游的“剪刀差”，它也曾采取多种方式应对利润下滑，但最终因期货投机陷入巨亏的泥沼。

浙江华联三鑫石化有限公司是总投资100亿元的大型石化企业，主要生产PTA（精对苯二甲酸）及聚酯切片、化学纤维等相关的化工产品和原辅材料，PTA年产200万吨以上，销售收入150亿元以上，是亚洲第一、全球前三的PTA生产企业。华联三鑫成为我国第一家有民营资本介入的大型石化企业，成为典型的“国控民营”。

浙江华联三鑫石化有限公司的总裁唐利民，同时还是上市公司浙江展望控股集团有限公司的董事长，此前他还担任过绍兴杨汛桥镇展望村党委书记18年。在20世纪90年代中后期的时候，他就有了进军PTA的想法。因为他当已经看到，90年代中期以后，纺织业发展成为绍兴县独占鳌头的支柱产业，轻纺工业的聚酯、涤纶发展迅速，PTA作为化纤原料聚酯的上游产品，其市场需求同样增长迅速。有数据显示，2002年国内PTA产量不足300万吨，但总需求近760万吨，存在的缺口达到400万吨以上。再从市场区位布局上来看，PTA项目落户绍兴县有着区域优势。绍兴作

① 主要资料来源：苏旭等．告别“野蛮成长”浙江三企业的案例启示录．浙商，2008(1)．

为国内最大的化纤原料、化纤和纺织产品的加工集散中心，也是全国最大的PTA消费中心之一，每年对PTA的需求约250万吨左右。在这里建一个PTA生产基地，能最大化地接近市场，无论是销售还是运输成本都处于优势。而且在绍兴县上马PTA项目，还能够促使绍兴纺织产业实现向上游石化行业的延伸，提高产业竞争力，促进绍兴及周边地区优势产业的快速发展。因此，上这样的项目也能引起当地政府的密切关注和积极推动。

2000年初，一个机会来了。央企华联发展集团控股的上市公司华联控股(000036. SZ)，以及另一家民营企业浙江加佰利看好绍兴纺织业的发展前景，希望与展望集团一道跨入PTA行业。三方一拍即合，联合进军PTA生产项目。虽然国内民营企业进军PTA产业尚无前例，但有着特殊身份的深圳华联的加盟，无疑为项目的通过增加了砝码。经过2000年10月、2002年4月两次PTA项目申报失败后，2002年9月，华联三鑫45万吨PTA的立项第三次上报后获得了通过。

华联三鑫成立后，股权比例为：华联控股50%，展望集团24.5%，加伯利集团24.5%。公司董事长由华联发展集团的董事长担任，唐利民则出任总裁，负责公司经营管理。至此，华联三鑫成为我国第一家有民营资本介入的大型石化企业，成为典型的“国控民营”。

在当时，有八九家企业与华联三鑫同时申报PTA项目，其中包括杜邦(宁波)化工有限公司、宁波(中信)大榭岛公司等国际国内知名公司。但当时申报通过的仅有上海远东(台湾)化工有限公司和华联三鑫石化有限公司两家。这为华联三鑫的发展赢得了先机。而华联控股大型央企的身份，也为华联三鑫的发展吸引了大量专业人才。

2005年3月，华联三鑫一期年产60万吨的PTA生产线完工并投入生产，成为当时世界上单线投资规模最大、建设工期最短的PTA项目。由于市场需求量巨大，华联三鑫的生产线一直处于满负荷运作状态。据有关资料显示，2005年华联三鑫累计生产PTA产品39.2万吨，实现销售收入29.6亿元、利润达到2亿元，呈现出产销两旺的态势。为进一步扩大PTA产品生产规模，实现规模效益，做强做大PTA产业，2005年12月，华联三鑫再次增资3亿元上马第二期PTA生产线。

PTA生产的主要原料是PX(对二甲苯)，据了解，PX占华联三鑫经营成本的85%以上。由于PX与原油有着极强的关联性，随着原油价格(美原油01CONF)从2008年1月24日的84.59美元持续上升至最高的146.68美元，PX价格从年初的1100元/吨涨至1660元/吨，大大加重了企业经营负担。据了解，以该公司目前产能计算，该原料的年均需求量在180万吨以上，现有PX价格水平下每上涨1个百分点，净利润将下降2988万元。由此可以推断，仅由于PX价格的上涨，就造成华联三鑫净利润下滑将近15亿元。

除此之外，企业将PX等原料液化时需达到480摄氏度以上的罐内温度，原料加热载体主要为180#燃料油，可替代性较差。随着原油价格的不断上涨，燃料油在国内市场价格也一路走高，从今年1月22日的年度相对低点3846元/吨，上升至目前的5500元/吨，涨幅达43%，极大地加重了企业的生产加工费用。据企业测算，按现有燃料油费用占全部经营成本约15%的比重，若单位价格上涨1%，公司净利润将下降527.3万元。由此可以推断，由于燃油价格上涨，造成华联三鑫净利润下滑超过2亿元。

如果再算上辅料价格及物流成本的上涨因素，初步估计，2008年上半年仅仅由于成本因素造成华联三鑫净利润下滑将在20亿元左右。油价上涨直接导致企业原料及加工成本费用加重，而下游纺织产业的经营困难使得企业难以提高产品价格，再加上利息成本支出加重等宏观调控间接因素，华联三鑫不可避免地遭遇成本价格上涨和销售价格增长缓慢的"剪刀差"，生产经营的整体外部环境严峻。

数据显示，华联三鑫生产的 PTA 产品毛利率由 2006 年的 5.88% 下降至 2007 年的 -2.94%，PTA 由高利走向微利，最终走到了负利润。

抛开石油价格上涨因素不说，单从投资规模和赢利时间上讲，民营资本进军重化行业本身就有着很大的资本负担。PTA 作为重化项目，不但投资规模大，而且赢利周期长。建成一条年产 60 万吨的生产线，就需要两年多时间。华联控股的公告显示，截至 2007 年底，华联三鑫的流动负债就有 78.72 亿元，其中短期借款 20.62 亿元。长期的大规模投入，对民营企业来说，风险是很大的。

面对上下游的"剪刀差"，华联三鑫也曾采取多种方式应对利润下滑。据了解，华联三鑫曾通过实施技改项目以节约企业的生产成本，通过技改，有望一年增加效益 3.5 亿元人民币。不仅如此，由于华联三鑫在国内 PTA 生产领域处于龙头地位，年产量在全国位列第一，因此在国内市场具有相对定价权。2008 年以来，华联三鑫利用国内市场的相对定价权，与厦门翔鹭、洛阳石化、宁波逸盛等大型石化企业联手连续多次提价，将国内 PTA 价格提升至目前的 9550 元/吨，上升幅度接近 30%，一度有效突破前期利润率瓶颈。

然而，相较于巨额下滑的利润，以上手段难以在短时间获得立竿见影的效果。在这种境况下，华联三鑫将眼光瞄向了期货市场。在 PTA 价格不断下跌的困境中，为有效提高财务收益，尽可能降低经营亏损，企业运用反向套期保值的手段合理应对产品价格下跌。具体通过减少当期 PX 购入量，将相应成本开支用于购买 PTA 现货，利用合同货价格相对较低的优势，在市场上抛售。据企业统计，通过该种方式的资产运作，全年共获得财务收入 2 亿元，有效提高了企业的盈利能力。

但是，正是在期货市场的危险舞步，最终将华联三鑫推入巨亏的泥沼。按之前报道说法，华联三鑫正是在今年7月间，逆市做多PTA期货0809合约的主力。但此后PTA价格并未如其所愿上涨，华联三鑫被迫接下巨量期货实盘，被套资金多达十几亿元。这实际上宣告了企业已经陷入了失败的泥潭。

2. 几点启示

(1)民营企业投资要量力而行。石化这样的重化工业，高度依赖上游的资源，具有周期性特点，需要长期的大规模投入，还要有足够的实力抵御资源价格上涨的风险，需要大量的资金，对民营企业来说，风险是很大的。因此，如果没有足够的实力，这样的基础上还是不碰为好。

(2)风险意识不能少。企业做得再大，在扩张时首先要考虑的是风险。开始时有多少钱？每年能赚多少钱？现在资产规模有多大？做个减法就能大体知道企业有多少负债。因此，要时刻都有风险意识，对自己有多大的抗风险能力要有清醒的认识。目前很多大企业负债率都过重，如华联三鑫，而且还依赖银行来“短贷长投”，将短期贷款用于长期项目的投资，加大了企业的财务风险。一旦某个环节出问题，往往会全盘皆输。

(3)赌博心态不可有。华联三鑫在买卖期货的知识都不太了解的情况下，心存侥幸，希望通过期货市场狂赌一把，最后却倒下了。实际上，任何时候企业都不应该有赌博心理。即使一时赌赢了，但长此以往，最后输掉所有是必然的。

四、促进民营企业成长模式转型

民营企业的高增长是正常的，高增长模式存在缺陷性也是正常的。事实上，任何一个国家或地区在经济腾飞的过程中，都伴随着企业数量和规模的迅速扩张，并且企业的不规范、缺陷和破产也是常见的现象。[①] 从我国经济发展的长期趋势看，在相当长的时期内，民营企业仍将会是高增长的。然而这并不意味着高增长模式就是健康的。事实上，高增长模式恰恰是民营企业不成熟的表现，从长期看，也是不可持续的。因此，民营企业要长期可持续健康发展，成长模式必须转型。

（一）浙江民营企业转型发展的几种路径分析

1. 开发生产高附加值新产品，通过产业创新实现升级

产业内创新升级。这类民营企业的转型升级不是靠"转行"去做芯片、太阳能等高科技新兴产业，而是立足于原有传统行业的优势，通过技术创新开发高新产品、开拓新市场，努力从附加值低的产品与服务向附加值高的产品与服务、从产业链低端向产业链高端升级，提高企业效益。这种立足本行业，将企业重点向"微笑曲线"的左端（产品研发）靠拢的转型方式，利于增强企业在产业链中的地位和话语权，提高企业的抗风险能力，是浙江民营企业突破危机，获得长远发展的关键举措。这种路径是企业立足于已有资源，通过创新实现企业技术能力的提高，并转化为生产力，实现企业产品的升级，从而提高企业利润，符合彭罗斯的"企业资源—企业能力—企业成长"分析框架及该理论对企业技术、产品创新的重视。

案例：诸暨大唐袜业是在传统行业内通过技术创新、产品升级，获得新市场、新利润空间的典型。在遇到金融危机，外贸订单减少的情况下，大唐袜业积极研发各种新产品，原材料从棉麻丝竹扩展到大豆纤维、珍珠纤维等，开发出各种不同的具有保暖、保健功能的婴幼袜、运动袜、休闲袜、卡通袜、时装袜等多种新产品。较

① 徐明华．历史上的企业家形象及其演变（J）．社会科学战线，1995（5）．

原有产品，这些因技术研发的投入而具有高附加值的新型品种，使得大唐袜业在今年1月至5月，实现销售额158.38亿元、利润14.29亿元，同比分别增长9%和6%，新产品产值率达到16.8%，同比提高3个百分点。①

产业间创新升级。在当前危机之下，浙江的一些骨干民营企业不约而同地"转型"进军新能源、新材料、生物医药、电子信息、海洋等高科技新兴领域，开辟新的市场。进入新兴行业对企业的技术、资金、人才有更高的"门槛"要求，较传统行业内升级需要企业开发新的生产管理、营销管理方式，开辟新的市场渠道，而且从研发到成本利润收回有一个时间过程，因而风险性和不确定性很大。而新兴行业相比传统行业，因企业数量少、资金科技投入多，具有竞争小、附加值高、前景较长远的优势，在面临传统产业竞争激烈、高成本、低利润的形势下，具备实力的民营企业进军新兴行业，是企业摆脱危机，占领新市场领域和利润空间的长远选择。在进军新兴行业时，大多数民营企业不是完全放弃原有传统产业，将资金、人力等全面投入新兴行业，而是根据企业现有实力状况，将传统行业和新兴行业按一定比例同时经营。民营企业在选择这种转型升级路径时，需考察彭罗斯的"多元化战略"所提及的三个因素，即企业已有资源、与原专长行业的联系，及其他企业进入的数目，应当基于企业自身的已有资源和实力、技术创新能力等理性进行多元化生产。

案例：温州正泰集团，作为全国最大的低压电器生产商，是中国民营企业的代表企业，在不放弃原有传统产品生产的同时，积极进军太阳能产业，其累计投资已从2006年成立正泰太阳能科技有

① 吴妙丽，周智敏，翁均飞．诸暨大唐袜业迈向创新型集群[N]．浙江日报，2009-07-08．

限公司时的3000万美元增加到近20亿元,并在德国、美国建立了太阳能分公司。正泰太阳能通过高效薄膜技术,抓住市场先机,奠定了其市场地位,2008年销售额比2007年增长了8倍,公司产品已得到全球11个国家20多家客户的认可,2010年年产值预计120亿元,预计未来几年内,太阳能项目将成为正泰集团经济发展新的增长极,并成为正泰集团的主业之一,届时正泰太阳能薄膜产能将位居国内第一、世界前列。

2. 完善价值链,融入供应链,通过产业组织创新实现升级

(1)融入国际领军企业供应链,借力发展。供应链是一个由相互依赖的组织和过程构建的复杂系统,这里所谓的过程不仅包括企业内部的活动过程,而且包括企业组织之间的互动过程,如今的国际竞争是跨国公司供应链的竞争而不是单个企业的竞争。运营杰出的供应链管理不仅意味着在每个环节或每个企业内部的运营杰出,而且意味着供应链作为一个整体的运营杰出。随着中国经济的发展和开放程度的加深,很多知名跨国公司的国际供应链逐渐发展到中国,以中国作为其原材料获取、技术研发及产品生产基地,浙江很多民营企业也积极加入到这些国际供应链中,由于这些国际知名企业拥有相关行业最先进的技术、研发能力、科学管理、营销手段等理念和制度,加上这些知名企业对其供应链上的企业有相关方面的指导和要求,使得融入供应链的民营企业,能够获得先进的生产技术、管理经验,使得这些企业在产品质量和档次、管理模式、营销手段等方面得到升级。这与提斯等提及的“动态能力”分析框架,即强调企业要整合利用企业内外部资源相一致,内外部资源的有效结合能使企业更好地适应经济环境的变化。

案例:浙江西子联合控股有限公司是通过与国际知名企业的合作而获得成功升级的典型企业。该企业目前已成为中国商用飞机有限公司所推出的大型客机C919机体供应商中唯一一家民营企业,西子联合这种在装备制造业中的实力就来自其与国际知名企业的长期合作。从1997年开始,西子联合先后与美国奥的斯合资生产电梯、与日本石川岛合资生产立体车库、与日本川崎重工合资生产盾构、与美国通用电气合作生产锅炉,通过合作获得了同行业领军企业的高端技术,然后消化吸收再依靠自身力量自主创新,使得西子联合可以为大飞机供应配件、成为立体车库生产全国第一、余热锅炉生产全国第一、自动扶梯生产全球第一的浙江省装备制造业排头兵。

(2)整合本地企业间的价值链,合力发展。产业集群是提高国家和地区经济竞争力的重要手段,是适应全球经济竞争由单个企业竞争走向价值链竞争的有效途径。浙江有着遍地开花的产业集群,在此次金融危机中,很多民营企业依托于已有的产业集群平台,"抱团取暖",在企业之间求得合作,包括合资建企业、共同开发技术、协调上下游产品供应、共享市场信息等,通过合作使得集群内的企业降低交易费用和生产成本、获得了合作伙伴的隐性知识、分担了研究开发成本和风险、实现了技术转移以及获得巨大的国内和国际市场信息,这种合作有利于合作企业在危机时期获得大规模、集体性转型升级,也就有利于产业集群或者区域经济的转型升级。这两种路径都符合"动态能力"的分析框架,即整合企业内外部的资源和技能,以适应快速变化的环境。

案例:浙江温州的民营企业在企业合作模式上走出了两种路径:一是形成以骨干企业为龙头、资产独立的联盟体系。如法派、奥奔妮、伸迪、婉甸、泰马鞋业、泰力实业等核心企业共同投资组建"优衣派",首期注册资金为1亿元人民币。同时吸纳100多家本地优秀生产制造企业作为产品联盟协作企业,龙头企业拿到订单后,分发给同行业内其他企业生产,代工企业保持资产独立。这种"强强联合,以大带小"的方式,充分发挥了产业集群优势。二是探索以龙头企业为核心的大集团发展模式。如正昌道森集团，注册资本为1.02亿元，以浙江正昌锻造与浙江道森机车部件公司合并为基础，吸收合并了瑞安市32家汽摩配、锻压相关行业企业组建而成，今年销售产值有望突破8亿元。凯喜姆科技集团，注册资金达5168万元，有3000万元为股权出资，占了总资本的53%，以凯喜姆阀门有限公司为龙头，将龙湾区华海密封件有限公司等17家阀门企业进行整合重组而成，预计集团成立后，生产总值可突破20个亿。这些合作都有利于当地企业整体性摆脱危机，实现转型升级。①

3. 开源节流，通过管理创新实现升级

从管理现代化角度看，浙江绝大部分民营企业，尤其是中小民营企业还处于经验化、家族式管理阶段，在此次转型升级中，浙江很多民营企业利用现代信息技术实现了从粗放经营到精细管理，在企业内部做到了降低成本、提高效率、减少风险的目标。随着市场增长放缓、竞争加剧、利润摊薄，民营企业原有的追求规模扩张、资源浪费严重、成本居高不下的粗放式经营发展模式已经难以为继，精细化管理成为民营企业转型升级的必然选择。精细化管理要求民营企业将事情做精、做细，需要企业规范流程、强化管理、关注细节，从而使得企业降低成本、提高效益，而现代信息技术是企业在精细化管理中做到优化业务流程、提升管理水平、提高经营绩效的有效手段。不论企业采取何种转型升级的路径，用现代信息技术改善企业管理是一个必要条件，这条路径是新制度经济学中降低企业内部管理费用、内生性企业成长理论重视企业管理能力所强调的。

案例：浙江杰克控股集团有限公司是通过采用现代科学技术加强企业管理，实现管理模式上的升级，从而获得绩效提升的典

① 张苗荧．温州模式的华丽转身：困境中的转型升级[J]．浙江经济，2009(12)：35－37。

型。该企业积极创建现代企业管理机制，引进了国外先进的“6S”、精益生产等管理模式，并全面导入质量卓越绩效管理模式，不仅使公司面貌焕然一新，还使产品质量、生产效率得到了快速提高。自实施精益生产以来，一线生产人员减少了100多人，日产量增加了一倍，产品质量提高了10个百分点，人均工资提高了两成，累计受益超过1000万元，而2008年下半年六西格玛的推行，使企业次品率从原来的8%降到了1%以下，超合同账款从原来的150天降到24天，产生净收益300多万元。①

4. 改善营销模式，建设企业品牌，通过市场创新实现升级

受当前金融危机影响，在外需减少的情况下，以外销为主的浙江民营企业正在开拓国内市场，向内外市场并举的方式转型，尤其是在传统的外贸行业，如服装、鞋帽、玩具、机电等行业。在转变目标市场中，民营企业营销理念和模式的创新、服务质量的提升、企业品牌的建设都至关重要，如建立专卖店、营销网点，网上销售点等，即向“微笑曲线”右端（产品营销）靠拢。改革开放以来，由于中国经济起步晚，浙江民营企业中的出口加工制造企业过度依赖低劳动力成本，大量采用代工生产模式，以微薄的利润率、靠大批量生产和过于单一的大客户订单维持经营，这种产业结构亟待调整，当前代工企业已开始向自主品牌经营转型。品牌是一种生产力，而且这种生产力是企业升级的一个很有效的催化剂，打品牌也是提高生产力的一种手段，是促进企业升级的一种方法。

案例：浙江台州爱仕达电器股份有限公司是一家专业从事炊具、餐具及配件制造、销售的民营股份制企业，在此次危机中致力于调整市场结构。在中国市场上，中高档炊具的需求量大，并且每

① 台州市委政研室．台州制造企业在金融危机下如何自救[J]．政策瞭望，2009(5)．

年有20%的增长。因此，公司在发展外销市场的同时，紧盯国内市场，先是向国内一线大型超市的终端市场进攻，在大型超市发展进入良性轨道后，又积极向二、三级市场辐射，将内外销比例从原来的45:55调整为55:45。未来三年内，内销的比例还将继续调高，要达到60%，内销市场的扩大，增强了公司抵抗外来风险的能力，发展也更趋稳健，今年前十个月，实现销售收入15.19亿元，税收9294.28万元。此外，在扩大内需中，浙江在全国甚至世界知名的专业市场，如义务小商品市场、绍兴轻纺城等，都可以在增加客户、物流配送、完善服务设施等方面进行提升，以发挥更大的作用。

5. 实施"走出去"战略，通过贸易创新实现升级

20世纪80年代，浙江省境外投资主要集中在美欧日、中国港澳等少数发达国家和地区，到2008年6月底，经官方审批设立的浙江境外投资项目已遍及6大洲、121个国家和地区，投资地选择上，非洲、东南亚是目前浙江境外投资较集中地区，与浙江区域经济关联度较高的劳动密集型产业是投资热点。受此次危机影响较小，有实力的浙江民营企业仍应坚持"走出去"战略，并采取多样化的投资形式，这是浙江民营企业向国际化转型的选择。从单个企业海外建厂到一个或多个企业联合在海外投资建工业园，这种企业"走出去"模式的转变，被评价为"由单兵作战向抱团共赢"的战略升级。浙江企业在境外的投资领域已从简单地设立流通领域的贸易机构为主，过渡到设立生产领域的境外加工企业、创建境外研发中心，境外投资形式已形成了多样化发展趋势。① 在有效控制风险的前提下，有条件、有实力、有比较优势的民营企业到境外投资办厂，参股、并购受危机影响而拥有先进技术、知名品牌和营销网络

---

① 徐剑锋，罗春华. 走出去，看浙江企业转"危"为"机"[J]. 浙江经济，2009(10):14-15.

的境外企业，有利于浙江民营经济培育实力雄厚的跨国公司和国际名牌，这也是浙江民营企业向国际化转型升级的必然之路。

通过对浙江民营企业转型发展实践的总结分析，可见，民营企业要实现转型发展，首先，要构建核心竞争力。民营企业要着力于增强企业的内生能力，专注于自己的主业，通过集约化管理科学地整合企业的资源和能力，以适应随时变化的经济社会环境。其次，要根据自己的资源、能力状况向纵向一体化升级、多元化转型，不应盲目进军所谓的“高、精、尖”新型行业，盲目扩大企业规模。上述转型升级路径没有好坏之分，只有适合与否，采取哪一种路径实现转型和升级，需要每一个民营企业根据自己的已有资源、行业状况做出理性选择，根据各企业的不同情况确定不同的转型升级重点。第三，加强企业的创新能力，包括产品技术创新和组织创新。在“两创”中，企业应重视技术的应用和提高，产品创新依赖生产技术的提高，组织创新依靠企业信息管理技术水平的提高。此外，企业创新更是一个复杂的系统工程，还包含着观念创新、市场创新、管理创新等。通过创新，才能使企业变挑战为机遇，变压力为动力，改革发展模式，培育自主品牌，增强核心竞争力，把企业做强做大。总之，创新是企业生存和转型升级成功的关键。

此外，企业还应积极利用外部资源，把企业的内部资源和外部资源有效结合，通过内外因的有效互动，走出转型升级的捷径。在此过程中，还需要政府搭建服务平台，为企业合作、重组提供便利服务，为企业技术创新提供人才支持和政策便利，为企业实施“走出去”战略和国际合作等提供方便。

（二）促进民营企业成长模式转型的几点思考

1. 成长模式转型具有战略意义

长期看，民营企业是区域经济发展的中坚力量，没有民营企业的健康发展，区域经济的健康和科学发展是不可能的。如果一个区域的民营企业是很脆弱的，经不起经济波动的考验，必将给区域经济的全面发展带来系统性风险。因此，转变民营企业的成长模式，促进民营企业的健康发展是区域经济健康发展的保证。从战略的角度看，一个区域也好，一个国家也好，经济地位的真正提升，需要一批世界性的名牌企业和名牌产品的支撑。而世界性名牌企业和名牌产品的成长显然不是短期内的高速增长所能实现的，需要长期的扎扎实实的努力和积累。

2. 危机提供了一个转型的好机会

危机是最好的教材，促进民营企业反思，重新审视过去走过的路，这对民营企业走向成熟和健康成长是有好处的。同时，危机也给民营企业提供了一个难得的休养生息、夯实基础、强化内功的机会。因此，以危机为契机，化危机为转机，转变成长模式，夯实发展基础，增强发展后劲，是目前民营企业面临的重要任务。

3. 转型的目标是实现内涵式增长

所谓内涵式增长，是建立在管理科学、决策合理、技术进步、品牌优势、核心竞争力突出等基础之上的增长，是一种持续健康稳健的增长。这就要求民营企业必须改变过去那种重外延扩张、轻素质提高，重数量增长、轻质量提升，重市场营销、轻技术创新，重产品开发、轻品牌塑造，重短期利益、轻长期战略的成长模式，将战略管理、技术创新、品牌塑造等放在突出位置，构建一种长期健康可持续的成长模式。

4. 文化与观念的转变是成长模式转型的先导

高增长模式的背后实际上是浮躁的心态、暴富的意识、急功近利的文化。高增长模式实际上也已经成为民营企业家的一种心理模式。在这样的心理模式下，低增长就是失败。因此，企业文化、发展理念、管理方式、资产结构、架构设计、人员配置等都是为了高增长，企业也已经习惯了高增长，并且依赖于高增长。因此，转变企业的成长模式必须首先转变企业家的心理模式，建立一种有利于企业长期健康发展的企业文化。文化力带来生产力，文化力带来竞争力。要引导企业家着眼于建百年老店，创百年名牌，倡导一种脚踏实地、扎扎实实、勤勤恳恳、老老实实的企业和企业家文化，使企业的高增长建立在高素质、高品质的基础之上。

5. 合理的利益形成机制和产业发展导向机制是转型的关键

大量的民营企业处在产业链的低端，上游原材料上受到垄断性国有大企业的挤压，资金上又受到垄断性国有银行的挤压，下游则受到强势经销商和其他企业市场竞争的挤压，利润空间狭小。与此形成鲜明对比的是，在一些领域和行业又有大量暴利的存在，如房地产、资源开采、金融投机等。一方面是微利经营，苦苦支撑；另一方面又存在空手套白狼，暴利唾手可得的现象，民营企业家心态的失衡是可以理解的。再加上大量一夜暴富的示范，浮躁与急功近利文化心理的形成也是可以理解的。因此，进一步解放思想，深化市场体制改革，打破垄断，促进竞争，理顺各行业的利益关系，促进不同行业平均利润机制的形成，从而形成合理的各产业发展导向，是推动民营企业成长模式转型的关键。

6. 重塑政企关系是基础性工作

不规范的市场秩序、政府掌握的资源太多、在资源配置中的权力太大、对经济运行的干预太强，是民营企业非市场行为产生的重要根源。因此，严格界定政府在市场经济中的作用范围，积极推进行政管理体制改革，规范政府行为，重塑合理的政企关系，明确政府、企业与市场的不同定位，仍然是一件基础性工作。

第二章
产业结构调整:转型升级的主攻方向

转变经济发展方式,从本质上讲就是促进结构转型,而产业结构的转换与升级是结构转型的重点领域和关键环节之一。随着经济发展和人均国民收入水平的提高,产业结构在不断地向高级化方向演变,且具有较强的阶段性和有序性的规律特征,从而形成了经济发展的不同阶段。当一个国家或地区经济发展向更高水平、更高阶段提升过渡时,即经济发展处于转型期间,其产业结构的变动则以加速转换为重要特征。世界各国经济发展的历史和经验表明,经济发展的各阶段虽难以逾越,但每一阶段演变的时间可以缩短也可能延长,这取决于推动产业结构演变的动因,如技术进步、资源环境、产业政策等。

一、浙江产业结构的演变及特点

产业结构的演变主要表现为三次产业结构的变动和三次产业的内部升级。按照产业结构演变的一般规律，当经济不断发展、人均收入不断提高时，第一产业的比重会不断下降，第二、第三产业的比重则不断上升；社会的主导产业由第一产业演变到第二产业，再演变到第三产业；产业结构则由低级阶段向高级阶段演变，并具有明显的阶段性特征。这是经济学家们在对大量观测数据进行分析，对现实问题进行广泛研究后得出的带有普遍意义的结论。

纵观世界各国经济发展历史，产业结构演变的阶段大致可分为农业化、工业化、信息化（后工业化）三个阶段。其中，工业化作为经济发展中一个特定的重要阶段，又可分为轻工业化阶段（工业化早期）、重工业化阶段（工业化中期）、高加工度化阶段（工业化后期）和技术集约化阶段（发达经济时期）。在工业化进程中，生产要素由劳动密集型向资本密集型、资本技术密集型、再向知识技术密集型产业转变；劳动对象由采掘业向原材料产业再向初加工产业，进而向深加工产业的方向转变；技术由传统产业向新兴产业，再向新兴产业与传统产业相结合的方向发展；劳动产品的产出由低附加值向高附加值发展。可见，产业结构演变的实质是一个不断趋于高级化的升级过程。

改革开放30年来，浙江经济取得了长足的发展，综合实力和人民生活水平有了显著的提高。与之相伴，浙江的产业结构也发生了一系列的变化。总体上看，浙江三次产业变化趋势符合产业结构演变的一般规律，三次产业内部也在不断优化升级，但产业结构的转换升级进程相对滞后于浙江经济发展的现实阶段。

(一)浙江三次产业结构的演变轨迹

从改革开放30年浙江产业结构变化趋势看,三大产业之间的比例关系有了明显的改善,产业结构正向合理化方向发展(见图2.1)。第一产业的比重呈现持续下降的态势,由1978年的38.1%下降至2007年的5.3%;第二产业的比重经历了不断波动向上的过程,并长期稳定保持在40%~55%之间;第三产业的比重处于不断上升的过程,进入新世纪以来则一直稳定在40%左右。

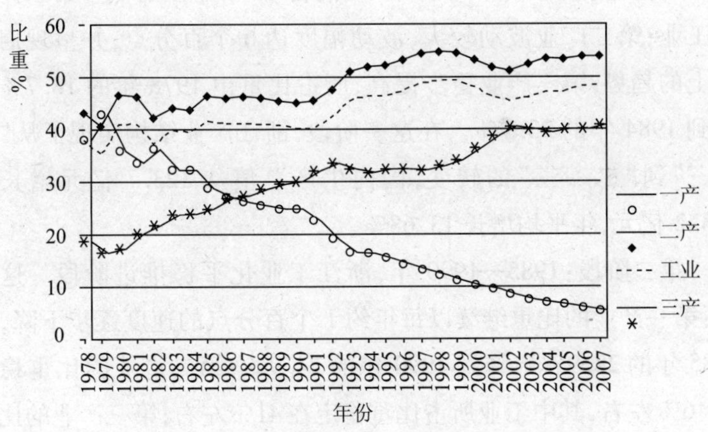

图2.1 改革开放30年浙江产业结构演变轨迹

资料来源:浙江统计年鉴2008[M]. 北京:中国统计出版社,2008.

1. 从产出结构来看

图2.1显示了1978—2007年间浙江三次产业结构的演变过程。按当年价格计算,浙江的第一、第二、第三产业增加值占国内生产总值的比重由1978年的38.1%:43.3%:18.7%调整到2007年的5.3%:54%:40.7%。基本趋势是:第一产业的比重呈下降趋

势，第二产业的比重呈波动且有所上升趋势，第三产业的比重呈上升趋势。按三次产业增加值占国内生产总值比重的发展关系以及不同的变动速度和幅度，浙江产业结构的演进过程大致可分为四个阶段。

第一阶段：1978—1984 年，浙江工业化全面启动阶段。浙江的工业化起步于新中国成立初期，但由于历史原因，工业化进程缓慢，1978 年前后浙江三次产业的比重顺序仍为“一二三”，还是一个以农业为主的省份。1978 年，浙江工业化开始全面启动，这期间：第一产业的比重以每年约 1 个百分点的速度逐步下降，由 1978 年的 38.1% 下降到 1984 年的 32.3%，自 1980 年以后低于第二产业和工业；第二产业波动较大，波动幅度达 6 个百分点，并呈现启稳向上的趋势；第三产业稳步提高，所占比重由 1978 年的 18.7% 上升到 1984 年的 23.9%。在这一阶段，浙江产业结构实现了从“一二三”到“二一三”的转变，国内生产总值从 123.7 亿元增长到 323.2 亿元，年平均增长 13.68%。

第二阶段：1985—1990 年，浙江工业化平稳推进阶段。这期间：第一产业的比重继续以每年约 1 个百分点的速度逐步下降，从 1985 年的 28.9% 下降到 1990 年的 24.9%；第二产业的比重稳定在 46% 左右，其中工业所占比重稳定在 41% 左右；第三产业的比重则以每年约 1 个百分点的速度稳步上升，自 1987 年起超过第一产业，在 1990 年跃上 30% 的平台。在这一阶段，浙江产业结构实现了从“二一三”到“二三一”的转变，国内生产总值从 429.2 亿元增长到 904.7 亿元，年平均增长 7.57%。

第三阶段：1991—2001 年，浙江工业化加速扩张阶段。这期间，第一产业的比重继续以每年约 1 个百分点的速度逐年下降，从 1992 年的 19.1% 下降到 2001 年的 9.6%；第二产业的比重快速提高，在 1998 年达到 54.8% 的历史最高点，2001 年回落到1993年的51.8%的水平，其中工业增加值所占比重最高年份达49.2%，占当年国内生产总值近一半；第三产业稳步提高，所占比重由1992年的33.4%上升到2002年的40.3%。这一阶段，是浙江产业结构变动最大的时期，也是浙江经济发展最快的时期，全省国内生产总值从1375.7亿元增长到8003.7亿元，年平均增长12.29%。

第四阶段：2002—2007年，浙江工业化进入新一轮扩张期。第一产业的比重仍继续逐年下降，从2002年的8.6%下降到2007年的5.3%，下降速度变缓，平均每年约下降0.5个百分点；第二产业的比重再次攀升，五年间从51.1%升至54.0%，其中工业增加值所占比重从46.0%上升到48.4%；第三产业的比重则一直稳定在40%左右，没有进一步提高。这期间，浙江经济增长速度加快，国内生产总值从8003.7亿元增长到18780.4亿元，年平均增长14.11%。

从浙江经济增长与产业结构变动的关系来看，三次产业中对经济增长贡献率最大的是第二产业，其次是第三产业，农业的贡献率最低。改革开放特别是20世纪90年代以来，第二产业对经济增长的贡献率都超过其他产业。从各年度数据看，GDP增长中几乎50%～60%来自于第二产业，40%左右来自第三产业，只有不足5%的份额来自第一产业。从趋势上分析，GDP越来越多地依赖第二、第三产业的增长，第一产业的贡献率不断下降（见图2.2）。

2. 从就业结构来看

随着产业结构的不断调整变动，三次产业的就业结构也在不断地调整变化之中。改革开放以来，浙江三次产业间从业人员的分配状况及变动趋势（见图2.3）。

从图2.3可以看出，浙江三次产业的就业结构变动趋势与产出

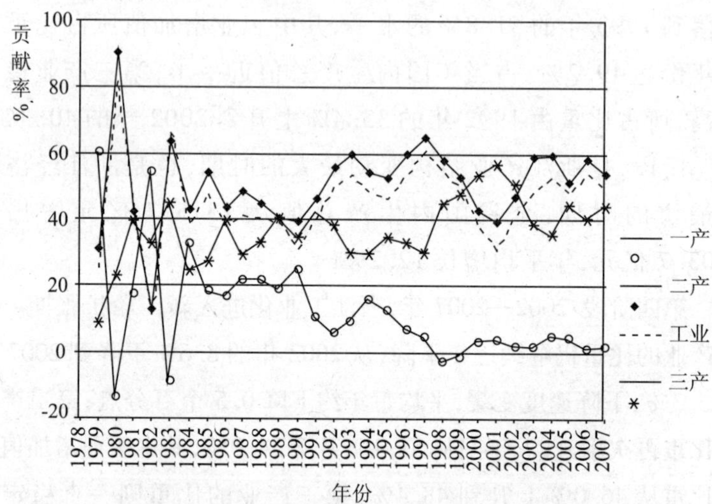

图 2.2 浙江三次产业对经济增长的贡献

资料来源：浙江统计年鉴 2008[M]．北京：中国统计出版社，2008.

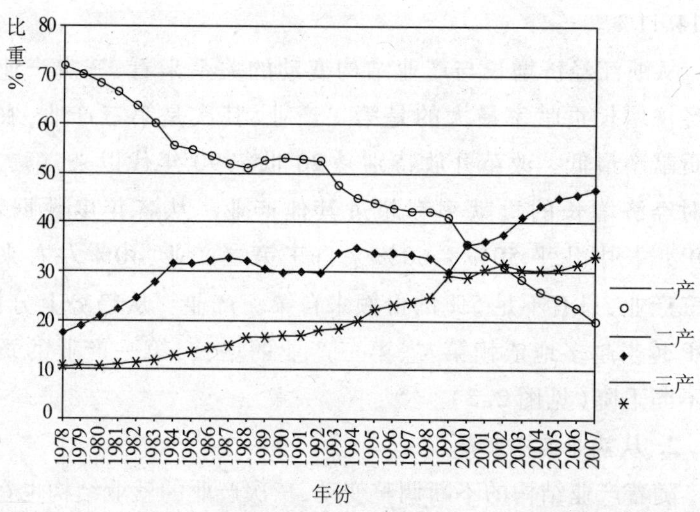

图 2.3 浙江三次产业就业结构变动趋势

资料来源：浙江统计年鉴 2008[M]．北京：中国统计出版社，2008.

结构的变动趋势基本一致。第一产业就业比重逐年下降，近30年间下降了51.8个百分点；与之相对应，第二、第三产业的就业比重逐步提高，分别上升了29.3、22.6个百分点。从1978～2007年，浙江第一、二、三产业的就业结构由71.9∶17.5∶10.6变为20.1∶46.8∶33.1。浙江三次产业就业结构的变动有两个转折点：第一个转折是从1991年，农业部门的劳动力数量达到顶峰值，开始由不断增加转向持续减少，这意味着传统农业部门的劳动力已不再是无限供给；第二个转折点发生在2001、2002年，农业部门从业人员数及所占比重开始低于第二、第三产业，就业结构实现了由"一二三"到"二一三"再到"二三一"的转换。

虽然就业结构与产出结构变动趋势是一致的，但两者存在着较大的差异。第一产业的就业比重偏高，与其在GDP中所占比重不相称，即使考虑到第一产业劳动生产率相对较低，这种差异也较大。依据产业结构变动值（SCV）①这一分析指标的计算，从1978年到2007年，浙江产出结构变动值为65.5，就业结构变化值为103.6。这表明，浙江三次产业的就业结构比产出结构的转换幅度要大得多。

就业结构与产出结构的对称性，在很大程度上是产业结构效益的反映。两者越不对称，即偏离度②越高，产业结构效益越差。改革开放以来，浙江产业结构偏离度总体上呈下降趋势，从1978

① 产业结构变动值（SCV）是反映产业结构变化过程的重要指标，是报告期的产业结构指标值与基期产业结构指标值的离差的加总，其计算公式为：$SCV=\sum|SVL_{i1}-SVL_{i0}|$，i指第i次产业。转引自：李金华等．中国产业：结构、增长及效益［M］．北京：清华大学出版社，2007：227.

② 产业结构偏离度，是测试产业结构效益的一个指标，它反映的是劳动力结构与产出结构之间的一种不对称状态。其计算公式为：$P=\sum|Li-Ci|$，P表示产业结构偏离度，L表示劳动力比重，C表示增加值比重，i表示第i次产业。转引自李金华等．中国产业：结构、增长及效益［M］．北京：清华大学出版社，2007：230.

年的 67.7 下降到 2007 年的 29.5，说明浙江产业结构效益有了显著提高。

3. 从劳动生产率来看

劳动生产率是指一定时期内每一个从业人员在单位时间内所生产的产品产量，通常是工业增加值与全部从业人员数之比（即人均附加值）。劳动生产率是反映产业效益高低的一个重要指标，也是反映产业升级的主要指标。改革开放以来，浙江整体经济效率不断提高，全社会的劳动生产率持续上升，尤其是 20 世纪 90 年代以后，全社会劳动生产率呈现加快上升的趋势，特别是第二、第三产业的劳动生产率迅速提高，第三产业劳动生产率在 2003 年再次超过第二产业，成为三次产业中生产效率最高的产业（见图 2.4）。

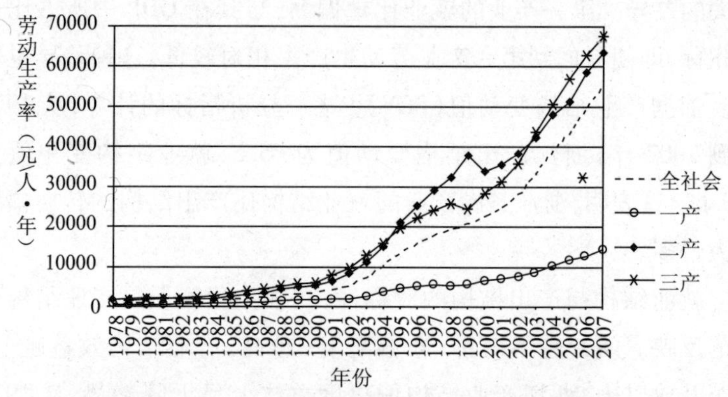

图 2.4 浙江三次产业劳动生产率变动趋势

资料来源：浙江统计年鉴 2008[M]. 北京：中国统计出版社，2008.

与此同时，三次产业劳动生产率的差别呈现日益扩大的趋势。90 年代以前，三次产业的劳动生产率与全社会劳动生产率之间的差距并不悬殊，各自之间的差距也不突出。从 1991 年开始，三次产业之间的劳动生产率差距呈扩大态势，第一、第二、第三产业的劳动生产率差距比由1991年的1∶3.57∶4.42扩大到2007年的1∶4.42∶4.69。三次产业间劳动生产率差距的不断扩大，增加了劳动力从传统部门向现代部门的转移动力，加速推进了劳动力从农业部门向非农产业部门的流动。

4. 从国际比较来看

产业结构与经济发展水平密切相关，在经济发展的不同阶段，起主导作用的产业是不同的。随着经济发展阶段的推移，产业结构的重心由第一产业向第二产业转移，然后再由第二产业向第三产业转移，产业结构趋于高级化。世界银行在《1997年世界发展报告》中发布了不同发展阶段国际产业结构的平均水平（见表2.1），这一国际经验标准与以往的研究标准有较大的出入，因为各模式标准所研究的背景有很大的不同。如库兹涅茨（1971）模式是基于1958年美元研究所得，钱纳里、艾金顿和西姆斯（1970）模式是基于1964年美元研究所得，赛尔奎因和钱纳里（1989）模式是基于1980年美元研究所得。相比，世界银行1997模式更接近于现实研究背景。

表2.1　不同发展阶段产业结构的国际经验标准（1997模式）

按1995年人均（美元）GNP划分		低收入水平国家	中下等收入水平国家	中等收入水平国家	中上等收入水平国家	发达国家	浙江（2007）
范围值		765及以下	765～3035	765～9385	3036～9385	9386及以上	
平均值		430	1670	2390	4260	24930	4885
增加值构成（%）	第一产业	25	13	11	9	2	5.3
	第二产业	38	36	35	37	32	54.0
	第三产业	35	49	52	53	66	40.7
从业人员构成（%）	第一产业	73	54	44	30	6	20.1
	第二产业	13	17	22	28	38	46.8
	第三产业	15	29	34	42	56	33.1

资料来源：李金华等．中国产业：结构、增长及效益[M]．北京：清华大学出版社，2007：36－37．

2007 年，浙江人均 GDP 为 37411 元，按年平均汇率折算为 4885 美元，已达到中上等收入国家的平均水平。无论是与现行的国际经验标准相比，还是与以往研究的权威标准相比，浙江的产业结构都显现出较大的差异。

从产出结构看，比照表 2.1 国际标准，浙江二产比重明显偏高、三产比重明显偏低。2007 年，浙江第二产业增加值占 GDP 的比重高达 54%，与相同发展阶段国家的平均水平相比，高出 17 个百分点，而第三产业增加值占 GDP 的比重不到 41%，比国际标准低 12 个百分点。尽管按汇率换算的 2007 年浙江人均 GDP4885 美元所代表的发展程度比国际标准（1995 年美元水平）①要低一些，但若按购买力平价计算现值美元的话，浙江人均 GDP 美元数大约还要提高四倍左右。所以，相对于浙江人均实际收入水平，其“二产偏高、三产偏低”的结构特点就显得更为突出。

相对于产出结构而言，浙江的就业结构比较合理。通过计算比较劳动生产率，②2007 年浙江第一、二、三产业比较劳动生产率分别为 0.26、1.15、1.22（结构比为 1:4.4:4.7），而中上等收入水平的国际经验标准是 0.3、1.32、1.26（结构比为 1:4.4:4.2），基本一致。虽然浙江三次产业从业从员的比重与国际经验标准有较大的差异（2007 年浙江第一、二、三产业从业人员比重分别为 20.1%、46.8%、33.1%，而相应收入水平国家的比重是 30%、28%、42%），但基于浙江目前的产出结构，其就业结构还是比较合理的。

问题是相对合理的就业结构是基于并不合理的产出结构之上的。“二产偏高、三产偏低”的结构偏差不仅会影响浙江经济增长

---

① 按世界银行 2007 年人均 GNP 划分，低收入为 935 美元及以下，中下等收入为 936～3705 美元，中上等收入为 3706～11455 美元，高收入为 11456 美元及以上。

② 比较劳动生产率为各产业增加值占 GDP 的比重与各产业从业人数与全社会从业人员总数的比重之比。

质量的提高和产业结构的优化升级,而且还会影响农业剩余劳动力向非农产业的进一步转移。由于浙江第二产业的比重已经过高,其进一步发展主要是依靠产业素质和技术水平的提高,可增加的就业人数十分有限。而第三产业本可以吸收大量农业剩余劳动力,但由于浙江第三产业在国民生产总值中所占比重偏低且徘徊不前,如果这一局面不迅速改变的话,那么第三产业在增加就业岗位方面不可能有所贡献。第三产业中的很大一部分是为第一、第二产业扩大生产规模和提高生产效率服务的,如交通运输、邮电通信、商业物流、金融保险、科研教育、技术服务等产业部门。这些第三产业部门不仅是连接生产与市场的中间环节,而且是第一、第二产业提高发展水平的重要条件,如果发展滞后,势必影响第一、第二产业乃至整个经济的协调发展和效率的提高。所以,加快发展第三产业,迅速提高三产的比重是当前浙江产业结构优化升级的一项紧迫任务。

(二)浙江三次产业内部结构的变化及特点

改革开放30年来,浙江三次产业内部结构也发生了很大的变化,并形成了具有鲜明地方特色的产业结构体系。

1. 第一产业

随着第一产业在国民生产总值中所占比重的不断下降,第一产业内部结构也有较大的调整,主要表现是农业比重显著下降,渔业比重明显上升,林业比重略有提高、牧业比重相对稳定(见图2.5)。

农业尤其是种植业在第一产业中始终占据着最重要的地位。尽管农业所占比重长期处于下降趋势(从1978年的77%下降到2007年的46%),但种植业的比重自1988年以来一直稳定在45%左右,目前浙江农业产值中98%为种植业。在农业结构内部,种植结构的调整取得了显著进展,经济作物比重不断上升,粮经比例不

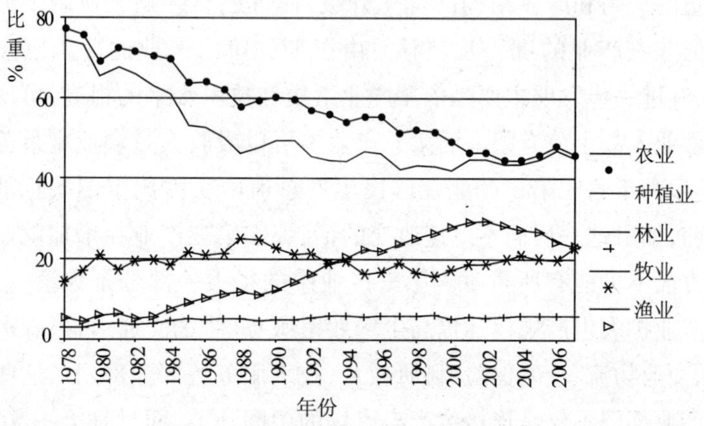

图 2.5 第一产业内部结构变动趋势

资料来源：浙江统计年鉴 2008[M]. 北京：中国统计出版社，2008.

断优化，粮食与经济作物的比例由 1978 年的 73∶27 调整为 2007 年的 53∶47。自 20 世纪 90 年代后期，浙江在全国率先进行粮食购销市场化改革后，大力发展效益农业和高效生态农业，使农业生产有了质的飞跃，蔬菜、茶叶、果品、蚕桑、食用菌、中药材等产值大幅增长，品种结构不断优化，产品优质化程度也不断提高，传统农业向现代农业转变的趋势增强。

从图 2.5 还可以看出，30 年来，浙江的牧业在起伏波动中发展，其产值在第一产业中所占比重一直在 20% 上下波动；林业的绝对产值虽然在不断增长，但所占比重提高幅度不大，目前仍不到 6%；渔业的发展在第一产业中最为显著，其产值比重从 1978 年的 5.3% 提高到 2007 年的 23.2%，在最高年份时达到了近 30%，成为第一产业中仅次于农业的第二大产业，但近些年由于受我国与日、韩渔业协定的影响，占渔业比重较高的海洋捕捞量上不去，从而致使浙江渔业在第一产业中的比重有所下降。

2. 第二产业

在工业化过程中,第二产业的增长对整个经济增长中起着主导作用,而第二产业的迅速增长又与其内部结构的不断变化相联系。1978—2007 年,浙江第二产业增加值由 53.52 亿元增至 10148.45 亿元,年平均实际增长速度为 16.26%,占 GDP 的比重由 43.3% 上升至 54.0%。其中,工业发展尤为迅速,工业增加值由 46.97 亿元上升至 9095.65 亿元,年平均实际增长速度达 16.73%,在 GDP 中的比重由 38.0% 上升至 48.4%,工业对浙江经济的贡献率居三次产业的首位。而在工业内部,轻重工业比例、行业结构等也发生了巨大的变化。

从轻重工业比例关系来看:浙江传统上是一个以轻工业为主的省份,新中国成立时的 1949 年,浙江轻工业比重高达 90.4%,到 1978 年轻工业比重仍有 60.2%。改革开放后,轻工业比重又呈上升态势,在 1990 年达到 65.2% 的新高点,确立了轻纺大省的优势,后来这一优势虽然得到不断强化,但比重却在逐步下降,到 2003 年下降至 51.73%。相应的,重工业比重逐步上升,并在 2004 年超过轻工业(轻重工业比例为 46:54),实现了从轻工业为主到重工业为主的转变,进入了重化工业发展阶段。自此,重工业比重不断攀升,且上升势头仍在延续不减,2007 年浙江重工业比重已上升为 57.0%,年平均以 1% 的幅度递增。可见,浙江工业内部结构已经实现了由劳动密集型轻工产业向技术资本密集型重工业产业的实质性转变,开始了重化工业化的发展。

从工业结构的行业构成来看:采矿业在浙江工业中的比重一直很低,因浙江缺乏煤矿油等自然资源基础,采矿业逐步萎缩,在工业中的比重从改革开放初期的 1.8% 左右下降至目前已不足 0.4%;而以电力热力生产供应为主的能源工业增长明显,所占比重从 1987 年的 1.98% 上升到 2007 年的 6.40%;制造业作为浙江工业的主体,所占比重虽略有下降,但目前仍占据着浙江工业近93%的份额。制造业各行业所占份额也发生了很大的变化,食品、饮料、烟草、纺织、服装等劳动密集型传统行业的比重大幅下降,而电气机械、交通运输、化学纤维、通信电子等资本或技术相对密集型行业的比重明显上升,产业高加工度化发展趋势十分明显(见表2.2)。

表2.2　浙江制造行业在工业中所占份额变动幅度排序(1980—2007)

份额上升最快的8个行业	幅度(%)	份额下降最快的8个行业	幅度(%)
电气机械及器材制造业	↑4.4	食品加工与制造业	↓9.6
交通运输设备制造业	↑3.8	纺织业	↓9.1
化学纤维制造业	↑3.7	饮料制造业	↓3.0
通信设备、计算机及其他电子设备制造业	↑2.9	非金属矿物制品业	↓2.4
有色金属冶炼及压延加工业	↑2.6	化学原料及化学制品制造业	↓1.4
通用设备制造业(普通机械制造业)	↑2.4	烟草制品业	↓1.3
纺织服装、鞋、帽制造业	↑1.6	工艺品及其他制造业	↓1.0
皮革、毛皮、羽毛(绒)及其制品业	↑1.4	造纸及纸制品业	↓0.6

资料来源:卓勇良、杜平.浙江产业结构变动与转型提升研究[R].2008.

事实上,工业内部结构的变动过程就是工业化过程,在工业化的不同阶段呈现出不同的产业特征。从工业化的早期、中期、后期到发达经济时期,各时期的主导产业将依次由轻纺工业、重化工业、高加工度化工业到技术集约化工业递进。在工业化进程中,生产要素由劳动密集型向资本密集型、资本技术密集型,再向知识技术密集型转变;劳动对象由采掘业向原材料产业再向初加工产业,进而向深加工产业方向转变;产业技术由传统产业向新兴产业,再向新兴产业与传统产业相结合的方向发展。由此可见,浙江工业内部结构的变动趋势符合工业化演进的产业发展规律特征,浙江工业化进程目前处在工业化中期向后期阶段发展。

3. 第三产业

浙江第三产业的发展起点比较低。1978 年,第三产业占 GDP 的比重仅为 18.7%,比全国平均水平低 5.2 个百分点。改革开放之后,浙江第三产业发展逐步加快,第三产业在国内生产总值中的比重不断提高,2007 年达到 40.7%,已超出全国平均水平 0.6 个百分点。1978—2007 年,浙江第三产业平均年增长速度为 13.9%,比同期国内生产总值 13.2% 的增长速度高 0.7 个百分点,但比同期第二产业 16.3% 的增长速度低 2.4 个百分点。

在第三产业以较快速度增长的同时,第三产业的内部结构也在发生着变化。改革开放初期,浙江第三产业主要集中在批发和零售贸易餐饮业、交通运输、仓储及邮电通信业等传统产业领域。改革开放 30 年来,在传统服务业持续发展的同时,社会服务业、公共管理和社会组织、金融保险、房地产、信息服务以及文化教育卫生事业等现代服务业快速增长,在第三产业中的比重不断提升(见表 2.3)。

虽然浙江第三产业增加值占 GDP 的比重(41% 左右)偏低,与发达国家和地区(普遍在 60% 以上)相比差距很大,但从第三产业内部行业结构来看,差距并不大,与发达国家和地区的结构水平相近,且变动趋势一致。

表 2.3　服务业各行业增加值比重的增减幅度(1985—2003)

行业分类	增减(%)	行业分类	增减(%)
	1985 ~ 2003		2004 ~ 2007
农林牧渔服务业	0.04	交通运输、仓储和邮政业	-0.03
地质勘探、水利管理业	-0.04	信息传输、计算机服务和软件业	0.08
交通运输、仓储及邮电通信业	-0.59	批发和零售业	-2.18
批发和零售贸易餐饮业	-7.58	住宿和餐饮业	-0.42

续表

行业分类	增减(%) 1985～2003	行业分类	增减(%) 2004～2007
金融、保险业	－1.81	金融业	3.27
房地产业	－1.10	房地产业	0.32
社会服务业	5.04	租赁和商务服务业	－0.12
卫生、体育和社会福利业	2.29	科学研究、技术服务和地质勘察业	0.21
教育、文化艺术及广播电影电视业	2.45	水利、环境和公共设施管理业	－0.13
科学研究和综合技术服务业	－0.36	居民服务和其他服务业	－0.19
国家机关、政党机关和社会团体	2.67	教育	－0.42
其　他	－1.01	卫生、社会保障和社会福利业	－0.31
		文化、体育和娱乐业	－0.01
		公共管理和社会组织	－0.07

资料来源：浙江统计年鉴 1986、2004［M］. 北京：中国统计出版社，1986、2008.

从欧美日等发达国家第三产业内部结构的变动趋势看，20 世纪 70 年代到 90 年代中后期，服务业各分类行业产出占服务业比重变化趋势是：商业旅店、运输仓储等传统服务业比重呈下降趋势，与人的身心素质及生活水准提高密切相关的社会社团个人服务业比重明显上升，金融、保险、房地产和商务服务业等这类专业化服务业比重大幅度上升且在第三产业中居于首位，政府服务的比重有所下降（见表 2.4）。

表 2.4　发达国家服务业分行业增加值占第三产业的比重(%)

行业分类	美国		日本		OECD	
	1970	1998	1970	1990	1970	1995
批零商业和旅馆酒店业	28	22	28	22	28	22
运输、仓储和通信业	10	8	14	11	15	10
金融、保险、房地产和商务服务业	28	37	24	27	20	28
社会、社团和个人服务业	13	16	19	24	15	20
政府服务	22	17	13	12	19	18
其他服务			2	3	4	2

资料来源：黄少军．服务业与经济增长[M]．北京：经济科学出版社，2000. 朱之鑫．国际统计年鉴[M]．北京：中国统计出版社 2001. OECD：Services Statistics on Value Added and Employment，OECD Publishers，1997.

20 世纪 70 年代至 90 年代，是欧美日等发达国家由工业化后期向后工业社会转化时期，发达国家第三产业内部结构的变动状况反映了当今世界现代服务业的发展趋势。与之相对比，浙江第三产业内部结构的变化情况也反映了这一发展趋势，并接近或达到了发达国家和地区第三产业内部结构水平。按国家统计局对第三产业新的行业划分结构，到 2007 年，浙江第三产业 14 个行业中处于前七位的依次是批发和零售贸易餐饮业、金融业、房地产业、交通运输仓储及邮政业、公共管理和社会组织、教育、信息传输计算机服务和软件业等，这七个行业的增加值占第三产业的比重达到 81.49%，其中，金融、保险、房地产和商务服务业比重已达 32.02%，成为第三产业中增长最快的服务行业，并仍呈上升趋势；批零商业和旅馆酒店业比重占 26.38%，且呈继续下降趋势。

二、浙江产业结构升级的制约因素

改革开放 30 年间，浙江产业结构发生了巨大的变化，其变化总体上是符合产业结构演变规律的。进入新世纪，浙江经济进入了新一轮的扩张期，经济快速增长，结构加速变动，效益明显提高。但相对而言，浙江产业结构升级比较缓慢、产业结构水平比较低，其工业化进程较快与优势产业层次较低的矛盾异常突出。深入分析和剖解这一矛盾，主要有四大因素制约了浙江产业结构优化升级。

（一）大量的廉价劳动力

关于廉价劳动力对产业升级的压力问题，最早进行系统研究的是美国经济学家刘易斯。1954 年，刘易斯在其《劳动无限供给条件下的经济发展中》一文中提出，发展中国家的经济由弱小的现代工业部门和强大的传统农业部门组成，即存在二元结构。由于现代工业部门的边际劳动生产率要远远高于农业，因而工业生产可以从农业中得到劳动力的无限供给；又由于农业的人均产出水平很低，从农业中转移出来的劳动力其工资水平也远远低于工业的边际劳动生产率。因此，工业可以从大大偏低的劳动力供给价格中获得巨额利润。

刘易斯描述的情况与浙江传统劳动密集型产业的发展状况相当接近。随着浙江工业化的快速推进，大量农村劳动力向二、三产业转移。2002 年，浙江从事非农产业的农村劳动力有 1300 万人，占农村劳动力的 60%。与此同时，外来民工大量涌入。2000 年第五次人口普查资料显示，全省外来民工总数有 300 多万人。这些从农村转移过来的劳动力特别是外来民工的工资待遇一般都很低。据调查，2002 年用工单位提供的月工资一般在 600 元左右。自 2002 年《浙江省企业工资支付管理办法》确定在全省建立企业最低工资标准制度之后，农民工收入有了保障，随着最低工资标准的逐年提高，外来农民工数量迅速增加，农民工收入明显提高，但收入水平远低于当地城镇职工的平均收入水平。据国家统计局浙江调查总队的调查,2005 年末,浙江农民工总数达 1783 万人,约占全省非农产业就业人员总数的 3/4(77%),其中本省农民工约为 1260 万人,外来农民工约为 523 万人。2005 年,浙江省农民工的年收入为 15364 元(月均收入约为 1280 元),其中以生产工人、建筑工人、环卫工人以及服务人员收入较低,他们的年收入在 1.4 万元左右及以下(月均收入约 1160 元),比同期浙江省城镇职工平均工资低 40%。①

表 2.5　浙江主要劳动密集型产业与通信电子业效益指标之比较(2002)

效益指标/主要行业	利润总额占全国同行业比重(%)	销售利润率(%)(1)		资金利润率(%)(2)		净资产利润率(%)(3)		人均附加值(万元/人·年)	
		浙江	全国	浙江	全国	浙江	全国	浙江	全国
纺织业	34.54	4.89	3.06	6.60	3.30	13.42	8.07	4.42	3.25
服装业	31.38	6.13	4.08	9.35	6.30	16.68	13.32	3.18	2.81
皮革业	31.43	4.22	3.43	9.41	5.75	19.07	13.44	3.91	3.24
电子通信业	7.13	7.79	4.28	9.18	5.98	15.71	11.56	8.20	10.99

资料来源:中国、浙江统计年鉴[M]. 北京:中国统计出版社,2003. 经计算整理而得。

注:(1)销售利润率:2002 年按每百元销售收入实现利润计算。

(2)资金利润率:按每百元资金(即流动资产年平均余额与固定资产净值年平均余额之和)实现利润计算。

(3)净资产利润率:按每百元所有者权益实现利润计算。

大量低工资农村劳动力及外来民工的涌入,为浙江低附加值产业的发展提供了必要的基础,同时也为浙江低附加值产业带来了丰厚的利润。统计资料显示,前些年,浙江具有相对优势的劳动密集型产业,各项效益指标均高于全国同行业,部分效益指标甚至

---

① 数据来源:邱海祥、孟松林、孙燕娟. 浙江城市农民工生活质量状况调查与研究[J]. 政策瞭望,2007(9).

高于资本技术密集型产业。如浙江第一大制造业是纺织业，2002年实现利润总额63.79亿元，占全国纺织业的34.54%，其销售利润率、资金利润率、净资产利润率等效益指标不仅比全国同行业平均水平高出许多，而且比全国第一大制造业电子通信设备制造业也高出不少。电子通信设备制造业属典型的技术资本密集型产业，全员劳动生产率（即人均附加值）较高，2002年为10.99万元/人·年，在全国制造业中仅次于烟草和石油化工两大行业，是浙江纺织业的2.5倍，但其效益指标却不及浙江的纺织业。这种情形并不仅仅表现在纺织业，服装、皮革等行业也是如此，在浙江具有很大的普遍性（见表2.5）。

当然，浙江传统劳动密集型产业的高效益不完全来自低工资，还包括灵活的经营机制以及先进的机器装备等因素。比较客观地评价，应该是：低工资与先进的设备、灵活的经营机制相结合产生高额利润，低工资与低劳动生产率相抵维持高额利润。但是，这种微观层面的高效益在宏观层面上未必也是高效益。事实上，企业在选择产业时很少考虑产业层次的高低，主要考虑的是投资回报和利润率。而作为宏观层面的政府，则必须考虑产业的层次。因为层次较高的产业人均附加值比较高，人均收入也比较高。按近几年浙江规模以上工业企业支付职工工资的平均水平来看，劳动者报酬在工业增加值中一般占25%左右。也就是说，人均附加值为10万元/人·年的产业（如技术密集型产业），可支付给每位职工2.5万元的年收入；而人均附加值为5万元/人·V年的产业（如劳动密集型产业），可支付给每位职工的年收入仅1.25万元。如果劳动密集型产业雇佣劳动力成本低于1.25万元/人·年，企业效益自然就比较好；如果雇佣劳动力成本仅为0.7万~0.8万元/人·年（2002年浙江纺织、服装、皮革业的工资水平），企业效益就可能大大好于资本密集型产业（如电子通信制造业)。这就是浙江企业长期停留在传统劳动密集型产业的利益所在。因此,大量供给的廉价劳动力既是浙江企业高效益的一个源泉,也是浙江企业大量集中并长期局限在传统劳动密集型产业的一个根源。

然而,浙江这种依靠劳动力低廉的成本优势所创造的经济效益是难以为继的。随着企业最低工资标准的逐年提高,如果劳动生产率(即人均附加值)不能得到同幅度提高,企业效益必然收缩下降。同2002年相比,2007年浙江纺织业效益指标已明显下降,如销售利润率从2002年的4.89%下降到2007年的3.99%,资金利润率从2002年的6.60%下降到2007年的5.29%,净资产利润率从2002年的13.42%下降到2007年的12.35%,这些效益指标在2002年均比全国电子通信制造业要高,而到了2007年,除了销售利润率略高于全国电子通信制造业外,资金利润率和净资产利润率均不及全国电子通信制造业(见表2.6)。

表2.6 浙江主要劳动密集型产业与通信电子业效益指标之比较(2007)

效益指标 主要行业	利润总额占全国同行业比重(%)	销售利润率(%)[1]		资金利润率(%)[2]		净资产利润率(%)[3]		人均附加值(万元/人·年)	
		浙江	全国	浙江	全国	浙江	全国	浙江	全国
纺织业	21.30	3.99	4.22	5.29	6.63	12.35	13.98	7.14	7.85
服装业	18.81	5.22	4.87	8.03	9.30	16.37	17.49	4.94	5.47
皮革业	15.50	3.72	5.14	6.66	11.40	14.76	22.24	5.10	5.76
电子通信业	5.66	4.57	3.71	7.38	6.92	14.48	15.56	8.87	13.48

资料来源:中国、浙江统计年鉴[M].北京:中国统计出版社,2008.经计算整理而得。

注:(1)销售利润率:2007年按每百元主营业务收入实现利润计算。

(2)资金利润率:按每百元资金(即流动资产年平均余额与固定资产净值年平均余额之和)实现利润计算。

(3)净资产利润率:按每百元所有者权益实现利润计算。

随着我国新的《劳动合同法》的出台与实施，劳动力成本上升是大势所趋。虽然传统劳动密集型产业的劳动生产率（人均附加值）也在不断地提高，但提高的幅度是有限的，不可能完全承载劳动力成本的大幅上升，企业利润下降的趋势在所难免，甚至亏损。这种情形，在2008年已充分显现。

（二）庞大的国内外市场

任何一个产业的发展在理论上都有一个极限，这个极限就是国际国内市场容量。一些学者认为，当浙江传统产业的发展接近市场饱和点时，市场的力量会自然促进产业升级，这一观点在理论上无疑是正确的。但问题是，在远没有达到市场饱和点之前，传统产业中的浙江企业是不会主动转型升级的。

进入新世纪以来，特别是2001年我国加入世界贸易组织之后，传统产业的国际市场发展空间得到了很大的拓展。与此同时，快速增长的中国经济、不断提高的人均收入水平和13亿人口的庞大基数，致使传统产业的国内市场容量也在不断扩张。这就是说，浙江传统产业的发展空间还相当大。

首先是庞大的国际市场。经济全球化促进国际贸易持续增长，从1980年开始，世界贸易额平均每年以7%的速度增长；进入新世纪，世界贸易增长进一步加快，年均增长达10%，其中货物贸易额（出口）年均增长近15%。与此同时，传统产业的国际市场也在迅速扩张，以纺织服装为例，2002—2006年，全球纺织服装出口总额，由3620亿美元增加到5300亿美元，年均增长10%。伴随着国际贸易的快速增长和我国对外开放的进一步扩大，我国对外贸易特别是传统产品的出口贸易额增长显著，2002—2006年，我国纺织服装出口额由619亿美元增加到1440亿美元，占世界纺织服装出口总额的比重由17%上升至27%，其中浙江纺织服装出口额由108亿美元增加到298亿美元，占世界纺织服装出口总额的比重由

3%上升至5.6%(见表2.7)。尽管我国对外贸易迅速扩大,占世界贸易的份额在不断提高(2007年我国商品出口额占全球份额已上升到8.8%,位居美国、德国之后列第三),但相对于庞大的国际市场而言,我国及浙江增加出口的前景依然十分广阔。

表2.7　　世界、中国、浙江货物贸易及纺织服装出口情况

年份	货物出口总额(亿美元)						纺织服装出口额(亿美元)					
	世界	增速(%)	中国	比重(%)	浙江	比重(%)	世界	增速(%)	中国	比重(%)	浙江	比重(%)
2002	64900	4.86	3255.96	5.02	294.11	0.45	3620	5.51	618.63	17.09	108.10	2.99
2003	75820	16.83	4382.28	5.78	415.95	0.55	4087	12.90	789.61	19.32	155.26	3.80
2004	92180	21.58	5933.26	6.44	581.46	0.63	4561	11.60	952.84	20.89	196.53	4.31
2005	104820	13.71	7619.53	7.27	768.04	0.73	4831	5.92	1152.13	23.85	244.29	5.06
2006	121080	15.51	9689.36	8.00	1008.94	0.83	5300	9.71	1440.71	27.18	297.59	5.61
2007	138980	14.78	12177.76	8.76	1282.73	0.92	—	—	1658.02	—	355.99	—

资料来源:世界贸易组织(WTO)官方网站、国家统计年鉴/浙江统计年鉴(2003—2008)[M].经整理而得。

其次是巨大的国内市场。同样以纺织服装为例,2007年,全国5.94亿城镇居民衣着类消费支出约6200亿元,7.28亿农村居民衣着类消费支出约1400亿元,两者合计为7600亿元,1990年以来年均增长速度超过15%(见表2.8)。随着人均收入的提高,衣着类消费支出占消费总支出的比例虽有小幅下降的趋势,但总量扩张依然可观,预计到2009年,全国居民的衣着类消费支出将超过1万亿元。如此容量庞大且快速增长的国内市场,为以"衣食住行"为主体的传统产业提供了广阔的发展空间。所以,除非在激烈的市场竞争中败下阵来,或者进入利润更加丰厚的领域,否则浙江企业是不会主动退出传统产业的。

表 2.8　　我国城乡居民收入及支出水平的变化情况　　单位：元

指标＼年份	1990	1995	2000	2005	2007
城镇居民人均可支配收入	1510	4283	6280	10493	13786
人均消费性支出	1279	3538	4998	7943	9997
其中：衣着类消费	171	479	500	801	1042
农村居民人均纯收入	686	1578	2253	3254	4140
人均生活消费支出	585	1310	1670	2555	3224
其中：衣着类消费	45	90	96	148	193

资料来源：中国统计年鉴[M]. 北京：中国统计出版社，1991—2008.

然而，2008 年，世界金融危机突袭而至，世界经济在经历了一段历史性高增长时期后急转直下步入衰退，这对出口依存度较高的浙江经济影响很大。2007 年，浙江外贸依存度（进出口总值相对于全省生产总值的比率）和出口依存度（出口总值相对于全省生产总值的比率）已高达 71.6% 和 51.9%。与此同时，由于受文化传统习惯、国民收入分配格局、城乡居民收入差距、社会保障状况等多重因素的影响，我国多年来一直存在着居民储蓄率高、消费率低的问题。随着经济增长和收入增长的放缓以及对收入预期的减弱，城乡居民强化储蓄、降低消费的倾向将会持续，扩大内需、提高消费率难以在短期内取得重大进展。这样一来，在国际市场急剧萎缩和国内市场需求不振的形势下，市场容量似乎瞬间达到饱和，浙江企业尤其是从事传统产业的浙江民营企业生产经营十分困难，经济效益大幅下滑，亏损企业陡然增多，亏损面竟高达 1/3。此时，加快转型升级的步伐虽已形成了共识，但对浙江民营企业而言，在宏观经济不景气的形势下很难有所作为，许多企业则采取停产歇业的“蛰伏”方式等待转机，转型升级的意愿并不强烈。

（三）较低的创新能力

技术创新是产业结构优化升级的关键性因素，其作用机理是技术创新能导致不同产业生产率提高速度的差异。由于各产业的技术经济特点不同,创造、吸收和采用新技术的能力有所差异,从而导致各产业间的生产效率和扩张速度也各不相同。创新能力强、技术进步快,产业生产率提高的就快,反之则慢,企业也是如此。生产率提高快意味着投入减少、成本降低、收益增加的速度加快。生产率这种差异的存在将引发生产要素在各产业间的转移,从而推动着产业结构的调整和升级。

在技术创新因素的影响下,现代产业结构的优化升级通常表现为源于新技术的开发、引进、应用、扩散所引致的新兴产业的发展和传统产业的提升、更替。重大技术的突破,往往可以催生新的产业,如合成技术的突破催生了化纤制造业,航天技术的突破催生了航天工业。而一般的技术创新(包括重大技术创新),也将大幅度提高产业的生产技术水平,如无梭织机的生产率比有梭织机要高出8~16倍,数控机床的生产率比普通机床要高出3~10倍。这种以技术创新为主要手段的产业升级,深化和拓展了传统产业的功能和内涵,也相对减少了产业结构调整转型中的成本代价,便于资本存量结构与资本增量结构的调整有机地结合起来,使各个产业都具有竞争力和长足的发展后劲。

从浙江的实际情况看,浙江产业结构转型升级相对缓慢的最主要的制约因素是技术创新能力较低。经过多年的努力,浙江在科技创新方面虽有明显的进步,但科技投入不足、创新能力较低的问题仍然没有得到根本的解决。

在科技投入方面:虽然近些年浙江省的科技投入大幅度增长,但一些主要指标仍然处于较低水平。科技部的统计资料显示,2007年,浙江科技活动经费总支出509.36亿元(占GDP比例为2.71%),R&D经费281.60亿元(占GDP比例为1.5%),均列全国第7位。显然,这与浙江经济实力列居全国第4位的发展水平是不相称的，其中，最为突出的问题是浙江企业科技投入水平比较低。2007年，浙江规模以上工业企业R&D经费支出231.19亿元，占主营业务收入的比例为0.66%，低于全国0.77%的平均水平。即使是大中型工业企业，其科技投入强度也低于全国平均水平(见表2.9)。

表2.9　浙江与全国大中型工业企业研发投入之比较

指标 \ 年份		2004	2005	2006	2007
浙江	科技经费内部支出(亿元)	106.17	161.24	207.82	280.17
	占主营业务收入比例(%)	1.14	1.27	1.30	1.39
	R&D经费支出(亿元)	61.72	91.74	125.85	161.76
	占主营业务收入比例(%)	0.66	0.72	0.79	0.80
全国	科技经费内部支出(亿元)	2002.05	2543.3	3175.8	4123.73
	占主营业务收入比例(%)	1.49	1.54	1.50	1.58
	R&D经费支出(亿元)	954.4	1250.29	1630.19	2112.46
	占主营业务收入比例(%)	0.71	0.76	0.77	0.81

资料来源：国家统计网站，http://www.most.gov.cn/kjtj/

在科技产出方面：包括专利、论文、获奖、技术转让、新产品开发与销售等，浙江的科技活动产出与科技活动投入相比明显落后。据国家科技部《科技进步统计监测综合评价结果》显示，2007年，浙江科技活动产出指数在全国排名第19位，高新技术产业化指数在全国排名第13位(见图2.6)。科技活动产出水平指数是由R&D活动人员发表科技论文数(篇/万人)、获国家级科技成果奖系数(项当量/万人)、就业人员拥有发明专利量(项/万人)等指标数据加权计算而得，高新技术产业化水平指数是由高技术产业增加值占工业增加值比重(%)、知识密集型服务业增加值占生产总值比重(%)、高技术产品出口额占商品出口额比重(%)、新产品销售收入占产品销售收入比重(%)等指标数据加权计算而得。

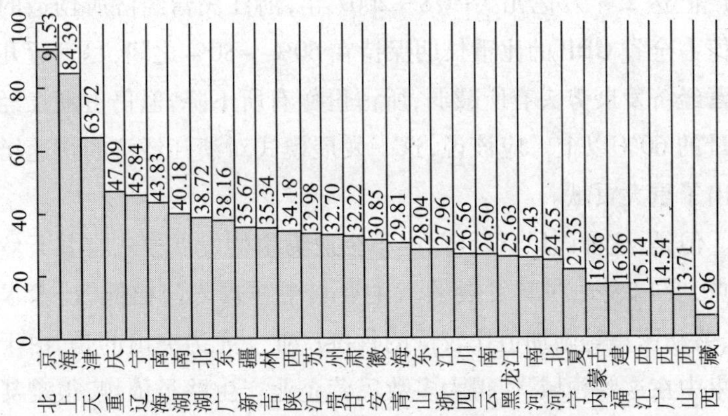

图 2.6　全国各地科技活动产出指数排序(2007)

资料来源:科技部《2007 全国科技进步监测报告》,

http://www.most.gov.cn/kjtj/

上述情况表明,浙江的科技投入水平落后于经济发展水平、科技产出水平落后于科技投入水平。这说明,在经济增长中,浙江科技进步的贡献率比较低;而相对于科技投入水平,浙江的技术创新产出能力确实比较低。技术创新产出能力是反映各种要素组合产生的实际成效,是衡量技术创新能力最直接、最重要的指标。正因为如此,浙江多年来难以改变以传统产业、低附加值产业为主的经济格局。

(四)传统的路径依赖

浙江经济的快速发展有着自身独特的发展路径,在理论界被称为浙江模式或浙江现象。这一模式的本质,简单地讲,就是以民营经济、中小企业为主,走自我积累、依托市场、集聚发展的路子。2007 年,浙江民营经济占全省国民经济的比重在60%以上;规模以下工业企业占全部工业企业总数的 73.5%;全省各类商品交易市场4000 多个,年成交额 9300 多亿元;十亿元以上产业集群 362 个,总产值达 2.5 万亿元。1978—2007 年,浙江民营经济所创造的增加值占全省 GDP 的比重长期保持在 60% ~80% 之间,尽管近几年私营经济发展势头有所减弱,所占份额有所下降,但仍占浙江经济总量的 60% 以上。应该说,这一发展模式对浙江经济的快速增长作出了重大贡献。

但是,这种以民营经济、中小企业为主的发展模式有其天然的弱点,突出表现在其发展领域主要集中在进入门槛低、技术水平低、劳动密集等附加值比较低的传统产业。尤为突出的是,由于长期集中在这些领域,使得大多数民营企业产生路径依赖,很难甚至不愿跨出所在行业。具体地讲,由于受经营者本身文化水平、知识结构、经营管理以及企业规模小、资金少、人才缺等经济技术特点的限制,浙江大部分民营企业很少能够突破现有行业的局限,进入技术层次更高的产业领域。况且,只要现有行业有利可图,这些企业就会继续沿着老路走下去,创新发展、转型升级的动力不足。改革开放 30 年来,浙江民营企业虽然已经历了资金积累、技术积累、大规模设备更新和技术人才引进三个阶段的发展,并有部分企业进入技术创新阶段,但这些企业大多仍然集中在传统领域,只是在原有产业领域提升发展,真正跨入高新技术领域的民营企业数量极少。据统计,2007 年,在高技术产业领域,浙江民营经济总产值为 533.11 亿元,占高技术产业总产值的 18.32%;从业人员 18.47 万人,占高技术产业从业人员总数的 29.55%;远远低于其在国民经济中所占的比重。可见,以民营经济、中小企业为主的发展模式,虽使浙江在传统产业领域得到了极大的发展,但相比之下,由高新技术引领的新兴产业的发展相对缓慢得多。

此外,由于受市场准入、行业垄断等因素的限制,民营经济很难进入金融、石油、铁路、民航、电力、电信、市政公用设施等技术层次比较高、附加值也比较高的重要领域。所以,多年来,浙江的产业升级主要表现为现有传统产业领域的技术改造和技术进步,而不是产业的转换替代。虽然,早在2005年,国务院就发布了《关于鼓励支持和引导个体私营等非公有制经济发展的若干意见》中已明确允许非公有资本进入金融、电力、电信、铁路、民航、石油等原国有企业垄断的行业和领域,随后我国首部《反垄断法》的出台和实施也鼓励民间资本进入垄断领域,并成为我国深化经济体制改革中的关键内容之一。但事实上,到目前为止,我国垄断行业依然存在着重重壁垒。有关调查数据显示,我国垄断行业中民营资本进入比重最多不超过20%,而在铁路行业,这一比例仅为0.6%。按照目前市场准入格局,在全社会80多个行业中,允许国有资本进入的有72种、允许外资进入的有62种,而允许民营资本进入的只有41种。[①] 为了应对国际金融危机,我国实施了4万亿元投资计划,这新一轮的扩大投资主要投向铁路、公路、机场、电网等基础设施建设行业,与浙江工业行业结构的产业关联度不高。更何况,在这些重要领域,由于制度性、结构性壁垒依然存在,现有行业垄断难以打破,从而阻碍了浙江相对充裕的民间资本的进入。再加上这些垄断行业龙头企业在网络、技术、资金上有极大优势,即使国家放松管制、给予准入,其强大的市场垄断也阻隔了民间资本的进入。

可见,以自我积累、依托市场、集聚发展起来的浙江众多民营中小企业,因自身的局限性所形成的传统产业发展路径,在现有体制、机制的约束下,其依赖性更加被强化。这不仅已构成阻碍浙江民营企业进一步发展的屏障,而且已成为严重影响浙江产业结构转型升级的制约因素。

---

① 数据来源:谢利. 垄断行业改革提上议程,民间资本能否如愿进入[J]. 金融时报,2009-5-28.

三、浙江产业结构转型升级的思路与建议

经过30年改革开放，浙江经济获得了长足的发展，人均GDP从1978年的210美元增长到2008年的6078美元，即经济发展水平从世界的低收入水平行列提升到中上等收入水平行列。按照经济发展的一般规律，浙江产业结构应该已基本完成转型升级的任务，但由于受上述种种因素的制约，浙江产业结构至今仍然处于低附加值、低端产业为主的低水平状态。也正因为此，浙江经济在2008年国际金融危机中显得很脆弱，所受到的冲击影响很大。所以，加快浙江产业结构的转型升级，不仅是浙江应对国际金融危机的战略抉择，也是从根本上解决浙江经济未来发展问题的关键所在。

2008年，浙江人均GDP达42214元，按年平均汇率折算为6078美元，已超过6000美元，这标志着浙江进入了一个关键的发展阶段和成长区间。因为从国际发展经验和实践看，人均GDP从6000美元到1万美元所需要的时间并不长，基本上是5年左右的时间。在这个发展阶段，如果采取了正确的思路和举措来应对机遇与挑战，就可以获得快速发展并进入世界高收入水平行列，当今世界主要发达国家和地区大多数都曾如此；但如果发展思路出现偏差、举措失当，就可能长期在这个阶段徘徊，甚至陷于衰退，如阿根廷等拉美国家。阿根廷人均GDP在1992年超过6000美元达到6310美元，1997年最高时达到8140美元，随后连年负增长导致人均GDP大幅下滑，2004年降至最低为3580美元，2007年才回升到6040美元，但仍低于1992年的水平。①

---

① 数据来源：世界银行数据库 http://web.worldbank.org

从欧美日发达国家以及亚洲“四小龙”的成功经历看，在这个阶段，经济将继续保持较高的速度增长，但在资源环境等约束条件下，经济增长方式的转变和产业结构的加速转换将成为重要发展特征。20 世纪 70 年代，欧美发达国家人均 GDP 先后实现了从 6000 美元至 1 万美元的跨越。在这期间，三次产业结构基本稳定，一产、二产比重略有下降，三产比重略有上升（见表 2.10），产业结构调整主要体现在三次产业结构内部。在第二产业内部，迫于石油危机的压力，这些国家加快了以汽车、宇航、微电子、半导体、机电产品等为代表的低能耗的高技术产业的发展，逐步取代了传统产业。在第三产业内部，以金融、市场中介服务、房地产等为支柱的服务业快速发展，以专利、版权、商标和设计等为内核的创意产业也迅速发展起来，成功实现了从工业经济向后工业经济的转变。

表 2.10　欧美日发达国家人均 GDP6000～10000 美元阶段三次产业结构状况

年份	美国				欧洲（欧元区）				日本			
	人均 GDP	Ⅰ%	Ⅱ%	Ⅲ%	人均 GDP	Ⅰ%	Ⅱ%	Ⅲ%	人均 GDP	Ⅰ%	Ⅱ%	Ⅲ%
1972	6010	4	34	62	2895	7	40	53	2590	6	45	49
1973	6990	5	34	61	3705	7	40	53	3460	6	46	48
1974	7660	4	34	62	4604	6	40	54	4210	6	44	50
1975	8170	4	33	63	5302	6	38	56	4890	6	42	52
1976	8620	4	34	62	5624	6	38	56	5140	6	42	52
1977	9250	3	34	63	6039	6	38	56	5650	5	41	54
1978	10400	3	34	63	6851	6	37	57	7080	5	41	54
1979	11810	3	34	63	8501	5	37	58	8980	4	41	55
1980	12980	3	34	63	10204	5	37	58	10310	4	41	55

资料来源：世界银行数据库 http://web.worldbank.org/

日本人均 GDP 是在 20 世纪 70 年代末即 1978 年超过 6000 美元的，2 年后即 1980 年就跨越 1 万美元，随后几年略有下降，在 1985 年再次突破 1 万美元大关达到 1.085 万美元，从此步入世界发达国家行列。在这一阶段，日本为遏制通货膨胀、摆脱石油危机、治理环境污染，对产业结构进行了战略性调整。20 世纪 70 年代，日本仅仅是在"大量生产和大量消费"体制下实现了"大路货"生产的世界一流水平，一些高端的产品，如计算机、高级精密仪器、精密机床、高级汽车等还无法与美国、欧洲相比，而到了 80 年代中期，日本在上述领域已赶上甚至超过欧美。日本这次产业结构调整非常成功。第一次石油危机爆发后，迫使日本加速调整产业结构，工业化发展重点从基础材料型产业向汽车、机械、电子加工等组装型产业转移，降低重化工业比重，积极发展能耗较低的电子、家电产业，特别是汽车等技术含量比较高的产业。同时，大力开发太阳能、煤能、地热、氢能和核电等新能源和石油替代技术，并强化对节能技术的研究与开发，提高能源转换效率，回收和利用尚未被利用的能源。此外，鼓励并支持企业通过技术创新的手段，尽量降低家用电器的耗电量。目前日本在太阳能发电、蓄电池等节能技术领域居世界领先地位，其基础都是在这一阶段打下的。这一时期也是日本治理公害和保护环境力度最大的时期。在国民、企业和政府的共同努力下，20 世纪 80 年代初期，日本的环境问题基本得到解决，并得到国际社会的认可。

亚洲"四小龙"在人均 GDP 突破 6000 美元之后，不仅三次产业结构发生了比较大的变化，三次产业内部结构也出现了重大调整。以台湾地区为例，1988 年人均 GDP 突破 6000 美元，三次产业结构比例为 6∶46∶48，到 1992 年突破 1 万美元进入世界高收入水平行列时三次产业结构为 4∶40∶56。在这一阶段，台湾第二产业重点发展技术程度高、附加值高、能源密度低、污染程度低、产业关联效果大、市场潜力大的行业；第三产业以金融、保险、房地产为主体，发展较快,平均每年提高 2 个百分点。[1] 韩国在这一阶段主要是通过重点发展通信、电子、机电一体化、新材料、精细化工、生物工程等产业,从而带动国民经济快速增长,人均 GDP 从 6000 美元到 1 万美元的跨越,韩国用了 5 年时间(1990—1995)。1997 年“亚洲金融风暴”虽导致韩国经济连续 3 年下滑并降至 1 万美元以下,但很快在 2001 年重上 1 万美元大关,之后韩国经济持续快速增长。香港在这一阶段主要致力于“经济服务化”,通过制造业向内地大规模转移,迅速崛起为亚太区域国际金融中心,并成为中国内地特别是华南地区的贸易转口港和服务中心。新加坡在这一阶段,以建设肯特科技园为标志逐渐淘汰劳动密集型产业,大力发展技术、知识密集型产业,优先发展有增长潜力的服务业,成为东南亚和亚太地区的区域性服务中心。

借鉴工业化先行国家和地区的经验和教训,有利于把握发展规律,规避政策风险,并从中探寻出可持续的发展思路。浙江目前经济发展阶段、产业结构特征以及所面临的资源环境问题和宏观经济形势,与 20 世纪 70 年代的日本和 90 年代的韩国十分相近。持续 30 年的粗放式高速增长,虽使浙江人均 GDP 跨越了 6000 美元关口,但同样不可避免地面临着资源短缺、环境污染、成本上升等一系列严重的问题。而恰逢此时,百年一遇的世界金融危机不期而至,国际国内宏观发展环境因此发生了深刻的变化,全球经济普遍下滑,市场容量急剧萎缩,要素价格波动异常。危机中同样蕴涵着新的发展机遇,可借鉴的是:促进产业转型升级、大力发展新产业、加速调整产业结构是浙江摆脱困境、谋求再发展的根本出路。关键是,必须理清思路,寻找突破口,抓住重点领域和薄弱环节,出台切实可行且有效的政策,促进浙江产业结构的成功转型。

---

① 数据来源:徐剑锋. 台湾产业结构 50 年变动分析. 台湾研究,2001(3).

基于浙江发展的现实要求，“加快建立高效生态农业、先进制造业和现代服务业融合互动、协调发展的现代产业体系”①成为现阶段浙江产业优化升级的发展目标。即：在农业方面，把高效生态农业作为发展现代农业的主攻方向，加大农业投入，推进农业经营体制创新，提高农业专业化、规模化、集约化和产业化水平；在工业方面，以建设国际先进制造业基地为重点，规划和建设好各类开发区、工业园区和乡镇工业功能区，使其成为产业集群的核心区域，加快改造提升传统优势产业，大力发展高新技术产业和装备制造业，着力培育一批核心竞争力强的大企业大集团、一批专精特新的行业龙头企业、一批拥有自主知识产权和自主品牌的创新型企业；在服务业方面，优先发展面向生产的现代服务业，促进二、三产融合发展，力争在网络经济、工业设计、现代物流、地方金融等产业取得突破性进展，大力培育总部经济和服务外包基地，努力提高全省服务业发展的比重和水平，促进产业结构优化升级。

当然，浙江现代产业体系的形成若按原有的发展路径是难以实现的。因为，以民营中小企业为主的自我积累、集聚发展之路，由于受经营者素质和技术水平的限制，很难迅速积累并形成技术优势，很难在高新技术产业取得具有战略意义的实质性进展，大量低素质中小企业的集聚所形成的低成本、低价格优势反而妨碍了传统产业的转型升级。所以，必须突破传统的路径依赖，以新的理念和思路，探索加快浙江产业结构转型升级之路。

（一）城市化带动战略

城市化的实质是由生产力变革所引起的人口和其他经济要素从农村向城市集聚的过程。表现在生产方式上，就是产业结构的调整，即原来从事传统低效的第一产业的劳动力转向从事现代高

---

① 赵洪祝．在应对挑战中加快经济转型升级[J]．求是，2009(5)．

效的第二、第三产业,产业结构逐步升级转换。在产业结构调整转换过程中,城市化的推进对第一产业的优化、第二产业的提升以及第三产业的带动作用十分明显,而产业结构的调整也需要以城市为载体,以城市化为依托,并对城市化的发展起着积极促进作用。

就现阶段而言,浙江城市化的发展空间还很大。2007 年,浙江城市化率为 57.2%,虽走在全国各省区的前列,但仍相对滞后,与经济发展水平相当的上中等收入国家 73% 的平均城市化率相比相差甚远。在农村,仍存在着大量剩余劳动力待转移;在城市,还存在着大量无业劳动力待就业。所以,城市的居住功能需进一步扩大,城市的就业功能需进一步提升,城市的服务功能需进一步强化。可以说,没有城市化的进一步发展和提升,浙江不可能实现农村人口和劳动力继续向城市转移的历史性任务,也不可能实现产业结构从以"工业为主"向以"服务业为主"的阶段性跨越。

因此,浙江在工业化快速推进、产业结构加速转换的当前,必须加大力度、不失时机地推进城市化进程。首先,应加快都市圈和城市群的建设,即以杭、甬、温省域中心城市为依托,加快建设三大都市经济圈,积极培育包括金华、义乌等城市在内的浙中城市群,提升城市综合服务功能,充分发挥其在区域发展中的辐射和带动作用。其次,着力发展市域中心城市,强化功能与扩大规模相结合,使设区市和经济强县(市)政府所在地城市发展成为大中城市和区域经济中心。再次,择优培育中心镇,以县城城关镇和全国千强镇为基础,选择一批产业特色优、发展潜力大、区位条件好、带动作用强的镇,培育成为连接城乡、服务农业、集聚农民的重要载体。最后,扎实推进中心村建设,即按空间布局合理化、土地利用集约化的要求,稳妥推进小型村合并、自然村缩减、空心村拆除,以及特色村、生态村和文化村的保护,形成一批生产发展、生活富裕、生态良好的中心村。同时,大力推动农村承包土地使用权的流转和农民宅基地的转换和各类土地的抵押,促进土地规模化经营,为农业现代化和农村人口城市化提供条件。

(二)自主创新推动战略

创新不仅能促使产业结构升级,而且是提高全要素生产率、从根本上推动经济增长方式转变的核心动力。但长期以来,以低技术水平、低附加值和低价格为特征的民营经济是支撑浙江经济,特别是浙江工业经济增长的主要动力。随着资源环境约束的不断强化和市场竞争的日益激烈,这种单一依靠低要素成本的比较优势已难以为继,对浙江经济增长的支撑作用在不断弱化。因此,通过实施知识产权战略,强力提升创新能力,将比较优势转化为创新优势,是推动浙江高技术产业发展和传统产业升级的重要途径。

由于创新成本的高昂和后发优势的存在,后发国家或地区往往倾向于技术的引进和改进,而不是自主的技术创新。浙江也不例外。虽然通过引进、模仿和改进先进技术缩短了与发达国家或地区的差距,但不可能自发地实现超越。而自主创新恰恰是实现超越的必要条件。所以,在促进产业技术进步过程中,不仅要引进先进的技术,而且在引进中要消化、吸收和创新,要立足于后发的现实条件,制定切实可行的自主创新战略,强化自主创新,提高技术创新能力和水平。

针对目前浙江自主创新能力不足以支持产业结构转型升级的现实状况,必须加大力度,采取行之有效的措施,促进创新能力的提升和产业结构的升级。为此建议,要加快构建区域创新体系,依托高校、科研院所和龙头企业,共建重大科技创新平台,实施重大科技专项和科技创新工程。加快实施“创新型企业”培育工程,充分发挥企业主体作用,鼓励企业选择创新重点,集聚创新资源,加大研发投入,不断开发具有自主知识产权的先进技术和产品。加快实施“科技创新人才”建设工程,设立创业投资引导基金,支持企业加大创新投入，促进科研开发及成果产业化。

（三）大企业、大项目引领策略

在以技术创新为核心动力的产业结构调整过程中，大公司和企业集团具有其他企业所不具有的优势，能起着引领并带动产业升级发展的独特作用。因为，大企业具有规模经济优势，资金、技术实力雄厚，可持续发展能力强，能够承担起对产业发展具有重大带动作用的资金数额大、技术含量高、建设周期长的大项目的建设，这是众多的中小企业所无法企及的。另外，重大项目因其战略性、牵动性和示范性很强，一直是发达国家和地区促进重大科技发展的战略举措。20 世纪 90 年代以来，一些后起国家和地区也将该类项目的组织实施作为实现产业结构升级和跨越式发展的重要手段。如今，为了应对国际金融危机的冲击，我国实施了数万亿投资项目和产业振兴计划，涉及铁路、公路、机场、水利等重大基础设施建设和自主创新、产业结构调整、节能减排、生态建设工程等若干重要领域。在自主创新和产业结构调整方面，国家新增投资安排了 176 个高技术产业化项目、146 个产业技术进步项目和 222 个电子信息产业振兴和技术改造项目。对地方而言，承接、引进这类大项目，不仅是突破关键技术、形成新兴产业体系的有利时机，也是更新原有技术体系、推进传统产业转型升级的有利时机。

然而，以中小企业为主是浙江经济发展中的一大特色。这种以中小企业为主的发展格局，不仅自主创新能力弱、技术创新投入少，而且难以大规模承接并实施对产业升级有重大推进作用的大项目。这也是导致浙江产业升级缓慢的主要原因之一。长期以来，浙江科技成果的研发、引进、转化主要集中在中小型项目上，在产业升级所依赖的重大科技进步方面，不仅缺乏相应的研究开发能力，而且引进吸纳和应用推广的能力也很薄弱。如何有效解决这一问题，是浙江经济在新的发展阶段能否成功转型升级的关键。

从全国发展态势及浙江发展基础看，为优化产业结构、推进经济转型升级，浙江必须大力发展新产业，如船舶、汽车、大型成套设备、新能源、新材料以及电子信息、生物医药等。据此，需分行业制定相关政策，政策的重点是形成以扶持大企业、引进大项目为核心的新产业发展机制，即在每个行业确定几家重点扶持的大企业，集中财力支持其加强研究开发、加快技术改造、开展兼并重组、深化品牌战略、完善营销网络等，以大企业的发展引领整个产业的发展。同时，应积极部署一些国家重大工程和科技项目的攻关研究和前期研究，并对这些重大项目在推进浙江产业升级中的作用进行科学合理地评价，这是浙江实施大企业、大项目带动战略的前提。

当然，发展新产业、引进大项目，需要有大的平台空间。从浙江目前情况看，全省有各类开发区 119 个，但这些开发区规划面积最大的35 平方公里，最小的2 平方公里，平均不到10 平方公里，其中大部分开发区实际开发面积已经超过规划面积，发展空间严重不足。为此建议，在杭州湾及温台沿海地区，充分利用丰富的滩涂资源，规划建设6 ~7 个面积在 100 平方公里左右的大平台。据调查，目前条件比较好的区块有：杭州江东地区、绍兴滨海地区、宁波余慈地区、三门湾、台州湾、温州湾等。这些区块，其近期或中长期可开发面积大多在 100 平方公里以上，有的达 400 平方公里，合计面积在 1000 平方公里左右，是浙江未来 5 ~10 年可发展空间的主体。根据浙江产业结构优化调整和转型升级的基本要求，必须在省级层面上统筹规划，逐一进行产业定位，明确开发时序，并采取“一区块一政策”办法进行扶持。

（四）节能减排约束策略

在资源紧缺和环境保护的约束下，节能减排作为调整经济结构、转变发展方式的重要着力点已上升到了国家战略层面的高度。

我国“十一五”规划确立了节能减排工作的“硬指标”，即到2010年，单位GDP能耗降低20%左右、主要污染物排放总量减少10%。为此，国家出台了一系列政策，从调整和优化结构、全面实施重点工程、加快发展循环经济、加快技术开发和推广、加强节能减排管理、加大监督检查执法力度、形成激励和约束机制、提高全民节约意识、政府带头发挥表率作用等方面提出了一系列具体措施。这表明了我国政府重视资源节约和环境保护，改变经济粗放型增长方式，走新型工业化道路的决心。

在节能减排的宏观政策背景下，单一追求高附加值的产业结构优化升级的传统思路已不符合发展实际。如，化学原料及化学制品制造业，2007年其人均附加值为19.30万元/年·人，比制造业平均水平高40%。但其单位增加值能耗、COD和SO_2排放也较高，分别为3.71万吨标煤/亿元、63.73吨/亿元和152.06吨/亿元，是制造业平均水平的2.2倍、1.5倍和1.9倍。显然，若单纯追求高附加值，大力发展化学工业，不可避免地要受到节能减排政策的约束。

事实上，产业之间的能耗、污染物排放强度差异很大。单位增加值的能耗、COD排放、SO_2排放，最高与最低之间的差距分别可达50倍、600倍、200倍。因此，在节能减排政策约束下，产业结构优化升级至少要考虑人均附加值、能耗、污染排放这三个因素，即要大力发展高附加值、低能耗、低排放的产业。从目前浙江的实际看，高附加值、低能耗、低排放产业主要包括专用设备制造业，仪器仪表及文化，办公用机械制造业，电气机械及器材制造业，交通运输设备制造业，通信设备、计算机及其他电子设备制造等。这些产业大多属高新技术性质的装备制造业，其增加值目前在浙江规模以上制造业中只占25%左右，比例明显过低。加快形成高附加值、低能耗、低排放的产业结构，无疑是浙江现阶段产业结构优化升级的基本目标。

当前，在全球金融危机的冲击下，尽管浙江经济发展面临着严重困难和严峻挑战，但经济发展的基本面和长期趋势并没有改变，节能减排战略不仅不能因此而动摇，而且还要借此时机加大节能减排的工作力度，加快产业结构调整的步伐和进程。为此建议，应建立完善的节能减排倒逼、约束和激励机制，采取经济、法律和行政等手段，强化节能减排工作。首先，应发挥市场机制在资源配置中的基础性作用，依靠市场手段促进节能减排。一要完善资源价格体系，加大生产要素差别价格实施力度，鼓励发展清洁能源、可再生能源，倒逼高能耗、高污染产品尽快退出市场。二要加快环境价格改革，完善排污收费政策。三要加大排放指标有偿使用力度，建立排污权交易市场，建立生态补偿机制。其次，必须严格执行国家《节约能源法》、《环境保护法》等节能减排法律法规，实施更加严格的产业准入政策，从源头上加强节能减排。必须严格实行投资项目评估审核制度，对高耗能、高污染行业实施产能总量控制、能耗等量替代和新建项目污染物总量控制，加速淘汰落后生产能力。再次，加大公共财政投入，运用财税、价格、土地、金融等支持政策和奖励激励政策，吸引社会资本参与节能减排，充分调动企业与社会节能减排的积极性。

第三章
现代产业集群:传统产业发展的必由之路

块状经济构成了浙江富有特色的区域性产业组织形态,这是浙江县域经济的重要特点。块状经济与产业集群在本质上是一样的,块状经济是一种本土化的提法,是区域性产业组织的初级形态;产业集群是一种与西方接轨的提法,是其高级形态。两者区别在于:产业集群形成了细密的专业化分工协作网络,在产业技术、市场网络、龙头企业、知名品牌、创新能力、国际化等方面更具有现代产业的特征。经过多年的发展,浙江块状经济进入了向现代产业集群转型升级的关键阶段。当前浙江块状经济发展所面临的问题,并非完全是依靠技术学习与创新所能解决的纯技术问题,而是许多涉及经济社会等各方面的体制机制性问题,需要从治理与制度创新的角度予以分析和解决。

一、浙江块状经济的发展与研究概况

（一）浙江块状经济与产业集群的研究脉络

“块状经济”是浙江省内对地方特色产业的一种别称，大概从20世纪90年代开始在省内流传。1992年8月7日诸暨市委书记顾仁章在《人民日报》上发表的《把建设社会主义新农村的工作落到实处》一文，提出加快有地方特色的专业和批发市场建设，促进块状经济发展。1997年，中共浙江省委政策研究室对全省“块状经济”进行了调查，并用区域特色经济概括块状经济。①

90年代后期，随着产业区、产业集群（产业群、产业簇群）等概念先后引进国内，一些学者开始用以分析浙江的块状经济现象。1998年，北京大学王缉慈教授在进行国家自然科学基金项目“新产业区理论及其在我国的应用研究”时，对浙江大唐袜业、嵊州领带等块状经济进行了大量调查研究，并向浙江学者推介了产业区的概念。仇保兴基于浙江工作的经验，引入生物学的集群（aggregation）概念，运用专业化分工与新制度经济学理论分析了小企业之间的相互关系形成的集体，即小企业集群。2001年，方民生、盛世豪等浙江学者开始引进波特的产业集群概念分析浙江产业组织与浙江产业竞争力。随着集群理论的日益普及，产业集群逐步成为浙江块状经济研究的主流范式。

作为沿海发达地区，浙江各地块状经济与产业集群众多，省内外经济学、管理学、社会学、地理学等学科纷纷从不同的角度研究浙江块状经济与产业集群发展，研究主题涉及浙江块状经济与产

---

① 黄勇．浙江“块状经济”现象分析［J］．中国工业经济，1999（5）．

业集群的形成与演化，产业集群与浙江产业竞争力、浙江区域经济发展、浙江先进制造业基地建设，浙江产业集群与专业市场互动，浙江产业集群的学习与创新，全球价值链与浙江产业集群发展，浙江产业集群治理等主题。① 近年来，随着浙江经济快速发展的现象受到国内外的高度关注，越来越多的学者从制度、文化、政府、创新等多个方面分析浙江工业化进程及区域经济特征，对浙江各地产业集群的研究更趋深入，研究内容更加细致、具体而有针对性，研究方法日益多样化，定量研究日益增多。

（二）浙江块状经济的发展历程

从历史的角度来看，浙江块状经济的发展历史悠久。浙江的许多传统产业如杭嘉湖丝绸、绍兴黄酒、金华火腿、温州皮鞋、绍兴纺织、富阳造纸、湖笔等都具有地方化的特征。苍南巩山、常山灰埠、杭州扇子巷等地还因当地的特色产业（明码生产、石灰烧制与销售、扇子制作与销售）而冠名。由于浙江的传统特色产业主要集中在农产品、食品与手工业，产业形成往往受当地地理与历史条件的影响，市场主要集中在周边地区，生产规模小，产业链较短，分工也不是很细，工艺进步缓慢。

新中国成立后，社会主义制度的确立，尤其对农业、手工业和资本主义工商业的社会主义改造，使地方产业内部各个独立的企业（或手工作坊）集中到个别国有或集体企业，极大地改变了浙

① 参见朱华晟．浙江产业群——产业网络，成长轨迹与发展动力［M］．杭州：浙江大学出版社，2003．魏江．产业集群——创新系统与技术学习［M］．北京：科学出版社，2003．盛世豪，郑燕伟．浙江现象：产业集群与区域经济发展［M］．北京：清华大学出版社，2004．程学童，王祖强，李涛．集群式民营企业成长模式分析［M］．北京：中国经济出版社，2004 年．郑健壮．基于资源整合埋论的制造业集群竞争力研究．武汉：武汉理工大学出版社，2005．郑健壮，叶峥．基于资源观的产业集群政策研究．上海：上海三联出版社．蔡宁，吴结兵．产业集群与区域经济发展——基于“资源—结构”观的分析．北京：科学出版社，2007．王立军．创新集聚与区域发展．北京：中国经济出版社，2007．

江地方产业的组织形式。计划经济条件下政府对资金、技术、劳动力等生产要素的严格控制，对商品经济与市场经济的敌视，使得整个社会缺乏创新的活力，极大地限制了地方产业的专业化分工。

改革开放初期，温台地区最先通过家庭工业、专业市场、挂户经营等一系列制度创新促进了苍南宜山纺织、金乡标牌、乐清柳市低压电器、永嘉桥头纽扣等一批农村专业商品产销基地的兴起。由于轻纺工业投资少，见效快，一个企业的成功往往引起更多的企业模仿，一个地方的成功引起更多的地方模仿，改革开放初期的短缺经济为浙江农村工业化的快速推进与产业集群的涌现提供了良好的市场环境。20 世纪 80 年代，在全省大力发展轻纺工业与农村工业的背景下，乡镇企业与家庭工业成为推动浙江工业化的主要动力，并与专业市场一起，构成了浙江“小商品、大市场”、“农村工业化 + 专业市场”的区域经济发展模式。90 年代，浙江各地又通过发展股份合作经济，国有、集体企业的改制等制度创新，激励了一大批经济管理人才与技术人员通过自主创业与创新，进一步促进了浙江块状经济的发展。

随着地方产业规模的不断扩大与内部分工的逐渐深化，浙江块状经济逐步向专业化产业网络和产业集群演化。改革开放初期，浙江通过发展农村工厂，形成了“轻小集加”的产业格局。80 年代中期以后，块状经济的崛起与专业市场网络的拓宽，使浙江轻型加工工业的优势进一步得到了发挥，依靠市场化改革的先发优势，浙江块状经济在国内市场特别是“三北”市场和广大农村市场占据了优势，并带动了浙江区域经济的腾飞。90 年代以后，浙江地方产业通过大量引进先进设备，利用高新技术改造传统产业，同时积极开拓国际市场，把扩大生产规模与拓宽销售网络有机地结合起来，推动地方产业的工艺升级与产品升级，努力提高区域产业竞争力,1990 年代中期特别是 2001 年我国入世以来,浙江产业集群的国际化程度不断提高,出口成为浙江众多块状经济与产业集群发展的主要动力。

(三)浙江块状经济发展现状

2005 年省委政策研究室对全省亿元以上块状经济发展的专题调研表明,截至 2004 年,全省共有年产值亿元以上的工业区块 601 个,块状经济工业总产值 15826 亿元,块状经济工业产值占全省全部工业总产值的比重约为 64%;块状经济平均规模 26.3 亿元,企业总数 30.84 万家,从业人员约 800.4 万人。从规模结构看,年产值 10 亿元以上的 285 个。其中,10 亿~50 亿元的区块 202 个,50 亿~100 亿元的区块 46 个,超过 100 亿元的区块 37 个。在块状经济主要产品中,全国市场占有率超过 30% 的有 78 个。在全省 90 个县(市、区)中,有 82 个形成了块状经济。其中块状经济产值占工业总产值比重超过 50% 的有 45 个县(市、区),50% ~70% 的有 16 个,70% ~90% 的有 24 个,90% 以上的有 5 个。浙江块状经济分布在 28 个工业部门,比较集中的有纺织、服装、电气、通用设备、交通设备、金属制品、电子、皮革、工艺品等。其中,纺织业有 51 个区块,合计年产值 2953 亿元;纺织服装和鞋帽制造业 53 个区块,合计年产值 1860 亿元;电气机械及器材制造业 50 个区块,合计年产值 1404 亿元;通用设备制造业 48 个区块,合计年产值 1133 亿元;交通运输设备制造业 37 个区块,合计年产值 1122 亿元;金属制品业 44 个区块,合计年产值 846 亿元;皮革、毛皮、羽毛(绒)及其制品业 16 个区块,合计年产值 804 亿元;工艺品及其他制造业 33 个区块,合计年产值 682 亿元;通信设备、计算机及其他电子设备制造业 18 个区块,合计年产值 668 亿元。

浙江省统计局根据同一个县(区)范围内同一行业大类 50 家以上企业 1 亿元以上产业区块标准,利用经普调查资料,认为至

2004 年底，浙江有企业工业总产值在 1 亿元以上的制造业产业集群 839 个，分布在全省 90 个县(市、区)中的 83 个县(市、区)；涉及企业 15.65 万家，占全省制造业企业的 85.0%；共创造工业总产值 15474.44 亿元，占全省制造业企业工业总产值 19689.07 亿元的 78.6%；工业销售产值 15048.89 亿元，占全省制造业企业销售产值 19194.38 亿元的 78.4%；出口交货值 4307.99 亿元，占全省制造业企业出口交货值 4898.71 亿元的 87.9%；利润总额为 793.58 亿元，占全省制造业企业利润总额 1037.85 亿元的 76.5%；年末从业人员合计为 748.23 万人，占全省制造业企业年末从业人员 873.06 万人的 85.7%。从产业集群的行业分布看，涵盖了制造业 30 个行业大类中的 28 个，只有烟草制品业和石油加工炼焦及核燃料加工业没有产业集群出现。

浙江省经贸委在 2006 年对全省块状经济进行调研表明，2005 年全省有 1 亿元以上的“块状经济”有 360 个，“块状经济”工业总产值 18405 亿元，占全部工业总产值 30212.4 亿元(其中规模以上企业 22812.4 亿元)的 60.9%。全省工业经济总量中，“块状经济”的份额占六成以上。在 31 个统计大类的制造业中，除石油加工、炼焦及核燃料加工业、烟草制品业和武器弹药制造业等 3 个外，均有“块状经济”存在，其中纺织业、服装鞋帽制造业、电气机械及器材制造业、塑料制品业、金属制品业、通用设备制造业、交通运输设备制造业、工艺品及其他制造业、化学纤维制造业、有色金属冶炼及压延加工业、非金属矿物制品业、专用设备制造业、化学原料及化学制品制造业、通信设备、计算机及其他电子设备制造业等产业尤为集中。这其中宁波电气机械、宁波金属制品、宁波塑料制品、宁波通用设备、宁波服装、温州鞋革、绍兴织造、宁波纺织、宁波工艺品、温州服装、温州乐清电器、温州塑料、嘉兴纺织、绍兴印染等 14 个块状经济工业总产值超过 300 亿元。萧山化纤、诸暨五金、宁波有色金属、宁波电子通信、诸暨织布、诸暨织袜、绍兴纺丝等7个块状经济工业总产值在200亿~300亿元之间。宁波交通运输设备、温岭泵与电机、温州汽摩配、嘉兴服装、温岭鞋帽服装、嘉兴化纤、温岭汽摩、玉环汽摩配、温州印刷、嘉兴皮革、诸暨铝塑管、湖州长兴化纤、杭州富阳造纸、吴兴印染织造、宁波文体用品、杭州五金机械、宁波专用设备、临海机械电子、宁波化纤、嵊州领带、玉环阀门、宁波农副食品加工、上虞化工等。23个工业块状经济的总产值在100亿~200亿元之间。

由于不同机构调查统计浙江块状经济与产业集群的角度不同，方法不一，标准各异，因此有关浙江产业集群的调查结果也大相径庭，并缺乏可比性。从目前的情况来看，有关浙江块状经济与产业集群的理论与应用研究大多采取案例研究的方法。由于产业集群理论尚不完善，有关浙江块状经济与产业集群的一些研究方法、观点、结论不尽一致。浙江块状经济与产业集群研究无论在理论视角，还是在工具方法等方面都需要进一步探讨。

块状经济与产业集群反映了地方产业在演化过程中的地方化与集群化现象。地方专业化产业是一系列演化的起点。根据斯密—杨格定理，产业分工与规模扩大之间存在报酬递增效应，因此，在地方产业的演化过程中，创新与分工的不断深化使地方产业链与网络不断完善。地方产业的集群化反映了地方产业在发展过程中，随着规模扩大，与产业相关的经济社会分工日益深化，形成地方专业化产业网络的过程。产业的地方化则反映了随着产业规模的扩大，产业的地方嵌入性不断加强，在当地经济社会的显著性日益突出，并最终改变了当地经济社会景观的过程。随着产业间分工的深化形成产业集群。若干个产业集群跨产业或跨地区的集合又组成集群的集群。从地方产业网络到产业集群，再到集群的集群不仅反映了地方专业化产业演化的不同阶段，也反映了地方产业发展的不同类型。随着地方产业的发展与空间的扩散，产业嵌入的空间背景也在不断的发生变化，并呈现了多样化的空间分布模式。

二、产业集群的治理与升级机制

（一）跨学科的治理理论

治理是一个常见但又十分复杂的术语。经济学、政治学、社会学、管理学等不同学科都在进行“治理”分析，但是，不同学科的“治理”往往具有大相径庭的内涵。在英语中，“治理”（governance）源于拉丁语“gubemare”，意思是“统治”或“掌舵”，在希腊语中与“舵手”是同义语。[①] 在传统上，治理跟政府（government）、统治（governing）、管理（management）等概念有着密切的联系。

经济学中的治理与交易、契约有着密切的联系。旧制度经济学家康芒斯把“交易”作为制度经济学的最小分析单位，认为经济关系的本质是交易，整个社会是由无数种交易所组成的一种有机的组织，并将其分为“买卖的”、“管理的”和“限额的”交易三种类型。新制度经济学家科斯在康芒斯的“交易”概念的基础上，提出了“交易费用”概念。威廉姆森进一步分析了交易、契约与治理结构之间的关系，不同的交易应由不同的经济组织来执行和完成，而不同的经济组织又体现为一种特定的治理机制或治理结构。[②]

布鲁索和法里斯把治理结构分为个人间治理结构、集体治理结构和公共制度三个层次。个人间治理结构是由市场中自发的秩序（即私序）形成的治理规则。企业与市场都可以看做是个人间治

① 宋冬林．治理效率：一个深化公司治理的新视角［J］．当代经济研究，2002（12）．

② （美）奥利弗·威廉姆森．治理机制．北京：中国社会科学出版社，2001．

理结构。集体治理结构是通过设立一个特定的组织,建立相应的激励、监督、惩罚和仲裁机制而实现对当事人的治理。它是当事人在市场中自发形成的私人制度,但较私序来说,它又有正式的组织和权威机制,因此,也称为组织化私序。行业协会就是这样一种集体治理机制。公共制度与私人制度相对应,公共制度依赖于政府的暴力垄断,以及由强制惩罚所带来的约束力。[①] 由于在经济活动中必然存在交易成本、外部性、搭便车、机会主义、敲诈合作者及溢出等问题,针对这些问题的"治理",社会形成了合同、企业、行业协会、政府等不同的治理模式。

作为一个跨学科概念,治理在政治学、行政学、国际关系等领域也都有着广泛的运用。尽管不同学科对"治理"的理解有所不同,但是治理研究仍然具有一些共同之处:①治理的方法是多中心而非单一中心的;②无论是何种形式的网络都具有重要作用;③它们都强调治理的过程,而不是单纯的治理结构;④它们都认为,行为者间的关系产生了具体的风险和不确定性,而不同的部门发展出各自不同的制度来减少风险,提高合作的可能性;⑤这些研究方法是规范意义上的。它们所描绘的既是理想意义的也是实证意义上的现实。这些相似之处使得建立一个统一的"治理"理论成为可能。[②] 由于治理广泛运用在企业、组织、网络、社会等不同层次,从空间的角度来看,存在于从地方治理到全球治理等不同的空间层次。

---

① 杜江波,薛秀清. 产业集群和行业协会的组织化私序[J]. 特区经济,2006(5).

② Kees Van Kersbergen, Frans Van Waarden, Governance' as a bridge between disciplines: Cross - disciplinary inspiration regarding shifts in governance and problems of governability, accountability and legitimacy ,European Journal of Political Research,Volume 43:Issue 2,March 2004.

(二)产业集群内部企业之间交易关系的治理

治理反映了相关利益主体之间的协调机制。产业集群治理则反映了产业集群组织与制度演化的过程。如果说分工主要强调企业之间在生产上的区别,治理则主要关注企业之间的联系方式。产业集群发达的分工决定了治理在产业集群发展过程中的重要作用。产业集群的治理可以分为集群内部企业之间交易关系的治理与集群的公共治理两个相互联系但又有区别的层次。根据治理主体的差异,又可以将产业集群的公共治理分为社会治理、政府治理与集群治理三个不同层次。

产业集群内部企业之间交易关系的治理,既涉及企业之间的水平分工,又涉及企业之间的垂直分工,反映了产业集群的组织与结构。根据新制度经济学威廉姆森的治理理论,产业集群是介于一体化企业与市场之间的混合治理模式。[①] 马库森(Markusen)在《光滑空间中的黏着点:产业区的分类》一文中将产业区分为马歇尔式产业区、轮轴式产业区、卫星平台式产业区和国家力量依赖型产业区等四种类型,其中前三类是以集群内企业之间的关系为标准划分的。仇保兴也从集群内企业之间的关系角度出发将中小企业集群划分为"市场型"、"椎型"(也称为中心卫星型)和"混合网络型"三种类型的中小企业集群。[②] Gary Gereffi、John Humphrey 和 Timothy Sturgeon 等人根据交易的复杂性、处理交易的能力、供给基础能力等因素按照非市场协调和力量不对称水平的高低,把全球价值链分为等级制、领导型、关系型、模块型和市场型等五种不同治理类型。[③]

---

① (美)波特．竞争论[M]．北京:中信出版社,2003:238.

② 仇保兴．小企业集群研究[M]．上海:复旦大学出版社,1999:49－57.

③ Gary Gereffi, John Humphrey and Timothy Sturgeon. ,The Governance of Global Value Chains,Review of International Political Economy,2005(1),Vol. 12.

由于市场需求存在波动,企业必须通过调整自己的生产能力适应市场的需求。受投资周期等因素的影响,企业往往难以在短期内迅速扩大或者迅速缩小生产能力。为了更好地适应市场需求,外包制度不仅为企业提供了具有较大弹性的组织形式,也充分发挥了企业专业化分工的优势。浙江产业集群内部发达的分工为企业外包奠定了坚实的基础。从外包的内容来看,外包或者发生在产业内与产业间的水平分工,或者发生在产业内与产业链的垂直分工。从外包的组织化水平来看,外包企业与供应商之间既可能是市场交易关系,也可以是存在股权关系的母子公司结构。从外包的持续时间来看,既存在临时的、短期的外包,也有相对固定的、长期的外包。借鉴产业区与全球价值链等相关理论,可以认为产业集群内部企业之间的治理关系存在着从市场型到一体化企业之间的一个治理谱系。

市场型产业集群内部企业之间主要通过市场交易进行联系,相互间关系较为对称,基本不存在占主导作用的企业。根据产业集群内部分工水平及企业间联系方式,市场型产业集群还可以进一步细分为不同的亚类型。在宁波服装、桐乡化纤、富阳光通讯等产业链较短,企业较为独立的地方产业内部,企业之间的联系主要体现在知识的共享与产品外包等方面,形成了以市场竞争为主的治理格局。义乌小商品、海宁皮革、南浔木业、织里童装等产业集群则构成了特色产业与专业市场互动的治理格局,企业与市场之间既各自独立又相互合作。苍南金乡徽章、桐庐分水制笔、诸暨大唐袜业等集群内部产业链较长,专业化分工较为发达,但是由于企业规模普遍较小,企业间的关系也较为平等,构成了市场型产业集群的又一亚类型。以苍南金乡徽章生产为例,作为全国最大的标牌徽章制作产业基地,金乡已经形成从原材料到成品,包括设计、熔铝、写字、刻模、晒板、打锤、钻孔、镀黄、点漆、制针、打码、装配、包装等十几道工序。这一道道工序大都由一家一户的企业完成，每家企业完成其中一道工序后，其半成品通过市场被另外一家企业购买后再去完成下一道工序，如此循环，直到生产出成品，形成了由参与各道工序的800多家企业集合而成网络型生产体系。①

关系型产业集群内部企业之间往往存在长期合同，但是企业之间一般不存在股权关系。随着温州美特斯邦威、宁波博洋家纺等虚拟企业的兴起，关系型产业集群对浙江产业集群治理的影响日益扩大。在上虞风机、光源等产业集群，虽然企业之间在生产上相对独立，但是上风高科、阳光集团等龙头企业凭借着技术与管理的优势，对整个产业集群的发展发挥着重要的指导作用。在柳市低压电器、平湖光机电等领导型产业集群内部企业之间往往存在股权关系，因而也往往存在较为密切的分工与合作。关系型与领导型产业集群都存在起主导作用的核心企业，这些大企业通过转包、分包或技术外溢等多种形式，对周边的中小企业起着主导与支配的作用，但是受企业所有权、核心竞争力等因素的影响，关系型与领导型产业集群内企业之间的联系方式有所不同。

由于地方产业处在不断的动态演化当中，因此，产业集群的治理结构也会随着产业的演化而发生改变。以乐清柳市低压电器产业集群为例，柳市低压电器产业发展早期，家庭工业户遍布柳市各地，并形成了前店后厂的柳市低压电器专业市场，治理结构以市场型治理为主。1981年柳市低压电器门市部已经发展到300多家，企业产值达2200多万元，供销人员达1万多人，1984年猛增到1000多家家庭作坊制企业。由于企业之间的恶性竞争，导致严重的质量问题，政府采取许可证等方式提高了低压电器行业的进入

---

① 盛世豪，徐智．特色产业群：温州经济的活力与竞争．引自网页 http://www.jinjiang.gov.cn/jjfz/tszs/20060831821203.shtml

门槛,大量没有许可证的生产企业面临倒闭。为了生存与发展,不少没有许可证的小企业小作坊,通过与正泰、德力西等拥有许可证的企业讨价还价,以企业资产折价入股的名义加入正泰、德力西,成为正泰、德力西的车间或分厂,使用正泰、德力西的品牌和许可证,但各个企业拥有独立的产权,正泰、德力西与各下属企业的联系主要靠品牌租金和生产许可证维系。[①] 在后续的演化中,正泰、德力西等企业或者通过对集团内企业的股份制改造,提升集团内部的联系,或者通过技术支持与营销渠道控制等途径强化集团内部的企业联系,形成较为典型的领导型治理结构。

(三)产业集群的公共治理模式

产业集群最初的起源往往较为简单,随着模仿、衍生、集聚等因素的作用,产业集群规模不断扩大,结构也出现分异,治理机制日益多样化。由于产业集群内企业的能力与战略选择不同,产业集群内部往往存在多种治理方式,不同的治理方式之间往往存在混合,因此产业集群内部企业之间交易关系的治理形式往往是复杂而多样的。而且随着产业、集群的发展与嵌入水平的深化,产业集群的治理机制也从单纯的经济治理向社会治理发展。

受产业集群发展模式的影响,产业集群在发展过程中经常面临着过度竞争与区域性质量问题、反倾销、环境污染、知识产权保护、区域品牌以及用工、消防、职业病等现实问题,对这些现实问题的治理是产业集群升级的应有之义。但是,由于涉及外部性与社会发展,这些问题不是一家企业所能解决的,而是需要产业集群内部各个企业与相关组织的集体行动。产业集群的公共治理反映了对集群公共事务的处理之道,也体现了产业集群的制度创新过程。

---

① 史晋川等. 制度变迁与经济发展:温州模式研究[M]. 杭州:浙江大学出版社,2002.

企业的技术与管理创新对于地方产业升级的带动作用往往需要相应治理机制的配合。如果缺乏良好的公共治理，产业集群的发展就缺少制度保障，容易引发这样或那样的问题。

产业集群的社会治理主要关注行业协会、工会等社会组织对产业主体(企业与工人等)行为的协调。行业协会的发展一部分起源于政府传统行业管理职能的下放，一部分起源于当地产业发展的需要。行业协会作为以企业和企业家为主体的合约形式，作为不同经济主体之间基于一定经济关联性和利益共同性而达成的结社和采取的集体行动，是区别于价格、成本、竞争等常规市场机制的一种特殊的市场机制，对于降低交易成本具有极为重要的作用。[①] 随着我国行业协会改革的不断深化，行业协会积极参与社会与产业治理的趋势日益明显。

行业协会一定程度上代表了企业家的利益，与此相对应，作为劳动者利益的代表，工会也是一个重要的治理组织。工会组织的主要作用是以劳动者的代表身份，就劳动关系中的矛盾和劳动问题与雇主一方进行交涉，诸如劳动工资、劳动工时、劳动待遇等方面维护劳动者的权益而进行活动的。事实上，工会是劳动者集体行动的产物，对产业关系与劳动关系治理具有重要影响。随着我国市场经济体制改革的不断深入，我国工会组织的工作任务和工作重心逐步从协助党委、政府或企业行政开展工作，转移到维护劳动者权益等方面。但是，由于历史及体制的原因，我国工会组织的治理职能远未得到充分的发挥，加快工会改革和转型，充分发挥工会的治理功能成为我国工会建设的重要方向。

在产业集群的发展过程中，行业协会、工会等社会组织对于降

---

① 王名．大力推进行业协会的改革与发展[J]．社团管理研究(创刊号)，2007－10.

低企业与企业之间的交易成本，促进企业与社会之间、企业家与劳动者之间的联系与协调发挥了不容忽视的作用。但是，由于行业协会与工会都只能代表一部分群体的利益，良好的市场秩序，不仅要求行业内部形成有序的治理结构，而且要求行业之间或行业与消费者之间形成有序的结构，这就要求一个系统的产业治理结构。因此，政府也是地方产业治理的一个重要主体。根据我国行政管理的层次，产业集群的政府治理可以细分为地方政府、区域政府及中央政府等不同层次。由于产业集群发展关系地方经济社会表现与居民福利，而地方政府政策、地方标准等因素都会对产业集群发生影响，地方政府与产业集群治理的关系往往更为密切。

产业集群的良好秩序，不仅要求企业之间，而且要求企业家与劳动者之间，行业之间，行业与社会之间都形成有序的治理结构。因此，完善的产业集群治理要求构建丰富的治理平台，使各经济社会组织能够通过沟通、协商、谈判等途径，发挥企业、行业协会、工会和政府等组织各自的职能，促进产业集群的稳定发展。

在欧美发达国家，公民社会的发展为产业集群治理奠定了良好的基础。意大利产业区治理具有明显的自下而上的特点。在意大利，中央政府主要通过法律法规明确中小企业与产业区发展的大政方针与扶持措施，界定产业区和制定扶持中小企业的具体政策等具体事务则转移到大区（相当于我国的省、自治区、直辖市）。意大利《扶植小企业创新与发展法》规定产业区的发展计划必须由地方体系动用自己的资源来制定和实施，并以此作为获得国家财政支持的重要条件。[①] 20 世纪 90 年代以来，意大利各产业区纷纷成立产业区委员会准备和起草产业区开发计划，监督相关计划的

① 顾强．意大利促进产业集群发展的主要政策和措施——意大利产业集群考察报告之二[J]．中小企业简报，2004(56)．

实施和进展情况，并就当地的工业政策和地方利益向大区政府提出提案和意见。产业区委员会有地方政府成员的参与，有相关的商会、行业协会、联合体和真实服务中心的参与，也有大量的私有部门参加。

三、浙江块状经济的治理与升级

（一）浙江块状经济的制度性局限

浙江块状经济最初的起源往往较为简单，随着模仿、衍生、集聚等因素的作用，产业规模不断扩大，结构也出现分异，治理机制日益多样化。根据浙江块状经济内部企业之间的分工关系，借鉴产业集群与全球价值链治理等相关理论，可以认为浙江块状经济内部存在着从市场型到领导型之间的一个治理谱系。

传统的块状经济与产业集群研究往往强调块状经济与产业集群在专业化分工、学习、创新与竞争力等方面的优势，却忽视了浙江块状经济与产业集群存在的各种制度性局限。改革开放以来，由于产业集群发展模式的内在机制，许多浙江块状经济出现了过度竞争、区域性产品质量、模仿抄袭、环境污染等区域性问题，严重影响浙江产业集群与区域经济形象。其中，区域品牌、环境污染等很多问题带有明显的外部性，超越了市场治理的范围。为了解决浙江块状经济发展过程中形成的制度性局限，促进浙江产业集群的持续发展，浙江各地政府、企业与各类社会组织经过不断地实践探索，形成了政府、行业协会等多种的集群治理体系。

浙江块状经济主要集中在轻工、纺织等行业，进入门槛低，在模仿、衍生、集聚等机制的作用下发展迅速。但是，由于生产同类产品的企业高度集中于一地，很容易引发激烈的价格竞争。从积极的角度来看，激烈的价格竞争能够促进企业创新，进一步降低成本或开发新产品，开展差异性竞争；但是从消极的角度来看，激烈的价格竞争往往降低了整个行业的利润水平，使整个行业长期处于微利或亏损状态，容易导致整个块状经济的技术创新投入不足，限制了块状经济的发展。永康保温杯、防盗门、滑板车、电动工具、衡器、休闲运动车等多个产业的“浪潮经济”现象充分反映了治理对于产业集群的重要意义。

从国际贸易的角度来看，由于块状经济内部企业之间的恶性竞争，很容易导致国外的反倾销调查。2001 年以来，温州眼镜、打火机、鞋业等块状经济多次遭受国外的反倾销调查。与此同时，日益流行的各种技术贸易壁垒、绿色贸易壁垒、企业社会责任等对以中小企业为主体的浙江块状经济国际化进程造成很大的影响。如何优化治理结构，促进集体行为，有效化解各种壁垒，成为浙江块状经济的重要任务。

从国内市场来看，在缺乏良好治理机制的环境下，恶性竞争往往容易导致区域性质量问题，从而产生严重的社会问题。温州柳市低压电器产业、温州鞋业、温岭水泵，永康电动工具、衡器，路桥喷雾器等块状经济也先后出现区域性质量问题，表明产业集群、过度竞争与区域性产品质量问题之间存在着密切联系。仇保兴根据乔治·阿克洛夫的“柠檬市场”理论认为过度竞争、产品质量信息分布不对称性等因素容易导致产业集群内部产品质量不断退化，整个产业集群会因为区域性质量问题而衰落。[①]

区域品牌是具有地域特色的集体品牌。随着规模的不断扩大与嵌入水平的不断提高，产业集群化改变地域景观的同时，也彰显了区域品牌的价值。发达的产业集群有力地推动了浙江区域品牌

① 仇保兴．发展小企业集群要避免的陷阱——过度竞争所致的“柠檬市场”[J]．北京大学学报(哲学社会科学版)，1999(1)．

建设。据浙江省委政策研究室统计，2004 年底，全省有 75 个年产值10 亿元以上区块中获得了 84 个全国性生产基地称号。[①] 在原产地保护与地理标志等相关领域，浙江的区域品牌数量也居于全国前列。区域品牌作为区域发展的重要无形资产，往往具有公共物品的性质，如果对“搭便车”等现象缺乏有效的治理机制，容易出现“公地悲剧”。如拥有千年历史的“金华火腿”在 2002 年成为国家质检总局原产地保护产品。但是，2003 年 11 月 16 日，中央电视台《每周质量报告》报道了金华市永泰、旭春两家火腿厂，为牟取眼前暴利，以病猪、死猪以及老母猪猪腿为原料，用剧毒农药“敌敌畏”浸泡火腿，生产“反季节腿”的恶性事件，导致“金华火腿”区域品牌名声扫地，严重影响了整个金华火腿产业的发展。[②] 因此，加强块状经济治理，对培育区域品牌，促进浙江产业转型升级具有重要意义。

知识外溢、模仿是浙江块状经济发展的重要动力。但是，模仿是一种典型的“搭便车”行为，由于创新的投入很大，如果缺乏对知识外溢的有效治理和完善的知识产权保护，会使得块状经济内的企业都想坐享知识外溢的好处，而不愿投入研发进行创新，最终会导致整个块状经济缺乏创新而停滞不前。在浙江的大多数块状经济内部，受企业规模与技术实力的影响，注重研发与创新的企业数量相对有限，许多中小企业奉行拿来主义，大量模仿，使得浙江块状经济内部的竞争日趋同质化，价格竞争成了浙江企业的主要竞争优势，进一步加剧了块状经济的过度竞争。对国外产品与技术的模仿则使浙江企业容易遭受知识产权等国际技术贸易壁垒。

由于浙江块状经济内部中小企业众多，许多企业家环境保护

① 浙江省委政策研究室．浙江块状经济调研报告[J]．决策参考，2006－5.

② 李海东．区域品牌“搭便车”行为的博弈分析与治理路径[J]．江西科技师范学院学报，2008(2).

意识薄弱,同时由于公共环保投入不足,环境监管措施不到位,导致省内一些地区出现区域性环境问题。2004 年 10 月,浙江省推出了涵盖全省八大水系、11 个地市和 11 个重点监管区的“811”环境污染整治 3 年行动,其中 11 个重点监管区涉及台州化工、萧山印染、平阳水头制革,长兴蓄电池等产业集群。平阳水头在 20 世纪 90 年代集中了 1260 多家制革企业,平均每天加工猪皮 3 万多张,从业人员达到 8 万多人。由于制革工艺的落后,造成了巨大的环境污染,1992 年时还属于二类水质的鳌江,到 1994 年已降到四类,1996 年之后水质全面下降到劣五类,丧失了最起码的水资源功能。2003 年 9 月和 10 月,水头镇分别被列为全国十大环境违法典型案件和浙江省严重污染环境九大案件之一。① 水头为“先发展,后治理”付出了沉重的代价。

浙江块状经济的主要劳动力大都来自农村,文化程度不高,受过专业训练的更少。由于生产的产品与技术大体相似,劳动力市场竞争激烈。大量外来劳动力的流入在维持浙江产业低成本优势的同时,也缓解了浙江产业升级的压力。但是,随着浙江产业竞争与升级压力的不断增大,企业对人才的要求越来越迫切。由于块状经济内同类企业集聚一地,如果劳动力市场缺乏有效的制度约束,就会造成块状经济内企业互相挖墙脚,导致员工的稳定性差、跳槽几率高、工人的流动性增强。近年来,织里童装、海宁皮革、慈溪家电、永康五金等浙江块状经济频频遭受“民工荒”、“技工荒”的困扰,不仅影响了企业正常的生产经营,还制约了地方经济社会的和谐发展。

浙江有一些块状经济由于产业性质的影响,如果不注意防护,

---

① 郑枕戈. 从平阳水头制革业发展看经济与环保博弈历程[D]. 中共浙江省委党校研究生毕业论文,2006-10.

容易导致各种职业病。如宁波鄞州区出口日本的蔺草制品由于在生产过程中会产生粉尘，长期工作容易导致尘肺病。在经历了多年的发展以后，许多工人出现了严重的职业病。目前，当地有608家企业申报了职业病危害，接触职业病危害因素的职工达到1.7万余名。职业病成为鄞州蔺草制品块状经济发展必须解决的一个问题。① 绍兴、兰溪、浦江等地的锡箔产业，由于在生产过程中经常要接触到铅粉，对工人及其小孩的身体健康也有很大的危害。② 蓄电池、电镀等产业如果防治不力，都有可能导致职业病。由于这些产业进入壁垒低，技术扩散迅速，很容易导致区域性职业病现象，严重影响区域经济社会稳定。

浙江块状经济内部很多中小企业往往都是家庭作坊，集生产、仓储、生活于一身。由于生产和生活活动集中在一起，在生产车间中吸烟、电路的老化、做饭使用明火等火灾隐患比比皆是，而企业职工又普遍缺乏保护意识。为了节省空间，大量的原材料、成品被随意的堆放在“三合一”企业过道处、楼梯旁边，不但会堵塞逃生通道，同时又都是很好的可燃物。③ 2000年以来，湖州织里童装、上虞汤浦童装、平阳皮革制品、温岭横峰鞋业、温州鹿城烟具等块状经济先后发生重特大火灾事故，不仅财产损失严重，而且影响社会稳定，教训极为深刻。浙江的很多专业市场由于商铺兼仓库，人流量大，也往往存在严重的消防安全隐患。浙江块状经济与专业市场的消防安全环境亟待治理。

---

① 鄞州区卫生局．对鄞州区十六届人大一次会议第232号议案的答复．2007-5-20.

② 胡展奋，潘文龙．“铅毒”猛于虎——浙江中部铅中毒状况调查[J]．中国安全生产报，2005-2-25.

③ CCTV经济半小时．三合一企业火灾频发，安全隐患不容忽视．引自网页 http://news.xinhuanet.com/video/2007-06/11/content_6227904.htm

作为演化的经济地理景观,产业集群嵌入的空间虽然受到行政区域的一定影响,但是在很多情况下,产业集群往往是跨行政区域的。如嘉兴的羊毛衫产业就分布在桐乡洲濮院与秀洲洪合两地。浙北的家纺产业则分布在海宁许村、桐乡大麻与余杭等地。温州的皮革鞋业集群则涉及鹿城、永嘉、瓯海、龙湾及丽水的青田等地。受行政区划的影响,浙江各地的块状经济之间竞争有余,合作不足,往往导致恶性竞争与资源浪费。如何通过跨区域产业集群治理,协调地区间块状经济之间的关系,促进跨区域产业集群的健康发展,对于加快全省产业集群升级具有重要意义。

纵观浙江块状经济发展存在的各类现实问题,可以发现产业集群作为地方产业演化的模式,既有其优势,也有其不足。与单个企业相比,产业集群的优势与不足都被进一步放大,产业集群的一些制度性局限容易导致各种区域性问题,从而深刻影响区域经济社会发展。由于产业集群嵌入于地方经济社会,过度竞争、知识外溢、区域品牌、环境污染、职业病、消防等问题的治理涉及经济、社会、政府等各个方面,表明产业集群治理是一个复杂的问题,需要从不同角度进行全面的研究。

(二)浙江块状经济的治理与制度创新

作为经济社会主体之间的联系与协调机制,治理同时也是制度的创新与形成的过程。尽管制度创新往往来自制度设计,但是,只有能够有效协调经济社会主体关系的制度设计才可能形成真正的制度。鉴于制度一词的丰富内涵,产业集群既是地方产业的演化与组织模式,也代表了相应的治理结构与制度。改革开放30年来,治理贯穿于浙江各个块状经济的形成与演化过程,并成为浙江块状经济发展的重要动力,为浙江产业集群的创新与升级提供制度保障。

在计划经济时期,政府直接控制企业与市场,形成了按部门管理企业的经济管理体制，工商联与工会成为政治团体，缺乏行业特色。改革开放初期，政府逐步放松了对企业与市场管制，从而激发了浙江人的创业热情，促进了浙江家庭工业、私营企业、乡镇企业与专业市场等经济组织的兴起。为解决家庭工业与乡镇企业发展的具体问题，浙江各地先后出现了"挂户经营"、"戴红帽子"等举措，降低创业风险与进入壁垒，促进了浙江家庭工业与乡镇企业的大发展，也加快了浙江块状经济的形成。由于大多数浙江块状经济的发展尚处在起步阶段，政府逐步减少对经济活动的管制，行业协会等民间组织尚未出现，地方产业集群内部则形成相互竞争、分工合作的市场型治理结构。

随着改革开放的不断深入，我国开始借鉴国外行业协会等民间组织发展的经验，在工业、科技和商贸等领域成立行业协会、企业联合会、个私协会与消费者协会等民间组织。20 世纪 80 年代，浙江省企业联合会、浙江省企业家协会、浙江省个体劳动者协会、浙江省消费者协会等民间组织先后成立。与此同时，快速发展的浙江块状经济由于缺乏各种有效的治理机制，多次出现因过度竞争导致的区域性产品质量问题，引起了政府与社会的高度关注。为规范企业行为，一些政府部门开始组织行业协会，加强行业自律，促进对外联系。这些行业协会一般与政府部门有着密切联系，政府部门往往会派员兼任行业协会的领导，并为行业协会提供资金等方面的支持；而行业协会也有利于政府部门规范行业发展、进行行业统计等行业管理工作。

20 世纪 80 年代中后期，温州鞋一度成为假冒伪劣的代名词。为加强对企业的监督，提升企业的质量意识，在当地政府的推动下，1988 年 6 月半官方性质的温州市鹿城区鞋业协会宣告成立，鞋业协会与鹿城区鞋业质量整顿管理办公室合署办公，鹿城区所有鞋类企业都加入协会。在授牌仪式上，协会联合 370 多位鞋厂厂长发出倡议:“凡我鞋业同仁,都要以鞋城声誉为重,讲究皮鞋质量,不赚昧心钱。”①温州打火机产业在80年代中后期也出现了一些企业偷工减料,粗制滥造,互相杀价,产品仿冒之风盛行。为协调行业内外的各种经济社会关系,1991年在先前政府主导成立的鹿城区打火机整顿办公室的基础上成立了温州烟具行业协会。经温州市政府授权,温州烟具协会可行使同业企业开业登记初审、产品质量监督检测、同行议价制约、新型产品维护权等权利。② 温州市工商联把发展行业商会作为重要工作,先后推动成立了五金商会(1993)、服装商会(1994)、灯具商会(1994)、眼镜商会(1994),促进了温州民间商会的发展。块状经济发达的温州,行业协会建设也走在全省乃至全国前列。在义乌小商品市场等专业市场,由于商品种类繁多,客商众多,单次交易规模不大但交易复杂等原因,容易引发各种纠纷。义乌市通过大力培育和发展“义乌市个体劳动者协会”(1985年成立)和“义乌市保护名牌产品联合会”(1995年成立)等社会中介组织,规范市场经营主体行为,促进了市场的持续繁荣和有序竞争。③

20世纪90年代,随着政府机构改革的不断深化,传统的专业经济部门与行政性公司逐步改组为各行业协会,我国的行业协会数量迅速增加。1997年国家经贸委在温州进行行业协会试点。1999年,温州市出台了全国第一个行业协会管理办法,赋予了行业协会16项职能。产业集群的制度性局限与治理的必要性、地方政

① 王柏民,牟德刚. 半官方性质行业组织个案研究——温州市鹿城鞋业协会调查与分析[J]. 温州师范学院学报(哲学社会科学版),2002(1).

② 王伟强,朱林可. 行业协会制度研究——以温州烟具协会为例[J]. 中共浙江省委党校学报,2004(4).

③ 余晖等. 行业协会及其在中国的发展:理论与案例[M]. 北京:经济管理出版社,2002-6.

府的开明与地方文化特色等一系列因素促使温州的行业协会建设成效显著。温州市剃须刀行业协会(1999)、泵阀工业协会(2000)、合成革商会(2000)、拉链商会(2002)等都在产业发展到一定程度，出现了假冒伪劣、无序竞争、人才无序流动等单个企业难以解决的各种问题时，由政府或一些具有代表性的企业推动建立。[①] 早期行业协会的各种经验教训是后期行业协会的重要参考。温州行业协会的发展引起了全省乃至全国各地的关注。

作为地方产业集群集体行动的主要载体，浙江各地的行业协会在知识产权保护、标准制定、环境保护、区域品牌建设等方面的影响日益突出。温州市烟具协会成立后不久就出台了《行业维权公约》，规定“凡经协会维权的产品(有效期内)，如发现他人有侵权行为，一经查实，将对侵权产品的模具和专用夹具予以就地销毁，仿冒的产品和专用零配件给予没收”。后成立的温州锁具、剃须刀等行业协会也纷纷推出《行业维权公约》，加强行业自律。行业协会《维权公约》的出台，不仅减少了产业集群内企业的相互模仿行为，而且营造了良好的创新环境，促进了温州产业集群的创新与升级。[②] 成立于2000年的温州合成革商会针对合成革行业环保治污技术性强、治理工艺复杂等难点，牵头组织各种力量攻关，并在全行业中积极推广，不仅对会员企业提出2006年全面完成生产废水治理工作，残渣统一处置，车间空气达标，全行业停止使用甲苯等行业自律环保要求，还配合环保部门推动会员企业安装DMF(二甲基甲酰胺)回收装置，投资1100万元，成立无害化处理中心进行集中治污。2008年温州合成革商会还成立了环保工作自查自纠宣传

① 郁建兴．行业协会：寻求与企业、政府之间的良性互动．经济社会体制比较，2006(2)．

② 胡敏．企业集群的竞争力提升与技术创新、知识产权保护——基于对温州打火机企业集群发展的研究[J]．软科学，2007(1)．

队,加强对企业环境保护工作的监督。①

2001 年我国加入 WTO,浙江块状经济的国际竞争力受到了国际市场的关注,各种贸易摩擦不断增加。由于单个企业尤其是中小企业难以承担国际反倾销调查、知识产权调查的成本,而政府又不便于直接组织企业应对国际贸易摩擦,行业协会的治理功能日益凸显。在各级政府的支持和积极引导下,浙江涌现了越来越多的行业协会,充分发挥产业治理功能。温州烟具协会、鞋革行业协会、舟山出口水产行业协会等在组织集群内企业应对国外反倾销调查等方面都发挥了重要作用。在激烈的国际竞争中,全省各地的产业集群日益认识到行业协会在行业自律、集体行动、应对国际竞争等方面的重要价值。2005 年,永康企业由于竞相压价痛失沃尔玛百万辆滑板车订单后,借鉴了温州行业协会的经验,成立了电动车汽油车滑板车行业协会,并出台了相关的维权公约,加强产业集群治理。

随着浙江产业集群的跨区域发展和跨区域联系的不断增强,一些地方行业协会逐步向全省性行业协会转变。2003 年,以海宁市经编协会为基础成立了浙江省经编行业协会。2003 年,浦江制锁行业协会升格为浙江省挂锁行业。2008 年永康市电动车行业协会升格为省休闲运动车行业协会。依托诸暨珍珠与义乌饰品等产业集群,先后成立了浙江省珍珠协会与浙江省饰品行业协会。通过参与制定国家标准、积极参加全国性行业协会等活动,浙江行业协会在全国产业治理中的地位也不断提高。

2006 年浙江省出台的《关于推进行业协会改革与发展的若干意见》提出按照市场化原则推进行业协会改革与发展,加快行业协

① 马立人,黄裕侃. 行业商会推动温州合成革企业清洁生产[J]. 中国环境报,2005 - 10 - 24.

会与行政机关脱钩，落实行业协会的行业自律、代表、服务、协调职能，争取用5年左右的时间，初步形成适应浙江产业特点和企业发展需要，布局合理、覆盖面广、功能完备的行业协会结构体系，为浙江行业协会的发展提供了广阔的空间。但是，由于行业协会的发展及其治理功能，受产业发展水平、产业组织、政府职能、文化传统等多个因素的影响，浙江省内的行业协会发展存在着明显的区域不平衡，各地行业协会在管理体制、职能作用和实际地位等方面存在着较大的差异。许多行业协会的发展还存在着行业代表性差、职能发挥不到位、自律机制不健全、行政依附性强等问题。不少行业协会，特别是那些从政府部门转化而来的行业协会仍具有明显的行政色彩。由于政府功能过于强大或者职能边界不清晰，行业协会对政府依赖性较大，难以真正承担起因政府职能转变而赋予的职责，有些本应由行业协会承担的职责也未能真正到位。①

行业协会作为“行业的代言人”，主要代表的是企业主的利益，因此，行业协会的治理并不能完全反映产业集群治理的特点。集群作为企业、政府与相关社会组织的集合体，集群治理需要企业、政府与相关社会组织的共同参与。工会作为劳动者的代表，在维护劳动者权益，参与社会治理等方面具有重要作用。随着我国工会改革的不断深入，浙江省各级工会组织根据浙江农村工业化与产业集群化发展与治理的需要，适时建立乡镇村级工会、行业工会、市场工会等新型工会组织形式，并创新行业工资谈判、集群职代会等产业集群治理模式，通过与企业签订工资集体协议、参与企业安全生产与劳动卫生管理监督、开展劳动竞赛与职业培训等途径，切实维护劳动者合法权益，促进产业关系的和谐稳定。

① 王健．法规政策支持不够、与政府关系不顺：行业协会发展遭遇瓶颈[J]．文汇报，2005－8－8.

21 世纪初温岭市新河镇的羊毛衫产业由于进入门槛和技术含量相对较低,企业间用工存在着大量无序竞争。各个工厂一到生产旺季就相互挖人,导致工人频繁跳槽,一到季就经常拖欠和克扣工人工资,引发停工和职工上访。2003 年,当地 113 位羊毛衫企业老板联合成立了温岭市羊毛衫协会,试图通过协商、统一工价,规范劳动力市场。但是,这种由行业协会单方面定价的做法显然不尽公平。温岭市借助当地已经开展多年的"民主恳谈会"经验,开展一场由政府主导、工会出面、劳资双方参与的"羊毛衫行业职工工资恳谈会"。经过 6 次协商,10 次恳谈后,最后确定行业普遍认可的最低工资标准。2003 年 8 月,新河镇"羊毛衫行业工会"成立,工会与行业协会签订了《羊毛衫行业工资(工价)协商协议书》,协议书报劳动部门备案,与劳动合同具有同等效力。① 长兴县在中小型企业集中的乡镇建立集群职代会,并成立由乡镇工会、劳动、司法、工商、工办等机构人员组成"职工代表巡视组"、"劳动争议调解组"、"安全卫生督查组",督促检查集群职代会通过的"集体合同"、"工资协商"和"劳动安全卫生"等协议的落实情况。② 行业职工工资恳谈会、集群职代会等集群治理模式通过有关各方的共同协商,达成普遍接受的协议,从而协调产业关系,稳定劳动力市场,促进了产业的有序发展。

随着浙江产业集群的跨行业、跨区域发展,产业集群的治理也逐步呈现跨行业、跨区域发展的态势。2004 年以来,义乌市连续举办"义乌论坛",邀请省内外专家、义乌市周边城市政府代表,以专家演讲、交流对话等形式,就产业与市场互动、国际化与民营经济发展、自主创新合作共赢,利用义乌小商品市场拓展国际市场,建

① 刘静. 温岭行业工资集体协商制度[J]. 观察与思考,2008 - 4.

② 王敏,杨如明. 长兴"集群制"维权得力职工受益[J]. 浙江工人日报,2005 - 12 - 15.

立区域发展伙伴关等主题开展了广泛深入的交流与探讨，促进了义乌与周边区域的经济社会联系，构筑义乌商圈的治理平台。

四、促进块状经济向现代产业集群转型升级

（一）培育浙江块状经济的龙头企业

浙江块状经济作为大量中小企业集中的地域，由于大量的小企业规模小，技术力量弱，不仅缺乏研究与开发投入，有时甚至不能有效保证产品质量。在激烈的市场竞争面前，容易引发各类区域性产品质量问题，影响浙江产业的区域形象。从产业集群的各类经济治理模式来看，拥有龙头企业的等级制、领导型、关系型与模块型集群与大量中小企业组成的市场型集群相比，由于龙头企业在规模、技术、对外联系等方面的优势，能够有效地避免过度竞争与区域性质量问题的出现。鉴于拥有龙头企业的等级制集群严格地说只是由一家大企业控制的企业集团，产业集群的特征并不是很明显，而且增加了地域发展的路径依赖风险。因此，为优化浙江块状经济的经济治理结构，应当重点培育拥有多个龙头企业的领导型、关系型与模块型集群。

斯蒂格勒认为，根据斯密定理，在各产业的发展过程当中，在市场扩张的上升期，分工会进一步扩大，但是，在市场紧缩的衰退期，一体化的趋势会加强。面对当前全球性的经济危机，浙江块状经济应当以大企业、大集团为核心，通过收购、兼并、重组、联合等形式，加大对行业的整合力度，促进各种资源要素向优势企业集中，充分发挥规模企业、品牌企业和技术领先企业等骨干龙头企业对产业升级的带动作用，积极发展外包、协作、配套、代理等多种经营方式，强化研发中心、市场扩展、品牌建设等功能，为周边企业提供市场与技术支持，促进龙头企业对周边中小企业的带动作用，促

进浙江块状经济的转型升级。鼓励中小企业加入各类企业集团,形成更为密切的组织联系。

由于产业性质与市场格局不同,浙江块状经济中的龙头企业类型多种多样,品牌制造企业、虚拟经营企业、外贸企业、跨国公司、专业市场等都可以有效地整合块状经济内的资源,优化浙江产业集群的治理结构。鉴于国际市场对于浙江块状经济发展的重要意义,块状经济的龙头企业应该在"引进来、走出去","开发利用国内外两种资源、两个市场"等方面发挥重要的作用。与上海、广东、江苏相比,浙江的外资引进潜力很大。因此,引进与块状经济相关联的跨国公司,提供浙江块状经济的对外经济技术联系,提升国际化水平,对于浙江块状经济的转型升级具有重要意义。一些具有较强竞争力的块状经济中的龙头企业则应该积极走出去,建设国际营销渠道。

(二)充分发挥行业协会的功能

改革开放以来,行业协会作为产业治理的重要组织形式得到了政府、企业与理论界的普遍关注。尤其是温州的行业协会(商会)凭借其在行业自律、保护会员企业合法权益、维护公平竞争的市场秩序、知识产权保护、应对国际贸易摩擦乃至污染治理等方面的显著绩效逐步得到政府、企业、社会各个方面越来越多的认同。随着我国行业协会改革的不断深入,浙江各地的行业协在产业集群治理中的影响力日益突出。随着浙江产业集群面临的国际贸易摩擦日益增多,行业协会充分显示了其行业治理的独特价值。据不完全统计,浙江省至今已有各类行业协会(商会)2300多个,其中有相当数量的行业协会与产业集群联系密切。

浙江各地行业协会发展水平参差不齐,部分行业协会治理能力有限,功能薄弱,在市场开拓、法律援助、信息服务、规范市场、争议仲裁等方面还不能有效满足企业的需要。协会的自主性不强,带有一定的行政色彩，一些协会受政府部门(或业务主管单位)的干预过多，会自觉或不自觉地把行业协会作为部门的附属机构。行业协会专职工作人员少，人员结构不合理，人员素质不高，经费来源紧张，难以有效开展工作。

根据行业协会在浙江块状经济转型升级中的独特作用，结合我国特定的制度环境，加强行业协会建设，提升行业协会治理水平，仅从行业协会自身建设的角度是不够的，它还需要企业、政府的积极参与。各级地方政府部门应当逐步将一般的资格、资质认可及等级评定，专业技术类的评审，行业性创优奖励活动，行业标准制度，新产品、新技术认证及推广等事项权力赋予给更多的行业协会，从而增强行业协会的行业信息统计、运行分析，行业技术、质量及服务标准制定，生产、经营许可证发放等功能。

行业协会发展会员要打破部门、所有制、经济规模等界限，注重吸收民营、外资企业等各类经济组织入会，提高行业协会的代表性。同时积极吸收与行业相关的科研院所和经济组织入会，增强行业协会的产业集群治理功能，扩大行业协会的影响力。在企业集中、产品和市场优势明显的地方，可以组建全省性、全国性行业协会。加强宣传引导，鼓励企业积极加入行业协会。完善行业协会的内部治理结构，健全行业协会运行机制，制定和有效实施会员管理制度、理事会议事和选举制度、财务管理、信息公开披露制度等，逐步实现工作人员专职化，积极开拓培训、联合营销、会展等业务，增强行业协会的权威性，促进块状经济的转型升级。

(三)政府参与产业集群规划与治理

波特把政府作为产业集群的一个重要环节。从治理的角度来看，政府代表了公共治理的一种模式，因此政府对产业集群的影响也可以从治理的视角加以分析。20 世纪 90 年代治理理论兴起以来，治理代表了政府管理模式的新趋势。治理反映了社会主体之间的协调机制，它使相互冲突或不同的利益得以调和并采用联合行动的持续的过程。从产业集群治理的角度来看，政府有主要功能是为了纠正"市场失灵"，为社会提供市场以及行业协会等不能够有效提供的公共产品和公共服务，制定公平的规则，加强监管，确保市场竞争的有效性，确保市场在资源配置中的基础性作用。

改革开放以来，浙江省各级地方政府通过专业市场、区域质量管制、特色工业园区建设，区域环境整治、创新中心等政府在促进产业集群发展方面做了很多工作。但是，由于产业集群是一个不断演化的地方产业综合体，政府的作用必须适应产业集群发展阶段与国内外市场的变化。近年来，浙江本地商务成本的上升、人民币升级、新劳动法的实施、全球性经济危机要求全省各级政府必须更好地参与产业集群治理，进一步强化对产业集群的服务。

从产业集群治理的角度来看，政府不是唯一的主导因素，行业协会、专业教育、培训和研发机构都可以发挥重要的作用。为更好地推进产业集群的发展，政府应当更多地采取对话与集体行动的方式，通过各种地方合作机制，聆听块状经济内企业与社会机构的意见。政府有关官员应当努力成为特定产业集群的专家，从而更好地发挥政府的治理作用。由于产业集群在不同发展阶段所需的支持要素不同，政府的集群政策应该适应产业集群发展的需求，与时俱进。经济与社会的转型都需要浙江政府与企业及其他社会机构紧密合作，共同创造有利于产业集群升级的微观经济环境。

治理理论提倡服务型政府建设。政府对产业集群的治理，绝非政府单方面行使权力的过程，而是政府与整个集群乃至当地社会互动的过程。从治理与服务型政府建设的角度来看，政府最传统也是最重要的角色是创造和提升生产要素。由于政府的特殊地位，政府应当投入的部分应该是企业不愿意行动但是又与生产要素有重要关联的领域，如教育（熟练技术能力的人力资源培育与开发）、研究开发、基础设施、环境、医疗保险和经济信息等。从产业集群发展的角度来看，政府创造生产要素的努力应当与产业集群发生直接关联。从信息服务的角度来看，为促进产业集群的发展，政府应当通过各种研究小组、产业咨询委员会，不断提出与新技术、国际竞争趋势或未来需求有关的报告，并通过各种媒体向社会传播，提醒产业即将发生的趋势和问题，并引导企业进行回应。加强对全球相关产业与国际市场的研究，建立相关的预警机制，引导块状经济更好地应对各种国际贸易壁垒。

（四）完善浙江产业集群治理体系

完善的产业集群治理体系，不仅需要龙头企业、行业协会还有政府充分地发挥作用，还需要在整个集群的层次，构建产业集群治理平台，促进与集群发展相关的利益主体的共同参与集体行动。由于产业集群是一个不断演化的地方生产网络，集群内部的结构在其演化过程中必然会发生改变，因此，产业集群的治理结构也必须适应产业集群发展的需要。一个好的产业集群治理结构不仅可以稳定市场环境，也可以促进技术创新与制度创新，增强产业集群应对国际市场波动的挑战。

随着浙江块状经济的发展，规模扩大导致分工深化，需要逐步形成涉及政府、行业协会、服务中心、培训机构等各类机构的与治理类型。因此，浙江块状经济应该积极建立各类为中小企业服务的基础设施与公共服务机构，设立产业集群治理机构，由当地政府、行业协会（代表企业家）、工会与当地各类机构（如研发中心、教育培训机构、大学、专业市场等）组成，促进块状经济与当地技术研究开发、创新与设计、电子商务、物流、银行、联合贷款担保基金、金融租赁公司等行业的联系，从而更好地为产业集群内的企业提供包括信贷担保、保险、出口促进、展览、市场与技术信息服务、客户申诉处理、咨询服务、培训服务、废弃品管理、品质监控、资格授予和商标推广、产品推广、改革扶持、集中采购大宗购买、产品检验、职业培训、研究与开发等一系列服务,并推动当地专业服务市场的发展。当地专业服务市场的发展不仅可以满足本地的需求,促进浙江块状经济的快速发展,而且可以为全国乃至全世界服务,从而提升浙江块状经济在全国乃至全球产业中的地位。

块状经济与产业集群往往是在经济扩散主导下形成的经济地域,近年来,浙江块状经济与产业集群跨产业与跨地区扩张的趋势日益明显。构建跨产业、跨区域的集群治理平台,通过会议、论坛等沟通交流等机制,对于减少地区之间的过度竞争,协调地区关系,优化集群组织具有重要意义。充分发挥义乌小商品城、绍兴中国轻纺城、永康中国五金城等专业市场连接世界的销售平台功能,提升专业市场在跨产业与跨地区产业集群治理中的地位,也可以促进市场与产业的跨区域融合,从而形成更大区域和更深层次的跨区域合作。

第四章
生产性服务业：产业融合的新领域

生产性服务业是现代服务业的核心内容之一，是新经济的一个重要组成部分。在现代经济增长阶段，在服务业发展中最值得关注的是，生产性服务的迅猛发展，它的增长速度大大超过了消费性服务的增长速度。生产性服务业所具有的产业关联性强、资本技术密集程度高、对生产过程依附性强等特性，决定了其在发展服务业中的重要作用和地位。当前，浙江正处于转型升级的关键时期，优化产业结构，加快服务业发展，亟须大力发展面向生产的服务业，促进制造业与服务业的有机融合和互动发展，从而实现由资源投入和出口需求驱动的粗放式增长到技术进步和效率提高驱动的集约式增长的转型。

一、生产性服务业与区域经济发展理论

(一)生产性服务业的概念

Machlup(1962)[①]指出,生产性服务业必须是产出知识的产业。事实上,对于生产性服务业(Producter Services)的定义,国内外有不同的层面的分析,有经济面、时间面、空间面、心理层面等,都是为了一个目标,如何帮助产业活动在高质量、高效率下顺利完成。[②]就时间面而言,Riddle(1986)、Nicolaides(1989)都认为服务是一个过程:服务是在特定时间内,通过改变消费者的状态,以提供消费者时间、空间及形式等功能的经济活动。服务包括三个因素:生产者为消费者工作;消费者共同参与活动;消费者及生产者之间是有互动的。

就空间面而言,Nicolaides(1990)又再次提出服务范围是不受限于空间因素的,服务本身跨越国界、服务消费者跨越国界,以及服务业生产者跨越国界。也就是考虑到消费者与生产者之间是否需要直接接触,因此空间距离也是重要因素。而 Marshall、Wood & Damesick(1987)则认为无论直接或间接交易,需求与供给地点必须同地。

就经济面而言,Gruble & Walker(1989)、Noyelle & Staback(1984)、Coffey & Polese(1989)提出生产性服务业的定义,是指它

① Machlup,F.(1962). The production and distribution of knowledge in the united states. Princeton University Press,中文版:孙耀君 译. 美国的知识生产与分配[M]. 北京:中国人民大学出版社,2007.

② 刘曙华,沈玉芳. 生产性服务业的区位驱动力与区域经济发展研究[J]. 人文地理,2007(1).

不是直接用来消费，直接可以产生效用的，它是一种经济中的中间投入，用来生产其他的产品或服务；认为生产性服务业是中间性的投入而非最后产出。生产性服务业扮演一个中间连接的重要角色，即服务提供者与接受者两端之间，必须有一个重要的桥梁，这就是服务业最独特的地方。Hubbard & Nutter(1982)认为生产性服务业专业领域是消费者服务业以外的服务范围。美国的商业部门(BEA)将生产性服务业分为两种：一为“联合生产性服务业”，总部与外国生产性服务业子公司之间进行交易(占总生产性服务业的10%)；另一为“独立的生产性服务业”，生产性服务业直接与国外厂商、私人企业与国外政府合作(占总生产性服务业的90%)。

可见，国内外学者对生产服务业的定义是面向企业的，满足中间需求的服务业，这就明显地区别于提供最终需求的消费服务业。在国内，李江帆(1990)较早地提出了将服务产品分为服务消费品和服务型生产资料的观点。服务消费品和服务型生产资料是从产品用途的角度进行分类的，生产服务型生产资料的产业主要是生产服务业。

综上，生产性服务业是指那些为满足中间需求、向外部企业和其他组织的生产活动提供中间投入的服务的行业。生产服务业具有产业关联性强、资本技术密集程度高、对生产过程依附性强等特点，它以知识资本、人力资本作为主要的投入品，产出含有大量知识资本、人力资本的服务产品，是推动现代经济增长的重要力量。

(二)生产性服务业的分类

2007年，国务院7号文件列出我国重点发展的生产性服务业六大领域：物流运输业、金融服务业、信息服务业、科技服务业、商务服务业、商贸流通业。然而，服务业是一个异质性很强的行业，因此就有一个内部层次划分的问题。其内部既包括传统的劳动密集型部门，也包括新兴的资本、技术密集型部门；既有通过完全市场提供产品的部门，也有通过非营利机构、受管制企业和政府提供产品的部门；既有受生产的特质和个性约束而导致的技术停滞型部门，也有现代信息技术应用空间非常广泛的技术进步型部门。随着经济的不断发展，在服务业占各国就业、GDP 比重不断上升的同时，其内部差异巨大的各个分支部门发展趋势和规律往往不尽相同。因此，在研究的过程中必不可少地需要对服务业内部进行分类。

西方学者认为生产性服务业的内部分为传统生产性服务业和新兴生产性服务业。传统生产性服务业包括金融业、保险业、房地产业(financing, insurance, real estate, FIRS)。这些行业里，企业规模一般较大，从事较常规的业务，主要以资本要素投入生产过程，充当"资本经纪人"的角色。现代新兴的生产性服务业(advanced producer service, APS)包括广告、市场调查、会计事务所、律师事务所和管理咨询等服务业。它们的企业规模相对较小，大多从事商业活动抽象分析业务，定制化程度高，以知识要素投入生产过程，充当"知识经纪人"的角色(李江帆、毕斗斗，2004)。

Marja Toivonen(2004)提出了知识密集型服务业的概念，其运用芬兰和经合组织的统计类别，把知识密集型服务业分为 8 类：信息服务业、研发服务业、法律服务、金融服务、市场服务、技术性服务、管理咨询业、劳动就业服务。从知识密集型服务业的外延来看，知识密集型服务业大部分属于生产性服务业的范畴。

迈尔斯等(1995)把知识密集型生产性服务业分为两类。第一类是由传统的专业服务组成的知识密集型服务业，如会计和法律服务，该类服务业主要利用行政系统和社会公共事务的专有知识。这些知识密集型服务业通常是新技术的使用者而不仅仅是其发展和扩散的代理人。第二类是基于技术的知识密集型服务业，它是由与技术、新技术的产生和扩散相关的新服务组织所组成。基于技术的知识密集型服务业比较典型的如与计算机相关的服务业和技术工程服务业。概括地说,知识密集型服务业具有以下特征:①很大程度上依赖于专业性知识;②组织自身就是主要的信息与知识来源(如报告、培训咨询等);③运用知识为客户的生产过程提供中介服务(通信和计算机服务);④为商业企业提供支持性服务。

根据国外学者对生产性服务业内部划分为传统生产性服务业和新兴生产性服务业的分类,结合我国最新的统计标准对于服务业部门的划分,我国的生产性服务业内部结构中,属于传统生产性服务业(FIRS)的行业有金融业、房地产业、交通运输、仓储和邮政业;属于现代新兴生产性服务业(APS)的行业有租赁和商务服务业、信息传输、计算机服务和软件业、科学研究、技术服务业门类,可以看出属于现代新兴生产性服务业的部门,技术和知识的含量较高,创新性较强,相当大的部分属于知识密集型服务业。然而,传统的生产性服务业虽然发展比较成熟,但随着科学技术的发展,主要是信息技术的发展,比较成熟的传统生产性服务业的科技含量也在不断地增加,通过信息技术的改造,生产效率不断提高,企业组织形式也不断演进。正因为有这一不断变化的趋势,所以传统生产性服务业和新兴生产性服务业的划分并无绝对标准,两者存在相互转化的可能,结合目前我国服务业的发展状况,很多在发达国家已经属于较成熟的生产性服务业,在我国刚刚开始发展,仍然属于比较新兴的产业,还有相当大的发展前景。因此不仅应当促进新兴生产性服务业的发展,而且应促进传统生产性服务业的发展。

(三)生产性服务业的特征

生产性服务业的兴起与"服务社会"的出现有关,目前与"服务社会"具有相同含义的有"第三次浪潮"、"柔性生产系统"、"后工业社会"、"信息社会"和"知识社会"等概念,分别从不同角度阐释了服务业所具有的社会属性。这种社会属性产生的原因，主要是在“工业社会”和“服务社会”时期，企业在生产特征、组织形式和市场结构等方面存在着许多差异。生产性服务业区别于其他产业主要体现在以下三个方面：

1. 以创新和知识为内涵

在生产的每一过程中，都需要具有专业知识的专家学者来进行规划、整合、控制、评估等工作，生产性服务业所提供的正是专业性服务，因此生产性服务业是知识密集型的。经济合作与发展组织(OECD,1999)认为知识经济是建立在信息科学技术基础上的服务型经济，包括制造业中的高科学技术工业以及知识密集型的服务业。知识密集型产业意味着较多的人力资本存量，这也表明生产性服务业与传统服务业的区别。由于生产性服务业具有知识密集型特征，因此其产品往往具有专利，以体现其专业化。

2. 以空间流离为布局

空间可分性包含两层含义：一是与传统服务业相区别；二是生产性服务业与制造业空间上可以分离。Nicolaides(1990)提出生产性服务业不受限制于空间因素，服务本身跨越国界，服务消费者跨越国界，以及服务业生产者跨越国界是生产性服务业的三种形态。生产性服务业可在世界任何空间区位，通过信息技术很容易向生产者提供所需的各种服务，信息技术进步使得可分性得以实现。生产性服务业与制造业空间的可分离意义重大。德雷南等(1989)指出在跨国企业分散化生产布局过程中，产生对分散化生产统筹规划、管理的需求，因此对生产者专业服务需求日益增加。Sassen(2002)也指出在世界大城市中生产性服务业取代传统制造业成为主导性产业，促进地方发展。

3. 以规模经济为动力

生产性服务业与制造业类似，都具有集聚经济特征。生产性服务业更倾向于城市化经济,即城市规模增加,生产性服务业成本相应下降。Eberts 和 Randal(1998)的研究结果发现,生产性服务业大都集中于大都市地区,形成整个地区产业活动的核心代表,Markusen(1989)说明生产性服务业本身具有规模报酬递增的特性。Wemetheim 和 Sharpe(2001)研究结果显示生产性服务业发展与聚集经济是密切相关的。

生产性服务业除了城市化经济之外,也存在较强的溢出效应。这种溢出效应往往通过生产性服务业企业之间产品的相互购买得以实现。戴维斯(2004)的研究表明城市服务产品投入多样性和总部之间具有较强的正相关关系。他认为服务业供给替代弹性大约为 2,这说明服务业替代弹性较低,且地方服务产品多样性对城市经济发展极为重要。

(四)生产性服务业与制造业的关系

对生产性服务业与制造业关系的讨论,理论界持有不同的观点,大致可归纳为"需求拉动论"、"供给推动论"、"互动论"和"融合论"。

1. 需求拉动论

"需求拉动论"认为制造业是生产性服务业发展的前提和基础,生产性服务业发展处于一种需求遵从地位,即其通过对经济增长尤其是制造业扩张所引致的生产性服务需求来产生影响,因此生产性服务业发展附属于制造业发展。根据陈宪、黄建锋的综述,持这种观点的国外学者有 Cohen 和 Zysman(1987)、Rowthorn 和 Ramaswamy(1999)、Klodt(2000)、Guerrieri 和 Meli Ciani(2003)等。我国学者张世贤认为工业化是我国经济和社会发展难以跨越的"卡夫丁峡谷",所以我国应当进一步扩大工业投资,提高工业在国民经济中的比重。他认为,只有工业化和城市化都达到了一定水平,才能形成对于生产性服务业的需求和市场,生产性服务业才有可能获得高的要素投入回报。江小涓、李辉的研究指出，虽然过去20多年里生产性服务业没有取得预期的高速增长，生产性服务业在国民经济中的地位也没有显著提升，但我国却能在这段时期保持几乎是全球最高的增长速度，生产性服务业发展滞后并没有成为增长的障碍。由此可得出判断：我国经济还没有进入需要生产性服务业迅速增长的阶段。这个判断显然也暗含着生产性服务业发展是经济增长附属物的假设。刘培林、宋湛通过分析2004年经济普查数据发现，目前我国生产性服务业部门从其内在属性上看，是一个相对“昂贵”的产业，因为其装备一个劳动力所需的资产量比制造业多，财务效应和经济效益比制造业差，而且进入这些服务业的投资门槛不比制造业低。他们据此得出结论，在我国目前的国情之下，将大量资金投入生产性服务业的机会成本大于投入制造业的机会成本。

2. 供给推动论

“供给推动论”认为生产性服务业是制造业生产率得以提高的前提和基础，没有发达的生产性服务业，就不可能形成具有较强竞争力的制造业部门。Pappas 和 Sheehan(1998)、karaomerlioglu 和 Carlsson(1999)、Eswaran 和 kotwal(2001)在各自论文中阐述了这一观点。生产性服务业的发展可以提高社会分工程度、延长产品的生产链条、降低社会经济运行的交易成本，从而有助于经济增长。就我国的实际情形来看，江小涓和李辉指出，我国生产性服务业发展滞后、效率较低，已经成为制约我国未来经济增长的重要因素。他们对跨国公司在华投资企业进行的一项调研表明，生产性服务业发展滞后已成为影响制造业竞争力的重要因素。特别是分销、物流、融资和其他生产性服务业发展明显滞后，成为影响其在中国投资企业竞争力最主要的原因之一。

3. 互动与融合论

“互动论”认为生产性服务业和制造业部门表现为相互作用、相互依赖、共同发展的互动关系。互动论背后的机理如下：生产性服务业的发展会提高生产性服务业的专业化和规模化水平，提高生产性服务业的服务质量、降低生产性服务业的服务成本和交易成本，从而增加制造业生产性服务外部化的意愿并促进制造业的升级与发展，使得制造业企业的生产性服务外包数量增加、种类增多、质量要求提高，进而反过来增加了生产性服务的市场需求并促进生产性服务业的升级和发展。

而“融合论”是近年来才出现的经济现象。随着信息通信技术的发展、经济全球化进程的加快以及企业竞争力尤其是核心竞争力的焦点化，为提升制造业价值链的竞争力，协调了制造业各环节，生产性服务正向制造业的各环节进行着全面渗透，两业的边界开始逐渐模糊，相互之间出现了融合互动趋势。基于价值链视角，我们可以就这两个产业的融合含义进行理解：主要表现在制造业的中间投入中服务的投入大量增加，制造服务化的趋势显现。生产性服务业与制造业的融合可提升产业链的竞争力，实现各产业的协调发展。

关于上述论述生产性服务业同制造业之间关系的比较流行的观点，目前我国学术界总体看法是：“需求拉动论”和“供给推动论”都过于偏激，只看到了问题的一面，缺乏对问题全面、深入的剖析；“互动论”比较切合实际；“融合论”反映的是未来的产业演变趋势。

二、发展生产性服务业的国内外经验

（一）美国硅谷产业集群服务体系

美国的硅谷地区被称为目前世界上最具创新能力的高技术产

业集群，其全球领先的技术包括生物技术、网络信息技术、半导体、通信等，集聚了一大批如微软、网景、英特尔、雅虎等世界知名企业。硅谷高新技术产业集群的成功，为研究开发、生产、销售提供各种配套的专业化生产性服务业起到了重要作用。①

(1)大学和研究机构。硅谷中有斯坦福大学、加州大学伯克利分校、圣克克拉大学及相关研究机构，其中斯坦福大学发挥着重要的作用。斯坦福与产业界合作开展大量的科研项目，为硅谷的技术创新提供了大力支持；向硅谷输送高水平的毕业生，为硅谷高科技创新活动提供了强大的人力资源；为已参加工作的工程师提供在职研究生培训课程；斯坦福学生和教授直接参与创办企业等商业活动，如做兼职咨询顾问。

(2)风险投资。硅谷是美国风险资本活动的主要中心，这里孕育和催生了一大批如今赫赫有名的高科技公司，比如 Amazon、Intel、Cisco 和 Digital 等。风险投资在硅谷高新技术成长的过程中发挥三方面作用：①具有资金放大器的功能，为硅谷科技成果转化和产业化提供急需资金；②具有企业孵化器的功能，利用自身的经验、专门知识和社会关系网络帮助高新技术企业提高管理水平和开拓市场，提供增值服务；③具有市场筛选的功能，经过严格的项目评估选取优质商业计划书，培育了硅谷的整个高技术产业群。

(3)商业银行。银行融资不同于风险资本，无须企业以股权换资本。在硅谷中，存着大量为高新技术企业服务的商业银行，如美洲银行、富网银行、硅谷银行，其中以本土诞生的硅谷银行最为特色。硅谷银行将业务重点确定为技术型和成长型企业，不仅提供支票账户、现金管理和信用证服务，而且为技术型企业提供融资服务，包括为专利、工艺、商业计划等无形资产提供贷款。

① 陈利华. 国外典型产业集群生产性服务业发展经验[J]. 浙江经济，2006(15).

(4)律师业。律师业十分发达，硅谷的律师已经成为当地创业企业的重要资产。硅谷律师起着经纪人、顾问、“媒人”、“看门人”角色：律师作为经纪人角色明显体现在风险资本融资中，从众多新投资项目筛选出有前景的一部分项目引荐给风险投资家；充当企业法律和商务咨询顾问工作；作为“媒人”角色利用广泛网络将其他客户引荐给各种供应商、合资者和其他交易伙伴；作为“看门人”角色，使用他们的经纪人能力去建构和捍卫硅谷的社区认同。

(5)会计师事务所。硅谷内有如普华永道、毕马威等全球知名会计事务所。典型的硅谷企业是新兴的企业，其有形资产很少，收入极不确定，没有利润，股票期权未兑现，其需求和实际都不甚符合通常意义上的会计规范和标准。硅谷的会计师超越了传统的审计师或报税顾问的职能，创造性地阐释会计业务，为新的风险企业的交易结构设计提供有价值的指导。

(6)猎头公司。猎头公司使得人与工作进行匹配的市场更加有效率，尤其是帮助企业寻找合适的首席执行官与其他高层领导；底层和中层管理人员的招聘由硅谷内的安置代理机构和职业介绍所代理。

(7)行业协会。正式和非正式的行业协会在硅谷这个高度分散的产业系统中起着联结不同市场主体的纽带作用。生产协会积极与州政府协商为硅谷地区的发展解决环境、土地和基础设施等问题；1980 年初成立的英国半导体工业协会和 1987 年成立的美国半导体制造技术联合体，为改善与日本企业在竞争中的不利地位，积极开展与州政府的全面合作；西部电子产品生产商会(即美国电子产品协会的前身)定期开办管理讨论班，并鼓励中小企业之间的合作；半导体设备和原料协会积极寻求半导体芯片技术标准统一。

(二)韩国推动生产性服务业框架

韩国在促进制造业结构升级，特别是在自主创新关键期，从劳动、资本密集型产业结构向技术、知识密集型产业结构转变的过程中，生产性服务业发挥了十分重要的推动作用。①

(1)法律制度。韩国于1966年制定了《韩国科学技术研究所扶持法》，1972年制定了《技术开发促进法》，1973年又制定了《特定研究机构扶持法》，按照这些法律规定，政府直接出资，设立了许多研究所，旨在进行国家重点科研项目的开发与实施，比如韩国科学院、几十个专门研究所以及产业经济研究院等国家级研究机构。

(2)教育投入。为了促进人力资源的开发，韩国政府1973年制定了《国家技术资格法》和《技术劳务育成法》，1974年又制定了《职业培训特别法》。韩国政府强制规定，拥有500名员工以上的公司必须对他们的员工进行内部技能培训。韩国政府为此还建立了专门的研究生院——韩国高等科学院，培养和造就一批研究开发的先导型人才，促进产学合作。另外，还强调在大学本科和研究生阶段，突出加强化工、电气与电子工程等理工科专业教育。

(3)研发创新。作为赶超型的发展中经济体，韩国特别注重制造业的世界领先设计能力的培育。2001年促成世界设计大会在韩国召开，大胆投资100亿韩元建立韩国设计中心，以产、官、财的结合方式，支持产业的设计活动。从1993年起，政府连续提出三个促进设计的五年计划。计划提出2007年在釜山、大邱和光州建成新的地区性设计中心，在大城市的高等学府建设12个设计创新中心。韩国政府从很早就重视设计产业发展，并建立了相应的设计振兴组织，20世纪90年代后韩国产业设计振兴院成为推动21世纪韩国设计产业的主力。

(4)金融支持。发展中国家在产业技术升级过程中，通常面临

① 郭怀英．韩国生产性服务业促进制造业结构升级研究[J]．宏观经济研究，2008(2)．

着资金短缺的难题,韩国的经验表明,产业技术升级,银行的资金支持非常重要。韩国在20世纪60年代到80年代末,基本上采取了一种在政府主导下,通过将有限的金融资源以低价利率和政策金融的方式,支持结构升级主导产业优先发展的模式。政府接管中央银行大部分权力,对金融机构实行直接控制,实行银行分业化和专业化,商业银行向企业进行短期融资,专业银行如韩国长期信贷银行则主要提供长期低息资金。

(5)政府引导。在生产性服务业促进制造业结构升级过程中,韩国政府发挥了重要作用,这种作用不仅体现在人们普遍认为的完善政策法律制度、建立相应组织机构,直接进行财税、信贷补贴支持,更为重要的作用体现在,企业发展初期、关键转折时期、困难时期,政府给予了宝贵的关键性的支持,以及在大型研发服务活动开展过程中,政府全程周密的组织、协调和管理,可以说,政府发挥了更具创造性的作用。CDMA技术的开发与产业化就是一个很好的例子。当时,CDMA是美国高通公司的技术,1993年韩国政府出资购买了该项技术,但是在高通公司开发的总计53项CDMA技术专利中,韩国仅引进7项。随后,政府制定并实施了包括技术开发、标准化和服务运营商许可等发展CDMA的一系列相关政策和措施。

(三)上海发展生产性服务业对策

20世纪90年代以来,上海的生产性服务业在国内呈领先增长的态势。目前,上海知识密集型服务业的发展目标是构筑“高增值、强辐射、广就业”的服务体系,其具体措施主要有①:

(1)确定重点发展领域。将金融、文化、现代物流、会展、信息、

① 张洁,高汝熹.下篇产业剖析上海知识服务业的增长领跑者——上海知识服务业发展展望[J].上海综合经济,2003(1).

现代中介服务业确定为重点发展的六大领域。上海将围绕城市功能转变，结合黄浦江、苏州河两岸开发，重点打造体现上海国际大都市功能与形象的黄浦江、苏州河知识密集型服务业集聚带和以延安路—世纪大道为轴线的上海商务走廊。同时，依托区位优势和产业基础，在中心城区规划建设12个各具特色的知识密集型服务业集聚区。并依托重大功能性基础设施项目、大型交通枢纽和产业基地，在郊区规划建设一批知识密集型的生产性服务业集聚区。

(2)放宽市场准入。大力吸引国际知名的跨国公司总部、研发中心、现代服务业大集团、大公司进驻上海市。全力落实沪港合作涉及的服务业领域工作，学习香港著名服务业企业的先进管理理念、经验和技术。鼓励外资、民资参与现代服务业改革和发展。

(3)强化政府的规划引导职能。重点建设为知识密集型服务业发展提供载体的基础设施项目，加快推进产业带动性强的功能性项目，举办一批有国际影响的重大赛事和节庆活动。加大现代化商务楼宇供给，加强保护性建筑的功能新开发，并结合现代服务业集聚区建设，优化地区交通基础设施，形成快速便捷的城市交通网。

(4)以上海世博会为战略机遇。以国际化提升上海服务业能级，市场化做大服务业规模，信息化提高服务业发展水平，法治化创造服务业发展环境，着力提升功能型服务业、大力发展知识密集型服务业、延伸发展生产性服务业、改造提升传统服务业。

(5)营造服务业发展的良好环境。上海市政府正加紧制定和完善促进知识密集型服务业发展的地方法规和政府规章，加强社会诚信体系建设，以信用制度建设为抓手，完善个人和企业联合征信服务系统。健全各行业的管理规范，制定行业标准，加快建立符合服务业特点的价格形成机制和管理体制，区分不同服务对象，稳定基本大众服务,完善分类收费监管机制。

(6)加快人才引进和培养。大力引进海内外高级服务人才,全面推进沪港服务人才的交流合作,切实推进海外留学人才集聚计划。加大人才开发力度,制定分类开发计划,在知识密集型服务业各个领域引进、培养、造就一批具有高素质的专业人才。加快知识密集型服务业紧缺人才培养步伐,发展各个层次、各种类型的服务专业教育,积极组织实施服务人才能力培训工程。积极发展职业培训,健全服务业专业技术人员从业资质管理,提高在职人员的业务水平,为服务业发展培训各类从业人员。

(四)浙江义乌生产性服务业发展

义乌现象已经引起很大反响,也吸引很多学者对此深入地研究分析。我们将以此为对象,从生产性服务业的角度做解读。

1. 物流业

陆立军、白小虎(2000)较为深入地研究了义乌的物流行业。他们指出,专业化的运输服务具有自给自足的运输所不具有的优势,其中最主要的,就是它既可以通过扩大运输量来提高效率,又可以增加运输服务的多样化来提高效率,还可以从高水平管理中取得经济效益。而这些经济效益是运输业务自给自足的企业所得不到的。这是因为,一个企业的运输业务是有限的,而且产品的生产与运输之间必定有时间间隔,这两个因素使得企业自备的运输工具和运输人员得不到充分的利用。运输工具和运输人员的开支是一笔固定的开支,如果运输量不稳定,或者运输量不大,生产与运输之间的时间间隔太长,就会导致设备和人员的闲置。还有一点,一个企业的运输目的地是单一定点的,从目的地返回企业的途中,设备和人员仍在使用中,这也是一笔不小的开支。归根结底,为生产配套的运输服务,只要它不是一个连续满负荷的过程,其使用就是低效率的。因此,运输只有达到一定的数量和使用频率，才能产生起码的效率，这就是规模经济在运输中的体现。

义乌物流的发展也是逐步发展和规范的。目前，义乌作为中国最大的国际小商品流通中心，已汇集了3000余家国内外知名企业的总经销、总代理，有数十个国家和地区的企业、商人在义乌设立了400多个商务机构，常驻义乌的外商有3000多人。全市小商品销往全球150多个国家和地区。繁荣的国际商贸业和充裕的货源产生了对现代化、高效率，集约化的现代物流业的强烈内在需求。为了适应小商品交易国际化发展的需要，义乌市联托运开发总公司正在投资建设义乌国际物流中心，推动联托运业向国际化的现代物流业发展。

2. 电子商务

随着全球经济一体化的不断深入，信息化在城市建设和发展上起到越来越重要的作用，信息化已经成为社会发展的新动力，成为当代竞争的制高点。早在1996年，义乌就建设了全国首个县级市互联网节点。飞速发展的义乌经济，选择了“数字义乌”。1998年“商城信息”网站开始建设，2000年，“中华商埠”电子商务综合平台开通；2001年，市政府又启动了投资1.89亿元的数字化市场工程，有重点、分阶段地对各个实体市场进行宽带网络的改造建设，2005年，中华商埠网上交易额达1.2亿元，意向成交2.3个亿。

据统计，①义乌篁园市场、宾王市场、国际商贸城共有5万多户商铺，电脑普及率已达40%，上网率超过30%，其中国际商贸城的普及率过半，全部实现宽带接入。商户可以通过互联网查看全国各地小商品供需信息，接洽订单。与此相对应的是，在小商品城，近50%的生意是通过网络联系成交的，直接就从生产企业装柜后

---

① 转引自：彭学军．“电子商务时代”义乌小商品专业批发市场的潜力[J]．现代商业，2008(2).

出口到世界各地，很多笔交易从搜寻合作伙伴到与客户联系再到后期协作都离不开互联网。每天上班后，先打开电脑，查一查电子信箱，再将样品照片通过邮件发给世界各地的客户，已经成为许多义乌经商者每天的习惯。

可见，义乌逐步从信息发布到搜索引擎到电子商务，成为集信息发布、搜索引擎、在线交易服务于一体的专业电子商务网站，并成功开通了招商银行“一卡通”网上支付体系和其他网上支付方式，使义乌小商品市场具备了B2B、B2C等电子商务处理功能，推进了市场交易手段从传统贸易向现代化电子贸易方式的转变，对义乌经济社会繁荣稳定起到了积极作用。

3. 会展业

义乌经济开始高速发展以来，政府对会展业一直大力扶持，出台了一系列扶持和促进会展业发展的政策措施，投资建立国际商贸城，设立专项会展业发展资金，对举办各类展会进行补助和奖励。在这样的政策指导下，义乌的会展业飞速发展。迄今，义乌已经形成了义乌国际小商品博览会、文化博览会、中国化妆洗涤美容美发商品交易会、消费品出口交易会、中国国际五金电器博览会、中国水晶及工艺玻璃博览会等一系列会展品牌。而于2008年，在义乌梅湖会展中心附近和北城新区幸福水库旁，一个总投资18亿元，建成后室内展位将扩大到7000个，建筑面积29.6万余平方米的新国际会展中心开始建设，现已建成并投入使用。

虽然，受全球经济的影响，然而义乌博览会还是开得相当成功。主要有以下几个优势：①发达的制造业基础。浙江发达的产业集群，如服装、袜业、饰品、拉链、毛纺、工艺品、制笔、印刷等各种优势产业，成为义博会发展的基础。②发达的物流系统。正如上文所述，义乌的物流系统减少了流通环节、降低了交易成本，使义博会更具优势。③义乌会展业以义博会为龙头，带动文博会、消博会、五金会、化洗会等多个国际性专业展会共同发展，每个展会都是专业市场的风向标，以展促贸，推动义乌会展业和贸易互动发展。

义乌会展业的发展，同样带动了制造业及其他服务业的发展。目前，[①]已有100多个国家和地区的1288家国外企业在义乌设立常驻代表机构。商品已经出口到212个国家和地区，市场外向度高达60%以上，义乌海关日出口标准集装箱高达2500个。在国际化浪潮下，国际小商品生产企业与供应商大量涌入义乌。义乌国际商贸城共有300余家境外企业进驻。年出口商品达40多万个标准集装箱，成为全国最大的内陆海关。日均20万的客流量，构成庞大的买家群体；浙江乃至全国轻工业制造基地同义乌10万多家日用品生产企业的经销商，构成了庞大的卖家群体。

三、浙江生产性服务业的发展现状与问题

（一）浙江生产性服务业发展现状

改革开放30年，浙江服务业的发展取得了令人瞩目的成绩。综观这一时期的发展态势，无论是总量、结构的调整，还是经济效益的提高，对劳动力的吸纳以及运行机制的转变，都取得了积极的发展。特别是"十五"以来，伴随着城市化战略的实施、文化大省的建设、居民消费结构的转换以及投资力度的加大，浙江省服务业的发展出现历史性的突破，进入一个新的发展时期。

1. 服务业整体地位逐步提升

2007年浙江省服务业总量位居全国第4，服务业增加值从2000

---

① 数据来源：浙江在线，http://www.cnr.cn/zjfw/gdlb/200809/t20080905_505092693.html.

年的2236亿元提高到2007年的7646亿元，年均增长14.2%，占GDP的比重从2000年的36.4%提高到40.7%。服务业对经济增长的贡献率增大，2007年服务业增加值为7521.1亿元，三次产业增加值占GDP的比重从上年的5.88∶54.05∶40.07调整为5.25∶54.04∶40.71，对经济增长贡献率为42.5%，成为推动浙江经济增长的新引擎。服务业也是地方税收的主要来源，在全省地税收入中，营业税占30%，增值税占15.6%，营业税成为地方财政收入的第一大税源。服务业是新增就业的主渠道，2006年全省服务业从业人员1002万人，占全社会从业人员的比重从2000年的29%提高到31.6%。浙江从2002年开始，服务业就业人员已超过了第一产业，有力缓解了社会就业压力。2007年服务业就业容纳能力进一步拓展，年末全省服务业从业人员1128.9万人，比上年增加27万人，占总就业人数的33.2%。

2. 生产性服务业发展加速

浙江省生产性服务业在近三年在全省生产总值的比例也稳步上升，从2004年22.84%的比例上升到2007年的24.42%，稳中有升。若不考虑通胀因素，生产性服务业的实际产值2007年比2004年增长了72.36%，超过全省生产总值增速11个百分点。详见表4.1和表4.2。

表4.1　　生产性服务业的发展速度(%)

指标(比例)	2004年	2005年	2006年	2007年
生产性服务业	22.84	23.14	23.55	24.42
批发和零售业	9.67	9.36	9.12	9.11
金融业	4.49	5.02	5.38	5.98
交通运输、仓储和邮政业	3.82	3.82	4.01	4.22
租赁和商务服务业	1.69	1.69	1.73	1.71
科学研究、技术服务和地质勘察业	0.82	0.90	0.92	0.93
信息传输、计算机服务和软件业	2.35	2.35	2.39	2.47

表 4.2　　生产性服务业的产值(亿元)

指　标	2004 年	2005 年	2006 年	2007 年
浙江省生产总值	11648.7	13437.85	15742.51	18780.44
第三产业	4584.22	5378.87	6307.85	7645.97
生产性服务业	2660.58	3110.18	3707.35	4585.71
批发和零售业	1126.07	1258.21	1435.97	1711.2
金融业	523.49	674.77	846.63	1122.86
交通运输、仓储和邮政业	444.65	512.94	630.94	793.44
租赁和商务服务业	197.44	227.58	272.92	320.64
科学研究、技术服务和地质勘察业	95.01	120.49	144.72	174.2
信息传输、计算机服务和软件业	273.92	316.19	376.17	463.37

第一,信息服务业已成为浙江服务业的一大亮点。2007 年,全省软件销售收入 354.3 亿元,据杭州市高新区统计,从事软件开发、研制、销售、集成及关联服务企业达 1100 余家。全省销售收入超亿元企业 51 家,增长 75.9%。入选全国软件百强企业有浙大网新、士兰微电子等 11 家企业,入选国家规划布局内重点软件企业 15 家,总数列北京、上海之后,排第三位。

第二,现代物流业快速发展。2006 年,浙江社会货物物流总额 3.9 万亿元,比上年增长 22.3%,物流业增加值达 1472 亿元,增长 14.7%。经过行业的重组整合和技术提升,交通运输、仓储和邮政业进一步加快向现代物流业转变,成为生产性服务业的重要组成部分。2007 年浙江货物运输总量达 15.02 亿吨,比上年增长 7.2%,邮电业务总量达 1311.90 亿元,比上年增长 27.6%。

第三,会展业形成了综合性会展与专业性会展互动发展的格局。2006 年,全省共举办展览 410 个,办展直接收入达 7 亿元,同比增长近 133%。2007 年,浙江会展业重量更重质,将单个会展做大做强。2007 年展览总面积达 311 万平方米,较之上年 280 万平方米增加了11%。宁波、杭州展出面积双双突破百万平方米。

第四，金融业成为全国金融规模增长最快、资产质量最好的省份之一。2006年末，人民币存、贷款余额分别为24414亿元和20154亿元，分别为2000年的1.6倍和1.9倍。2007年浙江金融业务量持续增高，存贷款持续扩大，年末金融机构本外币存款余额为29030亿元，同比增加16.1%；本外币贷款余额24939.9亿元，同比增长20.2%。

3. 区域特色服务业日趋壮大

2007年各设区市在保持传统服务产业不断提升的基础上，继续结合自身产业特色，有效推动区域生产性服务业差异发展。当前，浙江省服务业发展地区分布已逐步呈现，以重点打造现代物流、电子商务、创意产业、科技服务、商务会展等生产性服务业的杭州为中心，宁波、温州为次中心，以及以义乌国际物流中心为标志的浙中服务业基地，衢州的四省物流中心，舟山的海洋经济等各具特色、互为补充、多元发展的区域服务业发展格局。

（二）浙江生产性服务业发展机遇和有利条件

1. 发展环境的优化为浙江生产性服务业加速发展提供了制度保证

近几年来，浙江省加大了对服务业发展的政策支持，大力号召将发展生产性服务业和先进制造业放在同等重要的地位，并结合实际不断为服务业营造有利的发展环境。

第一，服务业发展的组织协调工作步入正轨。2006年4月，浙江省政府正式下发《关于建立省服务业工作协调会议制度的通知》（浙政办发〔2006〕72号），建立了服务业工作协调会议制度。各市、县（市、区）大多建立了相应领导机构。2007年2月，省服务业工作协调会议召开第一次全体会议，这标志着省服务业工作协调会议制度开始启动运作。与此同时，各市服务业领导机构都陆续开展了对服务业的组织协调工作，部分地区还开展了服务业发展考核工作。2007年国务院制定下发《关于加快发展服务业的若干意见》召开全国服务业工作会议，把加快服务业作为一项重大而长期的策略任务。国务院发布的《关于进一步推进长江三角洲地区改革开放和经济社会发展的指导意见》，提出要“加快调整产业结构，努力形成以现代服务业为主的产业结构”。这些新要求新目标，为浙江大力发展服务业，推动经济转型升级指明了方向。

第二，服务业发展规划引导工作进一步推进。近年来，浙江省深入贯彻《关于加快服务业发展的若干意见》精神，制定了关于促进现代物流业、金融业、商贸流通业等发展的一批服务业重点行业的专项规划，对行业的发展做了前瞻性的指导；全省11个设区市先后编制完成了服务业、现代物流等发展规划的编制。

第三，服务业的扶持力度不断加大。为促进服务业发展，浙江省积极争取和合理安排专项资金，推动服务业重点行业的加快发展。2006—2007年浙江共下达服务业发展专项引导资金2000万元，重点扶持全省服务业试点示范项目和以现代物流为重点的其他服务业项目近100个。与此同时，浙江还积极申报农产品批发市场系统建设以及粮食物流等国债项目。目前，浙江已有21个农产品批发市场项目获得国债资金扶持，总金额达5510万元，极大地提升了市场的信息化水平，为市场严把农产品质量安全关提供了基础保障。2007年，浙江嘉兴港粮食物流码头等两个项目获得2000万元国债资金扶持，占全国粮食现代物流专项国债资金总额的1/5。

2. 以信息技术为核心的高科技迅猛发展和广泛应用，必将促进服务业的优化升级和快速发展

21世纪，以数字化、网络化为代表的信息技术将成为推动服务业发展的一个重要因素。通过广泛利用信息技术，商业、交通运输业等传统服务业将得到改造和升级，焕发新的活力；金融保险、物流、商贸、信息咨询等生产性服务业将得到更快更好的发展。电子政务、电子商务、电子金融等新的服务方式将加快发展，逐步成为社会经济的主导潮流，将使人们的生产、学习和生活方式发生深刻变化。近年来，浙江依靠科技优势，大力加强信息化建设，信息产业无论是在服务内容、领域、产业所有制形式，还是在工作方式、服务形式上都有了长足的发展，取得了令人鼓舞的成就。随着浙江信息化程度的不断提高、信息资源开发利用的不断扩大、信息网络基础设施建设的加快发展及信息产业的快速发展，必将促进生产性服务业的优化升级，促进浙江经济的发展。

3. 制造业转型升级构筑了浙江生产性服务业加速发展的产业结构基础

生产性服务业的跨越式发展是建立在加强服务业与制造业的联动之上的。目前浙江已经形成的块状经济，包括机械制造、皮革、纺织服装等优势产业，在下一步的发展中将运用高新技术和先进技术来改造提升成为现代化产业集群，这一进程将会对信息服务、科技服务、综合技术服务、配送服务、商务会展、品牌建设、企业管理等生产性服务业产生巨大的需求。与此同时，随着各方面对生产性服务业发展的重视程度的提高，浙江制造业的转型升级步伐进一步加快，在此进程中，加强服务业与制造业的联动、融合和渗透，为制造业企业在产前、产中和产后等各阶段提供完善的服务，将会为浙江生产性服务业的加快发展提供广阔的发展空间。

4. 区域内外的协同合作为浙江生产性服务业加速发展提供了重要的发展机遇

(1)长三角服务业协作日趋紧密。自 2001 年开始，围绕进一步优化长三角发展环境促进共同发展的主题，浙江与上海、江苏建立了区域合作关系，在长三角区域内大力构建区域大交通体系、统一大市场、区域共享信息资源体系、相互融通的服务体系和人力资源体系。目前各方面合作都取得了较大的进展，如长三角城际骨架交通网络建设使杭州融入了上海 2 小时交通圈，“大通关”协作机制的逐渐形成整合了长三角的口岸资源，上海浦东目前已与南京、苏州等 17 个城市开展了异地人才派遣合作等。

(2)省内区域间合作不断加强。随着浙江交通网络的进一步扩大，信息化进程的进一步加快，各地之间的资源要素整合共享已经成为一种趋势。当前浙江各地在服务业上呈现出一定产业差异，杭州、宁波等地的生产性服务业体系较健全，从事生产性服务业的企业(包括金融机构、科研机构、会计事务所、律师事务所等)多，高级经营管理人才聚集，其他地市都有着一定规模的块状经济，但是生产性服务业欠发达，人力资源素质相对较低。发达地区人口多，而水资源、空气质量相对较差，而欠发达地区人口较少，自然旅游资源丰富，环境条件较优。这种产业梯度和地域差异为各地服务企业错位发展，联动发展提供了基础。

(3)各地独具特色的生产性服务业具有一定基础。目前浙江杭州、宁波等地生产性服务业已经形成一定规模，其他地区也形成了独具特色的服务业，随着各地大量的信息、资金、人才以及物流等四大要素流动的进一步加强，各地服务企业在更大的空间范围配置资源、互动合作、共同成长将成为重要趋势，也将为服务企业成长提供机遇。

5. WTO 过渡期结束将加速浙江服务业市场的对外开放和服务业国际转移，为浙江服务业的大发展带来前所未有的发展机遇

随着 WTO 过渡期的结束，我国服务业逐步加快了对外开放的步伐，一些原来由国有经济高度垄断经营的如航空、电信、金融外贸等服务领域对外资的限制已经大幅度减少，国际跨国公司将大举进入我国保险、金融、商贸、信息咨询等行业。服务业的对外开放既使浙江面临严峻挑战,同时也带来新的机遇:①通过市场开放引进外资及先进技术,可加快服务业总量扩张与技术水平的提高;②有利于我们学习国外科学的管理方法和先进的营销手段,使我们的服务管理向国际规范靠拢,以提高国际竞争力;③有利于开发服务业的新领域,带动具有国际竞争优势的新兴服务产业的发展;④能为具有比较优势的服务产品出口创造更多机会,为服务企业的国际化发展创造有利条件,使服务产业的发展获得更加广阔的空间;⑤通过服务市场开放,引入竞争机制,促进浙江服务水平和服务质量的提高。

(三)存在的问题

虽然近年来浙江生产性服务业呈现加快向好发展的态势,但我们也清醒地看到,与经济发展的要求相比,浙江生产性服务业发展还面临一些问题。主要表现在以下几个方面:①认识问题;②体制问题,服务业领域行业垄断和行政垄断仍比较严重,管理分散、综合协调较弱;③政策问题,土地供应和水电气价格还存在政策性歧视,在资金、税收政策方面也缺少必要的支持;④人才问题,生产性服务业人才短缺,尤其是领军型、管理型、复合型人才更加紧缺。

1. 服务业增加值和就业比重偏低,存在认识问题

在服务业发展上,仍然存在重工业、轻服务业的倾向,实际工作也是一手硬、一手软,这从浙江服务业增加值和就业比重低中得到体现。按照世界银行的数据,人均 GDP 在 3000 美元左右国家的第三产业较为发达,除少部分国家外,一般第三产业占 GDP 比重在 50% ~70%之间,而浙江目前这个比重才达到 40.71%。从服务业从业人员占就业人数比重上看,美国、英国、加拿大等主要发达国家已有 3/4 的人在从事服务业,北京、上海、天津等国内服务业较为发达的三个直辖市的就业比重在 50% 以上,北京达 70% 多,而浙江仅为 33.2%。

2. 市场化程度低，政府管制过于严格

市场对资源配置发挥的作用较弱，政府承担了本该由市场承担的服务。市场中介机构多依附于政府部门，使中介机构不能做到独立、客观、公正地执业，影响了中介机构的商誉及其市场的开拓。行业垄断现象普遍，市场准入的限制比较多，竞争不充分。在银行、电信、保险、民航等服务领域，至今仍保持着严格的市场准入限制，对非国有资本和外资的限制尤其严格。多数服务产品的价格还主要由政府制定和管理，市场决定服务产品价格的机制尚未建立。现有的管理体制和市场准入规则，制约了服务业主体的培育和发展。

3. 生产性服务业比重较低，作用发挥欠缺

服务业内部传统行业比重偏高，体现浙江区位、资源优势的生产性服务业如商务服务业虽有一定发展，但比重偏低；金融保险、电信等行业发展速度虽然较快，但与浙江的优势和潜力相比，仍有很大的发展空间和发展潜力；体现现代化国际城市功能、具有外向辐射功能和与制造业密切关联的生产性服务业、科技服务业，如国际商务、会展旅游、现代物流、中介咨询、网络服务等，虽然近年来得到较快发展，但还处在起步阶段。根据浙江对生产性服务供给情况的问卷调查发现，浙江制造企业对生产性服务供给的满意度为一般及以下的占一半以上，总体满意程度一般。即便是满意程度列第一位的金融服务，其一般、不太满意和不满意的比例仍分别达到33.1%、4.0%和1.2%。调查发现，浙江生产性服务的供给方面存在物流服务的规模和水平还不适应需求、区域科技创新服务平台建设有待加强、中小企业融资难的问题仍较突出、会展规模偏小和品牌影响力低、培训服务与企业期望差距较大、信息服务的拓展制约因素较多、商务服务供需结构性矛盾凸显、行业协会的作用较为薄弱等八个方面的问题。满意程度较低和这些问题的存在凸显出生产性服务业在浙江发展方式转变和制造业产业升级等方面作用发挥欠缺，亟须加强。

4. 高素质服务业人才短缺

浙江目前服务业从业人员的素质远不能适应迅速发展的需要，人才特别是高级人才的短缺已成为制约浙江生产性服务业发展的瓶颈。服务业从业人员的素质有待提高。生产性服务业人才缺乏，传统服务业对人才的吸引力不强，其从业人员不少是下岗工人、原无业人员和进城农民、文化程度不高，整体素质有待提高。随着生产性服务业的进一步发展，服务业在进一步吸纳劳动力就业的时候，如何吸纳到胜任就业岗位的劳动力已成为浙江生产性服务业进一步发展的关键。

四、浙江发展生产性服务业的对策措施

（一）提高对生产性服务业战略地位的认识，加大资金投入

1. 高度重视生产性服务业在经济社会发展中的重要地位

要进一步转变观念，统一思想，提高认识，把发展生产性服务业摆到与发展工业同样重要的地位。在我国经济发展的过程中有重视实物生产、忽视服务生产，重视第二产业、忽视第三产业的传统。认为第三产业是非生产的，人们对服务业的概念停留在认为服务业是餐饮、理发、酒店宾馆等仅仅满足人们日常生活需要的产业的较多，而没有认识到服务业的范围很广，内部包含的产业很多，既包括劳动密集型的传统服务业，也包括资本、技术、知识密集型的服务业；不但包括满足最终需求的消费服务业，而且包括满足中间需求的生产服务业，并且生产服务业在服务业的比重中有逐渐增加的趋势。我们对生产性服务业在促进制造业竞争优势的确

立，以及城市竞争力的提高中的重要作用缺乏了解。我们说观念是行动的先导，针对这种情况，就应当转变观念，充分认识加快生产性服务业发展的重要性与迫切性。在浙江“十一五”规划中讲到要提升加快发展生产性服务业战略地位，提高服务业发展水平。把服务业作为新的经济增长点和结构调整的战略重点，建立“高增值、强辐射、广就业”的服务业体系，提高服务业对经济增长和全社会就业的贡献率。着力推进服务业市场化，健全社会化、专业化的生产生活服务网络。充分发挥服务业的比较优势，运用现代经营方式和信息技术，提升商贸物流、金融保险、旅游会展、文化和房地产等优势服务业。积极发展电子商务、连锁经营、现代物流等新技术、新业态和新的服务方式，加快培育信息、科教、中介、社区和公共服务等新兴服务业。党的十七大报告已明确指出，要坚持走中国特色新型工业化道路，坚持扩大国内需求特别是消费需求的方针，促进经济增长由主要依靠投资、出口拉动向依靠消费、投资、出口协调拉动转变，由主要依靠第二产业带动向依靠第一、第二、第三产业协同带动转变，由主要依靠增加物质资源消耗向主要依靠科技进步、劳动者素质提高、管理创新转变，要发展生产性服务业，提高服务业比重和水平。在去年召开的全国服务业大会上，原国家副总理曾培炎同志强调了服务业发展是经济社会发展的大趋势，是转变经济发展方式的重要抓手，要站在全面建设小康社会、加快推进社会主义现代化的战略高度，充分发挥服务业的支撑作用，走出一条服务业与工农业相互结合、相互促进、共同发展的新型工业化道路，尽快使服务业发展成为国民经济的主导产业。浙江第十二次党代会也提出，把服务业作为新的经济增长点和结构调整的战略重点。因此，我们觉得各级政府要切实履行职责，高度重视生产性服务业在经济社会发展中的重要地位，为加快发展生产性服务业创造良好的环境。

2. 进一步加大资金投入

浙江应进一步加大生产性服务业发展力度,加大资金投入,推进生产性服务业引导与试点示范。生产性服务业与其他产业的发展一样,没有投入就没有产出,增加投入对促进生产性服务业发展至关重要,要像重视支持工业投入一样重视加大生产性服务业投入。生产性服务业发展需要具备一定的基础设施环境,浙江应进一步加大财政对服务业的投入力度,改善生产性服务业发展的基础条件。要加大生产性服务业引导资金力度,扩大试点示范项目的覆盖范围和领域,增强引导和示范效应,增强发展后劲。在加大政府对服务业发展投入的支持力度上,当前可探索建立"两种基金":一是服务业信贷担保基金。成立专门的服务业担保公司,帮助服务业企业特别是中小企业解决贷款难的问题。二是服务业发展引导基金。改革政府的资金支持方式,将以往无偿拨款的服务业发展引导资金调整为在一定期限内回收、滚动发展的服务业发展引导基金,通过公开、公平、公正地运作,可以更大范围、更大程度地带动更多的社会资金投向生产性服务业领域,从而促进生产性服务业更好更快地发展。

(二)以生产性服务业为突破口,加快服务业集聚发展

浙江当前正处于经济发展方式从粗放型向集约型转变的关键阶段,亟须大力发展生产性服务业,推动产业结构优化升级,提高区域竞争力。国务院7号文件也明确强调要大力发展面向生产的服务业,促进制造业与服务业有机融合、互动发展。

1. 围绕产业集群构建区域生产性服务体系

首先要做好统筹规划,加强对产业集群生产性服务体系建设的指导,着重发展金融服务、信息服务、科技服务、培训服务、物流服务、商务服务、会展服务、创意服务和公共服务等生产性服务业。我们要着力提高生产性服务业的组织化程度和生产的产业化水

平，形成以块状经济为服务对象的区域性生产性服务。鼓励制造业企业服务业务外包，在制造企业集中力量培养和提高自身的核心竞争力，有利于降低成本，同时也拓广生产性服务业有效需求。要为企业业务外包创造条件，努力为企业的发展提供所需要的优质服务。促进企业内部的研究开发、采购运输、市场营销、售后服务、管理咨询等服务性活动外部化、产业化，把调整企业生产经营结构、发展专业化分工协作与造就产业化、专业化的城市生产服务系统紧密结构起来。服务业财政专项资金安排要向生产性服务业倾斜。选择若干产业集群开展制造业与服务业联动试点，推动制造业服务外包和资源整合。

2. 加快中心城市生产性服务业集聚区建设

生产性服务业集聚区，是指以某一服务产业为主体、相关产业为配套，空间集中、产业集群、资源集合、功能集成的特定区域。拥有完善的服务功能是形成生产性服务业集聚区的必备条件之一。如美国纽约曼哈顿地区的洛克菲勒中心一带在重点发展金融业的同时，合理布局发展商业、会展业、商务服务业、文化娱乐业以及高级住宅区，避免了出现夜晚"黑城"的现象。我们要依托区位优势，盘活存量资源，加强布局规划，聚焦强势行业，形成若干特色鲜明的生产性服务业集聚区，进一步优化服务业空间布局，使服务业向区域中心城市集聚、向产业集群集聚、向服务业集聚区集聚。

中心城市要以集聚区为抓手，明确功能定位和发展重点，加大招商引资力度，加速生产性服务业集聚发展。如杭州，其定位在"长三角"区域副中心城市、南翼中心城市、国际著名的风景旅游城市，通过形成"游、住、学、创"特色，培育高新技术产业，建设先进制造业基地，成为浙江的生产性服务业中心，以构筑大都市，建设新天堂。为此，杭州应积极发展具有提升服务水平和增强辐射功能的服务业，以金融保险业、会展业、旅游休闲业、软件业、现代商贸业、物流业和科技文化教育产业带动杭州服务业的外向型发展，大力吸引国际资本的投资和运作，使杭州更好地扮演长江三角洲地区副中心城市的角色。杭州有杭州国家电子信息产业基地、杭州国家软件产业基地，特别是对杭州这样一个人才、科技、信息、区位都具有相对优势的城市来说，信息和中介服务业应当成为优势产业，尤其是要加快发展具有良好基础的网络信息服务业。宁波，通过参与上海国际贸易中心和国际航运中心建设，开拓国际市场，形成国内外流通的重要交汇点，形成覆盖全省的商流、物流、信息流，倾力打造一个港口与陆路物流的枢纽城市。同时，加快发展金融保险业、商务服务业、现代商贸业、物流业、旅游会展业、科技文化教育产业和公共服务业，实现宁波服务业的跨越式发展。温州，为扩大浙江制造业的市场、出口和产业规模；推动工业企业由制造商向制造服务商转型，引导企业构筑面向全国和世界的营销网络，应积极发展现代物流业、连锁商贸业、金融业、中介服务业和公共服务业等。金华—义乌浙中城市群。块状经济使该区域中的众多中小企业联合在一起与大企业竞争，要想在未来的大舞台上确立自身的优势，就必须着力构筑现代供应链，重点发展一批以特色产业为依托、辐射全国的商品批发市场及网上商城。应积极发展现代商贸业、物流业、商务服务业、金融保险业和社区服务业等。

（三）加强生产性服务业管理体制创新与政策扶持

要针对影响服务业发展的体制问题，加大政府管理体制的改革，切实发挥市场对服务业资源配置的作用。政府对于不同类型的服务业，实行不同的规制。尤其要加大垄断行业的改革力度，引入市场机制，增加市场主体。

1. 积极探索发展生产性服务业的制度创新

科学规范政府对公共服务业的管理，放开竞争性领域服务业的政府限制，鼓励民营经济在加快生产性服务业发展中实现新的成长,创造浙江生产性服务业发展的新模式。通过深化改革,创新体制来促进浙江生产性服务业的发展。

2. 加大改革力度,消除体制性障碍

政府应放宽服务业市场准入和经济规制,消除服务业发展的体制障碍,为生产性服务业的发展创造良好的软硬件环境。经济理论和经济实践都表明,服务业应该并且能够引入市场竞争机制,市场化是服务业发展的有效途径。加快服务业领域改革步伐,推进服务业市场化、社会化、产业化进程。打破所有制分割和行业垄断,合理引导民资、外资参与生产性服务业企业的改组改造,通过兼并、联合、上市、重组等形式,发展一批以品牌为龙头、资本为纽带,跨地区、跨行业的生产性服务企业集团。加快国有企业改革,推动各类企业经营管理方式创新,促进主辅分离,推进企业内置服务外包,改变“大而全、小而全”的状况,降低商务成本。加快社会事业领域改革,鼓励社会资本进入科技、文化、教育、卫生、体育领域,支持社会力量办学办医、投资兴办文化体育设施,增加科技、文化、教育、卫生、体育服务的供给总量,提供更多的社会服务优质资源。积极发展非营利性、公益性的公共服务业。继续推进机关和事业单位的后勤服务社会化,增加会议服务、公务管理、物业管理、环卫保洁等方面的服务外包需求,优化配置社会服务资源。破除地区分割,加快形成统一的服务市场。支持优势企业跨地区、跨所有制、跨行业重组并购。改革市场准入的行政审批制度,大幅度减少行政性审批。加快适宜产业化经营的社会事业改革进程,逐步形成自我积累、自我发展的机制,使之成为国民经济发展的新增长点。对教育、科研、文化、卫生、体育等社会事业,按其性质,划分为营利性和非营利性的法人单位。加快放开具有营利性质的社会事业经营活动,实行自主经营、自负盈亏、依法纳税,加大政府对非营利性事业的投入力度,积极鼓励社会力量兴办学校、医院、研究所、文化和体育设施等。科教文卫服务实体要以市场为导向,完善服务体系、提高服务质量,进一步提高投入产出效益,推动发展机制的根本转变。

3. 加大政策扶持力度

从制度经济学的角度来看,产业的发展和产业结构的变化在很大程度上会受到政府政策的影响。政府对一个国家和地区的产业政策决定了其投资的流向、市场调节的方向。以及各种调节措施的倾斜程度。而且从对生产性服务业的重视程度来看,也同政府在经济发展中的角色地位有关。根据国外许多国家的成功经验和国内一些其他地区的做法,当前要进一步加大政府对生产性服务业发展的扶持力度。如美国对电子商务、企业咨询等免征所得税;日本对本国咨询服务业出口给予政府补助和税收减免;韩国、印度为加快生产性服务业的发展,设立政府专项基金、奖励和减免税收等。我们要实行有利于促进生产性服务业发展的政策,对需要扶持的服务产业在税收、折旧、土地、价格、人才等方面给予政策倾斜。设立省、市、区(县、市)政府服务业发展资金;对科技含量高、市场前景好的服务企业实施税费减免优惠;放宽生产性服务业市场准入。改变部分行业垄断经营严重、市场准入限制过严和透明度低的状况,按市场主体资质和服务标准,逐步形成公开透明、管理规范的市场准入制度。鼓励非国有经济在更广泛的领域参与生产性服务业发展,要为生产性服务业企业提供信息服务。

鼓励中心城市采取切实措施,逐步加大力度,落实“退二进三”措施。中心城市要根据城市总体规划,逐步迁出或关闭市区污染大、占地多等不适应城市功能定位的工业企业,工业企业退出的土地,要优先用于发展生产性服务业。

制定积极的消费政策,优化服务消费环境,鼓励和引导居民扩大旅游、文化教育、卫生保健、家庭装饰等消费支出,改善消费结构，提高生活质量；鼓励利用闲暇时间，推动休闲消费。

（四）加快生产性服务业人才培养

在生产性服务业的发展中，人是核心的因素，提高劳动者技能是促进生产性服务业发展的关键措施。因为生产性服务业的价值创造主要来源于从业人员的技能，所以发展教育、开发人力资源，是生产性服务业发展的最重要的基础。

1. 加快培养生产性服务业紧缺人才

实施服务业人才建设工程，加快形成一批生产性服务业专业人才队伍。加强对服务业管理人员、专业技术人员的进修培训，加强岗位职业培训，全面推进职业资格证书制度，建立生产性服务业职业资格标准体系，有序扩大实施范围和领域。推进人才培训的国际交流合作，建立境外培训基地，定期选派一批公务员、研究人员和企业经营管理人员到香港、新加坡等服务业发达国家和地区学习培训。充分发挥高等院校、科研院所及各类社会机构的作用，有计划地在高等院校和中等职业学校增设服务业紧缺专业，扩大招生规模，重点加强国际金融、国际商务、动漫游戏、软件服务等行业人才培养。通过各类教育培训机构开展服务业技能型人才再培训、再教育和学校专业人才的培养，提高从业人员整体素质和业务水平。

2. 加强专业人才的引进

制定服务业人才分类开发计划，通过公开招聘、项目合作、学术交流等多种形式，引进、培养、造就一批行业权威和管理高端人才。加强海内外人才和智力引进工作，重点引进熟悉世贸规则、通晓国际惯例、擅长国际交往的高层次人才。加快信息咨询、金融保险、现代物流和中介服务等人才培训和引进。加强政府部门、企事业单位和行业协会等的管理人才培养和引进，促进服务业管理现代化。

(五)积极参与国际生产性服务业竞争

经济全球化不仅是各国市场的融合,更是各国经济系统的连接,全球化促进了新的商业服务部门的出现,为本地的生产性服务业的发展提供了契机。浙江服务业的市场细分、专业化水准同发达国家比还存在较大差距,要努力提高浙江生产性服务业的国际竞争力。

1. 加强国际合作

浙江的生产性服务业在自主创新的基础上应加强同国际的合作,吸引外资参与浙江服务业的升级改造和新的服务行业的发展,吸收先进的技术、产品到浙江的生产性服务业中并逐步消化利用,学习国际上先进的管理理念。如引入国际先进的管理经验与模式,采取措施营造生产性服务业发展的良好环境,加强咨询、金融、中介等支撑体系建设,加快产业培育与整体实力提升;引进发达国家的银行、保险等金融机构的经验,为浙江生产性服务业中相关行业发展提供经验支持;积极有效地利用外资,通过完善服务业外商直接投资,要把利用外资和服务业结构调整结合起来,引导外商投资更多地流向一些薄弱的服务部门,优先发展生产性服务业,使外资服务业的地区分布、投资规模、持股比例等与浙江国民经济发展需要以及其他产业的发展相协调。

2. 实施“走出去”的战略,努力开拓国外的生产性服务业市场

建设和依托国际化服务业平台,拓宽本省企业进入国际市场的渠道,提高本土企业的国际竞争力。积极有序地扩大服务业对外开放,支持各种所有制企业“走出去”,以此来增强生产性服务业的国际竞争力。抓住我国入世后市场开放的机遇,鼓励生产性服务企业以更加积极的姿态参与国际竞争,以创新型、有特色的服务产品提高产业国际竞争力。同时,鼓励有实力的服务业企业“走出去”,向欠发达国家拓展生产性服务,加大对外直接投资的力度,发

挥服务业比较优势，抢占国际服务市场份额。

3. 突出服务外包，大力发展服务贸易

服务外包是以软件和网络技术为手段实施服务的一种崭新贸易方式。当前，全球跨国直接投资的构成已从制造业外包为主转向服务业外包，未来几年全球外包市场预计将以每年30% ~40%的速度递增。美国信息产业咨询公司加特纳公司预测，到2010年，发达国家中25%的传统IT工作将转向印度、中国和俄罗斯。我们要把握国际产业转移新趋势，充分利用浙江杭州创建“中国服务外包基地城市”的有利时机，抢抓服务外包新机遇，着力发展软件外包、创意设计外包、影视动漫外包等服务外包行业，同时通过举办西湖博览会、宁波国际服装展等重大活动，吸引软件、科技研发、创意动漫、现代物流等领域的国内外知名企业前来洽谈服务外包业务，力争有一批外包服务企业和项目落户浙江，把服务贸易培育成为拉动浙江生产性服务业发展的新增长源。

第五章
都市圈和城市群:转型升级的新空间

改革开放以来,市场化、民营化改革的体制优势推动了浙江农村工业化的高速发展,一大批传统的乡村转变为现代化的工业园区、专业市场,大大小小的城镇也随之兴起,传统的乡村经济转变为城市经济,城市化水平迅速提高,工业化和城市化极大地改变了浙江区域发展的空间格局。但在县域经济高速发展和高速工业化的同时,城乡空间结构的调整并没有相应到位,城市化进程相对滞后,尤其是区域中心城市发育迟缓。当前,浙江经济正进入发展模式转型的关键时期,要素和产业在城乡、区域间的分布结构也要随之转型。空间结构不仅要实现自身的转型,还要起到促进浙江经济转型升级的作用。

一、区域经济发展的理论与思想

城市化是区域经济发展的核心问题之一，在工业化进程改变了要素配置的经济部门结构的基础上，城市化进程改变了要素配置在空间分布上的结构，由此形成了相应的空间结构。经典的区域经济理论就是从要素配置的产业结构和空间结构着手的，如1926年德国经济学家约翰·海因里希·冯·杜能(Johan Heinrich von Thunen)在《孤立国》中提出了农业区位理论，之后工业化、城市化相结合，城市化理论成为区域经济发展理论的核心部分，这些研究包括佩鲁的增长极理论，赫希曼等人的核心——外围理论、戈特曼的城市群理论，地域结构演变理论等。

(一)增长极理论

增长极理论是由法国经济学家佩鲁在1955年提出的，该理论针对当时法国地区经济发展不平衡的现状，认为应该选择一些主导部门、行业和地区率先发展，通过他们的发展带动其他区域经济的发展。其中率先发展的部门和地区就是佩鲁意义上的增长极——“增长并非同时出现在所有的地方，它以不同的强度首先出现在一些增长点或增长极上，然后通过不同的渠道对整个经济产生不同的最终影响”。成为增长极需要一定的条件，佩鲁运用熊彼特的创新理论来论述增长极的形成条件，如具有创新能力的企业家群体、规模经济效益，并通过技术创新和扩散，资本的集聚与输出，形成“凝聚经济效果”，才能具有率先增长并带动邻近地区和相关部门发展的能力。

佩鲁的增长极理论展示了一个区域得以发展的动力是不平衡

的，来自于个别具有“创新、资本集聚和凝聚经济”能力的增长极，在空间分布上出现了非均衡的“增长极”，也就意味着在均质化的空间中出现了乡村和城镇的区分，城市具有天然的要素和经济活动的吸引力，城市就成为带动一个区域发展的“增长极”。虽然佩鲁并没有直接将城市作为区域发展的“增长极”，其理论对发展中国家具有重要的影响力，这些国家将“增长极”理论来规划区域发展、工农业布局，不约而同规划建设“增长极”，通过政府的计划手段重点投资中心城市的工业，形成了一批重点发展的大城市。

（二）核心—外围理论

区域经济发展的增长极与邻近周边地区的发展存在很大的差距，增长极越发展，获得累积的竞争优势，而遏制了欠发达地区的经济发展，使周边地区越不发展。赫希曼提出了一个“核心—外围”理论，分析了发展不平衡的两个区域之间在市场机制的作用下存在的经济联系，一种是极化效应，也就是在巨大的集聚经济效应的作用下，要素将向某一个地区集聚，使该地区的经济增长加速，成为高收入水平的核心区，同时劳动力和资本等要素不断从周边地区流入核心区；第二是“涓滴效应”，即核心地区带动外围地区发展的作用。赫希曼指出在市场力量的作用下，“极化效应”往往大于“涓滴效应”，拉大了地区间发展差距。赫希曼提出的“核心—外围”理论的背景是发达国家与发展中国家、发达地区与不发达地区的发展差距日益拉大，但是很多成功的区域发展的例子表明，区域之间的经济联系远比“极化效应”和“涓滴效应”要丰富。约翰弗里德曼借鉴了熊彼特的创新思想，将创新和发展引入了空间系统中，发展起源于少数几个具有创新潜力的中心。创新中心被称为核心区，特定系统内的其他地区则是外围地区，之间的相互作用包括：核心区通过供给系统、市场系统和行政系统组织支配外围依附区；核心区对外围区的支配具有自我强化之势；核心区有层次地向外围区传播创新成果，扩大核心区输往外地的信息流；核心区对外围的扩散效应的加速会导致形成新的核心区。“核心—外围”理论在区域研究和城市规划等方面被广泛应用，使人们认识到核心区通过传播创新来带动外围区的发展的重要性，指导一个国家或地区实现区域经济协调发展有一定的借鉴意义。但是，“核心—外围”理论中地区之间显然是不平等的，过度强调了创新对核心区的意义，核心区就垄断了创新活动，而且核心区自我强化的能力将“核心—外围”两个区域的关系定格为一成不变的“支配—依附”关系。这些理论被发展中国家广泛用来通过计划手段规划和建设中心大城市，计划手段割裂了核心区与外围区的内在联系。

（三）城市群理论

增长极理论、“核心—外围”理论是典型的区域发展理论，在抽象的层面确立了“增长极”和“核心区”，还没有具体到区域经济结构和空间结构，城市尚没有进入这些理论的分析框架。但是，城市这一与乡村相对应的经济活动空间组织形态，比较符合“增长极”或“核心”的特点，而且不同规模的城市也比较适合“核心—外围”的假设。但是问题在于，“增长极”与“核心—外围”理论下，区域之间的关系是由增长极或“核心区”支配的单向关系，与当今全球化、信息化浪潮推动的区域之间日益频繁的贸易、投资活动有很大的差距，任何一个城市即使是“增长极”或者是“核心区”，也无法离开区域内的其他城市，而且城市之间、以城市为中心的区域之间的经济联系和空间联系日益密切，越来越多的区域和城市之间试图打通空间联系来促进经济联系，如果单纯用“增长极”或“核心—外围”理论中的单向的“支配—依附”关系是很难圆满解释的。

城市群、都市圈理论在20世纪50年代开始盛行，我国在90年代开始引入国外相关的理论和思想。显然，这些理论将区域发展的空间结构进一步具体化了，突破了区域间单向的支配—依附关系，代之互动、协作的关系，而且落实到了重要的空间组织形式——城市。城市群理论由法国地理学家戈特曼（Gottman），在研究美国东北部城市发展时提出的，他认为，美国东北部城市的发达程度和集聚程度使得传统的农村和城市的概念已经不能很好地描述其特征，用“巨大的城市”来描述一种城市和农村的界限已经模糊、城市与城市相连的状况比较适合。可见，在这些经济发达、城市高度扩张的区域，已经难以分辨“核心”与“外围”的城市，更难以分辨乡村与城市，城市的联系跨越了行政区域的界线。不仅仅是大城市的简单组合，而是一个全新的城市群体的有机整合，彻底打破了单向的以大城市为“核心”的“支配—依附”关系。

城市群是指在一定的地域范围内，以单个或多个大城市为核心，借助现代化的交通通信网络聚合而成的一个高密度、联系紧密的城市空间。从地理学角度，这个概念强调了在一定地域范围内城市的紧密分布，突出了城市群的空间结构特征；从经济学角度，这个概念强调城市群内部密切的经济社会联系和合理的分工协作体系。城市群是城镇空间结构演变到特定阶段的产物：①传统工商业时期，工业成为区域城市社会经济组织的主导，并成为城镇群体空间演化的主要推动力量，出现了按生产要素接近原则形成的城镇组合，乡村地域成为生产要素净流出的边缘。②大工业时期，城镇等级体系在工业大生产组织的作用下重新建构，大城市逐渐形成并占据了主导地位。③大容量交通系统为城市由向心集中转向放射状的向外扩展提供了可能，郊区有特殊经济地理意义的活动中心已形成。大城市经济规模的持续扩张导致了郊区化，居住与就业岗位的分散，对原先的城镇群体空间起到了加密、加紧一体化联系的作用。④20 世纪 80 年代以后城镇群体空间在区域层面的大分散趋势继续成为主流，传统中心城市的作用被一种多中心的模式所取代，形成城乡交融、地域连绵的“星云状”大都市群体空间。因此,“城市群”或“都市圈”、“都市带”都是一种城镇体系在空间结构演化的某一个阶段的具体表现,本质上突破了城市之间、区域之间在“核心—外围”理论下的单向联系,只是在规模、内部组织等方面有所不同。

与“增长极”、“核心—外围”理论有所不同,城市群理论在解释城市群形成的动力机制更加强调城市之间、区域之间的基于产业基础上的城市功能的分工与协作。从工业化与城市化的互动机制来看,从“增长极”时代的单一中心的大城市在郊区化之后形成多中心的都市区,新的中心与旧中心之间打破了“支配—依附”关系,代之以分工与协作的关系,服务与支撑的相互依赖关系。可见,城市群理论是经典的“增长极”、“核心—外围”理论在工业化的新阶段对城市空间组织结构方面的改进与创新。

(四)反思与启示

增长极理论、“核心—外围”理论虽然没有直接将城市化作为研究对象,不过基本上展示了区域经济发展的内在动力,其中包含了城乡之间、区域之间的空间结构演变的基本路径,尤其被发展中国家视为经典理论,来指导规划和建设中心城市、区域生产力布局等。在计划经济体制下我国的城市化进程在很大程度上受到这些理论的指导,对于浙江而言,计划经济时代并不是城市化的高速发展时期,而改革开放以来,浙江的城市化进程在空间结构演变上,并没有进入增长极理论、“核心—外围”理论所设定的路径,尤其是计划经济体制下形成的区域中心城市并没有成为“核心区”,而城市化高速发展的区域恰恰是在“外围”的农村区域,形成了独特的“农村城市化”道路。

农村城市化与经典理论相偏离,是一个分散的农村区域形成分散的“增长极”,同时城镇和小城市遍地开花。并不是经典理论中有关集聚经济效应和“增长极”理论本身有误,而是这些理论的基本前提是基于西方发达国家的现实，是在一个健全的市场制度下的城市化的过程。但是我国改革开放以来，市场制度是在不断的创新和完善过程中，直接影响到要素的流动和配置机制，市场制度不完善必然带来要素流动的各种壁垒，难以发挥出集聚经济效应。农村和城市两个割裂的部门实施差别化的经济制度城乡之间难以形成赖以沟通联系的市场机制，城乡二元社会制度也极大地降低了人口的流动性，阻碍了人口向城市的有效集聚。在市场制度不完善、城乡二元体制分割的体制背景下，城市化的动力来自于体制率先改革的“外围”——分散的农村区域及其农村工业化，导致了星罗棋布的农村城镇和小城市，计划经济体制下的中心城市长期受到体制的约束没有能够在工业化高速发展时期得到有效的扩张。

浙江的城市化代表了农村工业化发达地区的城市化模式，没有照搬经典模式来强化中心城市，大大释放了农村地区具有市场化创新能力的发展动力。浙江的城市化水平要远远高于全国平均水平，也高于一些拥有计划经济体制下若干个大工业中心城市的省份。实践证明，农村工业化道路及其农村城镇化道路，适合我国体制改革农村先发、城市仿效的国情，在逐步完善市场机制、消除城乡二元经济社会制度的过程中，释放出了工业化、城市化的巨大动力，全省在既有的中心城市之外形成了几十个高速经济增长的增长极。农村城市化的成功，是特定条件下的成功，是否就此否定了经典的城市化理论，如“增长极”理论？经典理论在西方市场经济国家中是行之有效的，在发展中国家的实践并不非常成功，是因为市场经济体制不完善和过度的计划手段的干预。那么，当中国的市场化改革不断完善后，立足于县域农村的工业化、城市化道路有没有必要重新回归经典理论？浙江的工业化进程在不断推进，进入了工业化中后期，市场化改革基本完成，区域要素流动和产业的跨区域扩散不断加强，同时浙江正进入经济结构调整期，中小城市为主的城市化空间结构对经济结构升级、产业升级形成了一定的制约因素,鼓励地方竞争的行政管理体制也在一定程度上制约了产业的进一步扩散以及区域之间的合作。但是,至少市场化机制已经确立,地方政府的竞争与合作的策略在调整,区域之间的产业扩散与合作在增强,新兴产业在不断成长,所有这些因素汇集起来,将对浙江城市化的空间结构向经典轨道的转型产生推动力,在新一轮的工业化与城市化的互动过程中,浙江的区域发展的空间结构将在较大的范围里出现引领浙江经济发展的都市带,以及协调区域内部形成经济发展合力的城市群。

二、"强县战略"与县域城市化

浙江省的区域发展可以从两个层面来理解:一是以地理条件划分并综合了经济联系的地理区域,传统上划分为浙北杭嘉湖、浙东宁绍、温台沿海、浙中和浙西南;二是从经济发展的角度出发,所谓区域是围绕一个"增长极"的经济发展空间,在浙江省现有体制下,一般每一个县域都有相应的中心城镇,县域也就是相应的一个基本的发展区域。改革开放以来,浙江省形成了特有的"县域发展"的格局,也就是所谓的"强县战略",主要特点是经济管理和行政管理的"省管县"体制与县域范围内相对独立的农村工业化,空间格局上表现为小城市为主的城镇体系,农村工业化作为城市化的动力与城镇化作为城市化的空间结构是这一时期县域城市化的两大显著特征。

(一)农村工业化与县域城市化的空间结构

改革开放初期,浙江省城市化的推动力主要是依赖于计划体制外市场经济的突破所产生的巨大激励,同时,城镇国有集体企业的技术、人才和设备等的扩散转移也发挥了特定的历史作用。从农村开始的改革是对传统体制的突破，也就是对城市为中心的发展战略的扭转，是从农村内部主动发起的不依赖于外部技术扩散的体制改革，产生了推动农村面貌发生天翻地覆变化的农村工业。

1979—1983 年，社队企业迅速崛起，成为农村工业化的先导。同年国务院颁布《关于发展社队企业若干问题的规定（试行草案）》，为社队企业健康发展指明了方向。20 世纪 80 年代初，省委省政府把发展社队企业作为振兴农村的重要力量积极给予扶持。80 年代前期浙江即形成了数以万计的农民销售大军，走南闯北，为社队企业的产品开辟出了广泛的国内市场。社队企业的生产技术主要借助于城市工业的力量。广泛利用城市工业的二手设备、技术人员和协作关系，利用偏重发展重工业留下的产业空当，主攻市场短缺的轻纺类等消费品。

1984 年中共中央、国务院转发农牧渔业部《关于开创社队企业新局面的报告》，正式将社队企业改称为乡镇企业，明确“积极扶持、合理规划、正确引导、加强管理”的发展总方针。省委省政府把发展乡镇企业作为长期战略，进一步采取支持发展乡镇企业的政策措施，促使乡镇企业上新台阶。1984—1991 年，农村工业总产值从 119. 21 亿元增加到 870. 74 亿元，对全省工业增长的贡献率达 53%；农村工业总产值占全省工业总产值的比重从 1978 年 16% 上升至 1991 年的 48. 3%，接近半壁江山。

利用对外开放新形势，较大规模地引进国外先进的技术装备，是 80 年代工业发展的一大特点。企业技术改造是 80 年代技术进步的重点。随着技术改造规模不断加大，技术改造主体从国有企业向城镇集体和乡镇企业拓展，投资来源从依靠国家拨款转到贷款、企业自筹、利用外资等多渠道为主。改革开放初期浙江省依赖于计划体制外的市场力量的恢复，有效地加快了原国有企业工业生产技术的扩散和国外较为先进技术的引进利用，从而迅速地推进了全省的工业化和城镇化发展。

浙江省从1992起对全省乡镇企业大力推动以股份合作制为主要形式的产权制度改革。经过改革后的多数企业，产权明晰，管理加强，活力重现，增长加快。1992—1994年农村工业总产值逐年增长46.7%、73.8%和57.2%；农村工业总产值占全省工业总产值的比重从1991年的48.3%迅速提升到1994年的63.5%，对全省工业增长的份额高达89.3%。到1998年，全省个体私营工业总产值超过集体企业。当年，个体工业单位有52.5万个，私营企业有9.6万个，远远高于1990年的合计数20.2万个；个体私营工业总产值达到5110.8亿元，比1991年猛增25.2倍。

在农村工业化的萌芽阶段，城镇化主要呈现出以下几个特征：①全省城镇数量有较大幅度的增长，城镇人口和用地规模也不断扩大，城市化进程明显加快。②城镇体系发生显著变化，小城镇数量迅速增加，到20世纪80年代末小城市占设市城市总数的80%；城镇规模小且分布密度较大，平均高达38.7个/千平方公里，其中，浙北平原和沿海地带村镇尤为稠密，一般每平方公里有4~5个，个别县(市)高达7.5个。③中等城市偏少，大中城市之间距离相对较远(一般在150~300公里)且交通设施相对落后，导致城市之间的横向联系较为薄弱，产业结构雷同现象较为明显。④地区间城镇发展不均衡，沿海地区许多小城镇人口和用地规模迅速扩大，成为乡镇企业集聚和商业兴旺的中心城镇；而占全省相当比重的山区和海岛城镇，由于交通、用地、水电等条件较差，建设发展都比较缓慢。⑤大部分城市工业基础较为薄弱，许多小城镇(包括县级市市区和县城)仍以“五小工业”为主要产业，难以发挥中心城市的经济辐射和带动作用。⑥城乡差距逐步缩小，二元结构在一定程度上有所缓解。1992年后，确立了建立社会主义市场经济体制的改革目标，推动了改革开放，浙江的城市化进入了展开阶段。随着产权制度改革和对外开放的不断深化，以及一大批国内外先进技术的广泛应用，全省的工业化和城市化呈现出新的面貌，主要体现在：一是进入20世纪90年代中期后，随着乡村企业逐步向小城镇集中、乡镇骨干企业经营中心逐步向大中城市迁移、城区企业有步骤地向郊外易地改造，各地的经济开发区成为集聚三资企业、乡镇骨干企业、城区搬迁企业、高新技术企业的新兴工业基地，成为日趋重要的工业增长点。二是沿海地区的城镇（特别是港口型城市）的基础设施建设投入和旧城改造力度不断加大，城市经济的聚集功能逐步增大，城市功能从单一的工业型或商贸型向集生产、商贸、居住为一体的综合型方向发展，城市对农村地区的辐射和带动作用显著增强。三是大量引进国外先进的技术装备，有力地促进了企业的装备更新和技术进步，到90年代末初步形成以电气机械及器材制造、电子通信设备制造为主体的高新技术产业格局，并形成了沪杭甬高速公路沿线高新技术产业较为密集的产业带和城镇群。

（二）“强县战略”下县域城市化的反思

在工业化和城市化的双重作用下，浙江的区域空间结构和空间组织形式发生了较大的变化。在工业化和城市化的不同阶段，城市群逐渐作为一种区域城市化的组织形式向都市化、都市带等高级形式发展。但是，仅仅杭州、宁波这两个传统的中心城市能够发挥出集聚和带动周边区域的作用，而大量农村工业化高度发达、块状经济和产业集群高密度的区域，中心城市的发育明显滞后于工业化进程，一定程度上制约了区域产业升级和经济结构转型的步伐。这样一种格局，当然是与浙江特有体制下工业化、城市化的战略相关的。“省管县”体制赋予了县市级政府高度的主导县域经济发展的支配权，也极大地提高了县市级政府壮大县域经济的积极性。农村工业化与县域城市化的合力，确实使浙江的城乡空间结构迅速转向了城市化的初级阶段。但是，随着产业规模的扩张和纵向分离的跨区域分工的深入，“县域城市化”已经难以适应城市群向更高级、更广范围的区域城市化阶段演进。

新中国成立以来浙江城市化进程大致经历了三个阶段，1978年以后是城市化速度最快的阶段。这主要取决于两方面的因素：一是改革开放大大加速了浙江的工业化进程，进而为城市化发展奠定了坚实的基础；二是得益于相关政策的调整。如设市建镇标准的放宽，使得撤县建市、撤乡扩镇高潮迭起，城镇数目急剧增加；同时，各类开发区的竞相建设更是带动了原有城市的建设。但是这一时期的城市化建设普遍存在以下一些问题，如城市化滞后于工业化，小城镇数量多，质量低，而大中城市的数量明显偏少。而且基础设施落后，城市环境恶化，重复建设导致了大量浪费现象。但是这一时期恰恰是浙江农村工业化快速扩张时期，在民营经济发达地区，利用灵活的专业市场机制，专业化生产某一类产品的块状经济支撑起了一大批“专业村”、“专业镇”，一些重要的工业城镇经济总量迅速扩张。

这一阶段浙江县域城镇化之所以获得快速进展，首先受到了农村工业化的强有力推动，其次也是与县市级政府的积极投入很有关系。地方政府淡化了城乡人口管理的限制，灵活的户籍政策吸引了一大批经商办厂人员，使得中小城镇迅速扩张。地方政府放松土地管制，在乡村一级为农村企业开辟了企业扩张的空间。在县域中心积极开发工业园区，加大招商引资力度，以市场机制为主导配置资源，促进大量农村工业向中心镇集聚，形成农村工业化和城镇化互动发展的局面。

“县域城市化”的大发展，同时也潜伏着“区域城市化”的一些体制性障碍。产业的空间分布及其组织形式的变化，一方面是在市场机制的基础性作用下追求更高资源配置效率的结果，或者是集聚，或者是通过产业扩散；另一方面，以基础设施为主的公共物品的供给水平，作为一种外部性的客观存在，显著地影响到了微观市场主体的空间选择行为。甚至，一旦公共物品的供给形成规模优势，将持续影响不同区位上的收益差距，更加强化了集聚机制，而迟缓了一定阶段产业的跨区域转移，也就阻碍了纵向分离的专业化分工。

在产业本身的技术性因素之外，公共物品影响到的区位收益差距。由于基础设施等地方公共物品，以及相关的投资引资政策的供给主体是地方政府，因此地方政府的经济行为是关系到“县域城市化”向“区域城市化”转变的关键变量。公共物品的供给行为不仅仅是单个政府，而区域内部县域政府之间的相互影响的博弈行为才是关键。但是现有体制下，“省管县”的做法，一定程度上调动了县市级政府在“县域城市化”和工业化初期的积极作用，使得县域内完成了初步的产业集聚；但是，“省管县”的做法赋予了县市级政府在县域内公共物品支配权，造成了对产业区位和产业空间的体制性分割。地方政府的竞争关系固然可以调动公共物品的供给积极性，县域工业化、县域城市化就是这一阶段的成果。但是高度发达的工业化及其纵向的专业化分工，要求相对独立的县域空间能在更大范围内整合成内部有着区位收益差距的产业空间，这就需要公共物品的供给行为在区域范围内有效合作。问题在于，现有我国的行政体制和财政体制，使得区位特点相近、资源禀赋条件相近的区域，根据行政区划分割成若干个竞争性的公共物品供给主体，但是在同一空间上经济权能相似而行政权能不同的地市级政府与县市级政府，在“省管县”体制下，除非得到省级政府的协调，是不可能自然形成合作关系的，合作方式对于无论哪一方都是不可能轻易接受的。最直接的结果是，同一个区域的集聚中心仍旧延续“县域城市化”的扩张路子，而中心城区的公共物品、县域间公共物品的投入受限，区域中心的集聚能力得不到提高，制约了产业的地区整合。

三、区域城市化及其空间组织转型

在进入工业化中后期，浙江区域经济普遍进入了结构转型的关键时期，但是城市发展与区域经济发展不相适应的局面越来越突出，突出问题是中心城市发育迟缓，除了杭州、宁波这两个中心城市人口和经济规模达到了大城市的水平，其他地区一级都缺少对周边县市辐射和带动作用的大城市。缺少中心城市的集聚和辐射，周边县域范围内中小城市的工业园区大力推进招商引资并急速扩张。在不合理的城镇体系格局下，资源要素使用效率低，产业和产品层次低，城市化的积极作用难以发挥。

（一）城市群作为区域城市化的空间形式

区域经济学的经典理论认为城市是区域经济发展的中心，是区域经济的增长极。城市作为一种经济活动的空间组织形式，通过集聚要素和经济活动使得区域经济的空间分布打破了均质分布。引起经济活动在空间分布的变化，也就是城市化的动力，是工业化带来的经济结构的变动。工业化与城市化是一对相互影响的力量，在工业化的不同阶段，城市作为空间组织的形式也在发生变化，而且影响到了产业的空间分布的变动，进而影响到了区域的工业化进程，由此形成一套城市化与工业化互动的影响机制。简单来讲，互动机制分为两个阶段：一是城市化的形成阶段，工业化提供了城市化的动力；二是城市化的扩张阶段，城市化带动了工业化中后期的产业升级和转型。在两个阶段中，城市的空间组织形式也发生相应的变化，从单一、分散的集聚中心逐步分化出若干个相联系的兼有集聚和扩散功能的中心，城市群就是这一阶段的空间组织形式。

城市群是指在一定的地域范围内，以单个或多个大城市为核心，借助现代化的交通通信网络聚合而成的一个高密度、联系紧密的城市空间。从地理学角度，这个概念强调了在一定地域范围内城市的紧密分布，突出了城市群的空间结构特征；从经济学角度，这个概念强调城市群内部密切的经济社会联系和合理的分工协作体系。城市群有多样化的空间组织形式，包括大都市区、都市圈、都市连绵区以及大都市带等在内。

城市群的形成过程，就是一个区域城市化的过程。聚集与扩散是城市群形成与发展的微观动力机制。在市场经济条件下，微观主体的逐利行为推动了人口和经济活动的空间聚集与扩散。这种机制在要素层面上表现为人口与资本的流动与聚集，以及技术的创新与扩散过程，在企业层面上表现为企业的区位选择与再选择过程。受到当地资源和空间限制，聚集过程不可能无限扩张下去。当阻塞出现时，高昂的地价、交通阻塞、环境污染，将成为推动人口和产业的空间扩散与转移的离心力。城市空间结构的成长正是向心力和离心力共同作用的结果。当向心力大于离心力时，经济活动倾向于在本地区聚集；当离心力大于向心力时，城市空间结构开始出现从一点聚集向多点聚集，从单体扩展向群体演进趋势。

分工和专业化构成了城市群形成与发展的产业支撑，从产业层面揭示了推动城市空间结构演化的深层动力。第三次技术革命推动了劳动分工向产品内分工演进，产生了一种更为灵活的专业化生产组织方式——纵向分离。纵向分离是一种基于产业链分割的专业化分工过程，生产环节的分离，不但增大了生产的迂回化和社会化程度，也引起了企业生产组织方式和产业空间组织结构的转变，出现了多厂、多部门的现代化大型企业，以及具有高度专业化特征的柔性产业集群。这些生产技术和组织结构的转变，在交易成本机制下作用于厂商的区位选择过程，产生了集聚和扩散两种空间布局形式。产业组织和厂商区位之间的相互作用，能积极引导产业的空间转移和扩散，有力推动城市空间结构成长。一般而言，生产的纵向分离程度越高，企业之间的联系网络就越庞大、越稠密。企业之间的联系网络，最终决定着地区之间经济联系的密切程度，促进了城市群内聚力的形成。

在工业化初期，技术创新和技术扩散不明显，产业集聚的动力充足，进入了单点扩张的“初级城市化”阶段；随着产业规模的扩张，技术创新能力的增强，纵向分离使得经济活动在集聚的同时，随着技术和产业的扩散，多个集聚中心形成了产业内部的跨区域分工体系，单个城市不再是一个区域唯一的集聚中心，而是一个区域产业集聚和扩散并形成跨区域分工网络的一部分，区域城市化进入了城市群的多种空间组织形式。

（二）公共物品供给与产业空间选择

产业空间是社会经济活动的空间，承载了商品、资源要素和企业组织等经济主体在空间上的集散与流动，我们将其定义为特定空间上产业的总规模及其内部的构成。空间的非均质分布形成了差异化的产业空间，因此从总体上呈现了产业空间的布局结构，而产业空间的变迁既包括特定产业空间的变化，也包括由此产生的空间布局结构的变化。

一个相对独立的产业空间中，能够影响到经济主体行为的资源要素主要包括资金、技术、土地以及基础设施与公共服务。如果集散与流动受到其他因素的干扰，例如行政区划形成的空间边界其实就是要素流动的边界，行政区划足以产生对产业空间布局的显著影响，主要是因为政府公共权力的地域分权干预了商品要素的流动和配置，而且对不同的资源要素、产品服务，其约束的程度有所不同。例如，基础设施和公共服务是无法流动的，在现行体制下土地要素的配置也难以跨行政空间配置，受行政区划约束的刚性是明显的，但是对于商品、资本、技术等要素，行政区划的约束渐趋弱化，甚至完全流动以至于与行政区划无关。考察产业空间与行政区划的关系，主要关注土地要素、基础设施与公共服务的配置，涉及相关的经济行为主体——企业和政府。

土地资源的配置，取决于企业、产业发展的需求，也取决于土地的供给方式。土地要素是不可流动的，而企业附带各种要素在市场化条件下是可流动的。如果土地市场开放，稀缺程度不同的土地租金不同，企业根据产业活动中要素报酬来决定要素投入，要素产生流动并最终在特定空间集聚而形成产业空间。如果土地不能由市场来配置，那么要素流动就受到根本制约，产业限制于各自的封闭空间上。

企业的空间选择行为中除了土地成本作为重要的决策变量外，很重要的是集聚空间提供的外部溢出效应。集聚效应来自于两个方面：一是与本产业规模相关的地方化经济；二是所有产业加总规模的城市化经济。地方化经济与特定专业化产业的相关资源的空间集中有关，制造产业的主要投入是土地、熟练劳动力和多种中间品，产业空间依托于城市与外围衔接的交通便捷的区域，这些区域往往是产业内相关企业的集聚空间，对地方化经济的依赖较大。城市化经济更多地来源于基础设施、非标准化投入品、多样化，以及行业间信息交流与知识溢出等的积极作用。服务产业、高科技产业的投入要素主要是技术与信息，就必须在地理上接近提供服务和设施的城市中心，对城市化经济的依赖较大。

基础设施和公共服务是产业空间重要的外部性来源，因而政府也是产业空间的重要因素。政府将基础设施、公共服务投入纳入财政收支决策中。土地收入和税收收入是两个重要来源，地方政府关注行政区划所在空间的基础设施和公共服务是否能够吸引要素和经济活动的集聚，企业的产业活动带来相应的财政收入增量。在要素完全流动的竞争状态下，政府为了吸引要素集聚，一方面土地租金不能过高；另一方面还必须用一部分土地租金作为公共设施和公共服务的投入。极端的情况下地区政府间的激烈竞争，促使政府将全部土地租金转化为公共设施和公共服务的投入。地方政府在所在行政区划内配置土地要素、吸引要素和特定产业的集聚，与企业的区位选择行为一起造成了产业空间的分布。

（三）行政区划调整与产业空间变迁

行政区划调整并不单纯是行政管理体制的调整，基于政府经济人角色、集聚效应发挥等因素不变，调整行政区划的动因在于处理好“核心—外围”产业空间的关系，化解城市化快速扩张中产业空间扩张、转移与行政区划刚性壁垒之间的矛盾。

现有体制下以行政区划为界各自为政的格局阻碍了产业空间的调整、产业扩张和结构升级，当前中心城市的行政主体发起内部行政区划整合比较普遍。在现有体制下行政区划仍然是政府公共权力的区域边界，但是随着要素和商品的跨区域流动能力提高，刚性约束弱化，行政区划弹性调整在一定程度上可能促进产业空间结构的调整。产业空间的分布不完全是均匀的，普遍存在着集聚的现象，而且不同的产业在不同的位置形成集聚。有些研究者认为集聚提供了报酬递增，足以抵消集聚拥挤导致的成本上升，但是随着成本的持续上升，要素的流动形成了新的集聚中心，从而形成了多中心的结构。根据经典的空间结构转换理论，在要素流动性不受限制的情况下，产业空间结构转变的历程一般是从最初的分散状态演变到单中心集聚状态，集聚到一定程度，空间的稀缺程度加大，过度的拥挤会导致地租、交通、环境等成本上升，开始进入了集聚和扩散结合的多中心阶段。

经典模型展示的空间结构演变，必须假定土地之外的要素完全可流动，土地要素是竞争性获得的。在我国市场经济体制渐进改革的大背景下，产业空间的边界始终受制于行政区划的刚性约束。改革开放以来，地方政府的经济权力从行政上下级的垂直配置转变为以行政区为界的横向配置，行政区划对产业空间的三个基本因素都有着直接的影响。在特定的行政区划内，地方政府有能力支配土地要素的配置，在土地市场逐步形成中，也有能力干预土地要素的配置。土地要素是否可以竞争性获得，必然影响企业的空间和区位的选择行为，进而影响到要素的流动（集聚或者分散）。行政区划是对要素跨区域流动的刚性约束，难以形成区域内外要素的双向流动。行政区划的刚性同样还影响了地方政府提供基础设施和其他公共服务的行为，地方政府竞相争夺区域内和区域外要素。在工业化初期，参与区域经济竞争的地方政府立足于本地要素就地发展工业，为获得地方化经济的最大化，设置要素区域流动的壁垒，互相竞争争夺要素，在独立的行政辖区内提供工业化的基础设施，导致了分散的产业空间格局。随着市场化、民营化程度的提高和要素流动性的增强，企业通过"用脚投票"来选择企业活动定位，选择基础设施（公共服务）更优、城市化经济更明显的区位。随着区域产业的升级与转移，不同类型的产业根据其报酬水平选择与城市中心相关的空间位置，由此形成了产业分布的区域分工格局。行政区划对要素流动和企业进行产业空间选择行为的刚性约束在逐步弱化，区域间政府不仅要展开吸引要素的竞争，还需要政府间合作，接受并承担区域产业分工在不同行政区域的要素集聚空间，从而获取长期最大化的财政收入（包括土地租金收入）。相对分散农村工业化的产业空间格局阻滞了城市化，多个产业的地方化经济已经难以满足企业提高技术水平、产业的升级对技术、人才、生产性服务等高级要素支撑的需要，城市化进程的加速预示了农村工业化必须转型。

产业空间不是一成不变的，在一个要素流动不受制约的理性状态下，产业空间的转型就是在集聚和扩散作用下实现区域内空间与产业不断调整的过程。当要素的集聚和扩散打破行政区划的壁垒，企业的空间选择行为完全自主，区域间产业空间结构初步呈现了从分散走向集聚的态势，以行政区划为界来配置土地要素、基础设施和公共服务将成为对本地政府不利的选择。行政区划调整能够在现有体制下在更大空间内进行产业发展规划，在更大区域范围内配置基础设施和公共服务，与产业空间的变迁相适应。土地市场的渐进开放是基本条件，企业区位选择是导致产业空间结构变迁的动力，城市化集聚经济的上升并超越地方化集聚经济是政府改变空间决策模式的直接动因，在现有土地产权制度和区域行政体制下，上级政府主导、多方政府合作推动行政区划调整是产业空间变迁的有效途径。

四、都市化与产业空间变迁的实证研究

城市化进程与工业化进程是互动的。在城市化的初期农村工业化是主要的推动力，而“强县战略”的实施进一步推动了浙江省县域的城市化及其相应的城镇体系的形成。随着产业的进一步向开发区和工业园区集聚，产业园区的兴起引起了城市空间结构和城市功能的变化，县域城市化的单一功能与跨县域的产业分工的矛盾突出。城市群的多种形式出现了萌芽，县域城市化的集聚中心走向整合并逐渐打破行政区划，中心城市的都市区化不断推进，形成多中心的都市化空间结构，引导产业空间的变迁，促进了区域产业结构的有效调整。以杭州市为例。

（一）农村工业化的产业空间格局

改革开放以来，我国开始了由农村工业启动的新一轮工业化

进程。杭州作为浙江省的中心城市,新中国成立后形成了比较齐全的城市国有工业基础。在市场化和工业化起步阶段,农村工业化就地解决了土地、劳动力和资金等基本要素,从而形成了若干个依托本地要素的产业空间。外围萧山、余杭等地的农村工业化与城市国有工业同时并存,但是农村工业化的增长速度大大高于城市工业,规模总量也逐年接近并最终超过了城市部门,以至于杭州市产业空间偏离了空间结构变迁的经典轨道。杭州外围的农村工业便于从计划经济体制内交换获取相关的要素,乡、村两级因为兴办工业而增强了经济实力,一些乡镇的经济实力超过了县市的城市部分。但是要素流动受到行政区划的约束,乡村产业空间封闭稳定,缺乏要素流动和集聚,是典型的"无中心"空间。

杭州的工业结构以轻工业为主,城乡工业部门在产品和市场上构成明显的竞争关系,制造业城乡同构比较严重,区域产业"小而全"、"大而全"。城市产业调整缺乏扩散空间,导致了产业调整的停滞;农村产业分布分散,集聚效应和基础设施的规模经济不明显。县市政府在本级政府管辖的行政区域内适当开放土地市场,用土地租金支付基础设施和公共服务,保留本地要素流入城镇空间,实施"强县战略"。县域工业化表现出了强劲的发展势头,与中心城区临近的杭州周边县市萧山和余杭的工业生产规模在20世纪80年代末90年代初逐步拉近了与中心城区的距离(见表5.1)。

表5.1 "单一中心"的形成:萧山、余杭与市区工业产值的比值

年份	1984	1988	1990	1991	1992	1993	1994
萧山/市区	0.19	0.48	0.50	0.49	0.54	0.56	0.55
余杭/市区	0.12	0.29	0.27	0.29	0.30	0.34	0.36
两地/市区	0.31	0.77	0.77	0.78	0.83	0.90	0.91

数据来源:根据《杭州统计年鉴》的数据处理。

注:"萧山/市区"表示萧山的工业产值与市区工业产值的比值,以下类同。

城市经济部门在市场竞争中的表现不如农村工业部门，制约了城市经济的增长，在相当长的一段时间内，城市空间没有太大的扩张。杭州市中心城区的工业依旧保持绝对量的优势，但是萧山、余杭两个竞争性空间的崛起，阻碍了城市空间的扩展。中心城市政府出于提高城市经济规模和地位的目的，从区域外部吸引要素。杭州市政府首先选择了外资作为外部要素，试图通过国有经济部门与外资企业的要素的结合来提高城市经济部门的影响力。外资经济与国有经济的结合，要素集聚规模大大扩张了，超出了原有城市空间，必须扩大城市产业空间。90年代初，杭州市区的对外经贸有了很大的飞跃，设置了专门的外商投资区域。1991年，经省政府批准，在钱塘江两岸设立了钱江外商台商投资区，分别隶属于余杭和萧山两个县级行政区域。同时，规划了以旅游等服务业为主的之江旅游开发区，投资开发配套的旅游设施，作为工业园区的配套。

在“省管县”的财政体制下，县市政府与上级市政府控制了土地的配置，有相同的区域经济最大化目标。投资区并没有打破行政区划，在吸引外资，争夺外资新要素时，分属于三个独立财政的政府的开发区，显然不可能形成整体的集聚效应。相反，产业分区的功能被政府竞争所扭曲，实际上成为从属于各自单一中心的城市化进程的一部分。以钱江外商投资区为基础，在1993年分别成立了杭州和萧山两个经济开发区，仍旧回到了地方政府竞争格局中，杭州市整体的城市空间拓展并没有获得实质性进展。

（二）行政区划调整与产业空间变迁的过程及其效果

20世纪90年代初期，杭州及周边县市开始进入都市区的形成阶段，中心城市与相邻县（市）在发展空间上的矛盾日趋突出。杭州市城区是浙江省的经济高速增长地区，人均GDP及其增长率持续位列全省第一，由于技术革新和产业结构升级、区位与交通运输条件改善、地产市场的建设与完善等因素，杭州城市经济集聚加强，空间扩散过程明显。尽管如此，杭州城市空间结构的形成与自然条件密切相关，城市发展空间狭小。城市规划、土地利用规划对城市扩展的制约也非常明显，都市区产业发展空间的区域矛盾仍然没有得到有效解决。城市政府试图通过引入外资的要素来提高中心城市的集聚能力而实施“城市化战略”，与县市政府的“强县战略”在有限空间上产生了冲突，受行政区划的刚性约束，在同一个空间上不可能同时实施城市政府和县市政府两种产业发展战略。

1. 产业升级对行政区划刚性的冲击

杭州市区的产业结构一直处于不断的调整中，第一产业比重不断降低，第二产业在长期处于战略缩减的态势，第三产业的发展速度明显快于第二产业。20 世纪 90 年代开始，杭州市商品市场建设取得了较大的进展，建设了一批工业品批发市场、生产资料市场和要素市场。市场打破了行政区域的壁垒，逐步形成了以市区市场为龙头，县级市场为基础的市场网络。中心城市在金融保险业、科教文卫等方面占有绝对的优势，服务业的结构向服务第二产业和提高生活质量的方向优化，推动了信息、人才等要素和生产性服务业在中心城区集聚。1997 年第三产业增加值超过了第二产业，一批生产性服务业和新兴的知识型服务业兴起并迅速发展，第三产业逐渐成为了市区的主导产业，预示着产业结构的变动和产业空间的变迁。

市场化改革和民营经济是杭州市城市产业空间转变的动力来源。市场化改革使得要素的流动性大大增强，民营经济获取各种要素的成本大大降低。在土地要素低流动性无法改变的情况下，其他要素的流动性提高了企业区位选择的能力，对公共设施和公共服务的选择也更加主动，可以通过企业流动的“用脚投票”的方式来拓展企业的发展空间。市场化改革还打通了城乡要素流动的一些制度性障碍，城市产业需要将外围地区作为要素集聚的新空间。外围民营经济的要素优势，越来越受到杭州城市政府的重视。

杭州市及时向民营经济开放土地市场，用土地收益增加公共设施和公共服务投入，提高城市吸引和集聚要素的能力。杭州市还制定了相关政策，为民营大企业、大集团进杭创业提供优良服务。1996 年有浙江野风集团、杭州华立集团、浙江康恩贝集团、广厦建筑集团等区域外大集团总部进驻杭州。

市场化改革、民营经济发展影响产业空间转型的关键在于土地市场的渐进开放。为配合国企的民营化改革，国有企业出让国有土地使用权，渐进地形成了土地市场。民营企业向产业环境更加优越、对高素质要素集聚吸引能力更强的城市空间转移。来自民营经济部门的新要素逐步替代外资经济，成为补充城市国有经济战略性退出后形成的城市空间，国有土地使用权流向了民营经济部门。杭州市国有土地使用权转让的渐进改革开始于 1992 年，以协议出让、拍卖等方式转让土地使用权。土地的市场价格为产业空间的合理配置提供了依据，土地市场的收入转化为公共设施和服务的投入，使得城市的中心集聚的地位更加稳固。土地市场的开放是各类外部要素进入杭州集聚的基本条件，强化了杭州中心城区集聚各类要素的能力。城市中心的提升、城市空间的扩张得益于基础设施和公共服务，城市空间不断扩大，城市规划和土地开发超越了行政区划，从中心转向外围。

2. 行政区划弹性调整促进了产业空间变迁

市场化改革促进了要素流动，加快了区域要素向经济中心的集聚，经济中心的产业加快了升级和扩散的步伐。行政区划对土地等要素的刚性约束被市场化力量化解后大大降低，行政区划的边际连续的弹性调整将破解土地要素、城市规划和基础设施等对产业空间变迁的制约。1996 年经浙江省政府批准，杭州市曾对市区行政区划作过一次小幅调整（“划乡进城”），将位于杭州西北角的原余杭市所辖三墩镇划入杭州西湖区，将位于杭州东南角的原萧山市浦沿、长河、西兴镇并入市区，并在同年设立了滨江区，市区面积由430平方公里扩大到683平方公里。在划入杭州市西北角的部分，杭州市开放了土地市场，开发了大面积的城市住宅，现已成为杭州市开发最早、最成熟的居住区。滨江区正与20世纪90年代设立的钱江投资区重合，并与中心城区的高新技术开发区合并，成为杭州中心城区高新技术产业扩散的空间。第一次小规模的行政区划调整，突破了杭州城市空间的天然屏障，开始从“西湖时代”走向了“钱江时代”。1996年以后，杭州城区的财政收入增速明显，政府大规模投入基础设施。期间全长70多公里杭州绕城高速公路东南西北四段建成通车，而且已经进入了萧山、余杭境内，勾画出了杭州大都市的城市框架。

城市交通的改善加强了中心和外围的要素与产业的联系，市区的中心集聚地位更加突出，以城市为核心的城市空间在市场机制下逐渐形成。不同的产业根据报酬水平与土地租金的比较来作出区位选择，由此形成了从中心到外围的产业分布。越是远离城市中心区，要素的层次降低，集聚的程度降低。2001年，经国务院批准，杭州市行政区划再次作出重大调整，撤销萧山、余杭两市设杭州下辖的萧山区和余杭区。调整后的新杭州市区面积比原来扩大了近3.5倍，成为长江三角洲地区仅次于上海的第二个区域性大都市。“撤县(市)设区”的区划调整，整合了传统产业、先进制造业和高新技术产业、知识型创新产业在大杭州的发展空间。中心城区是中央商务区，适合发展信息、资金、服务密集的第三产业；中心城区优质的基础设施和公共服务吸引了人口集聚，适合发展房地产业，改善居住条件。知识型创新产业和高新技术产业，在与中央商务区、居住区的地理临近区域集聚，形成了若干个国家级高新技术开发园区。先进制造业在信息、资金、技术和服务密集的地理临近区域集聚，中心城区的第二产业向两个国家级经济技术开发区、三个省级经济技术开发区集聚。行政区划调整后，新开辟了面向钱塘江和杭州湾的萧山江东工业园区以接受中心城市的产业转移。原有的单中心城市空间形成了多个中心从属一个高级中心的关系。高级中心是要素集聚的支配中心，其他中心（要素和产业集聚区）作为副中心的地位，退出与主中心的要素争夺，从而主副中心之间形成了竞争性合作的区域间产业空间。

2001年区划调整，在原有空间巩固了高新技术产业的主导地位，相应的一般制造业再度向外围扩散，萧山的制造业产业区向东转移到萧山江东工业园，原有的产业空间让位于沿钱塘江中央商务区和高新技术开发区，交通设施的枢纽也再次沿上海方向外围推移，扩散能力甚至辐射到了嘉兴地区，大大提高了杭州中商务区、高新产业区、制造业产业区向上海接轨同步发展的能力。

3. 行政区划弹性调整下的产业空间变迁与产业升级

从萧山、余杭划出的区域临近中心城区，也是两地经济产出比重相对较高的区域。区划调整短期内对县域的总产出有不利的影响，但是产业空间的调整从长远来看对县域经济是有利的，将接受城市第二产业的转移。区划调整的1996年、2001年，萧山、余杭两地相对于市区的工业产值比重有所下降，但很快得到了扭转。1996年该比重从0.82下降到0.72，到2000年则超过了市区；2001年该比重立即下降为0.79，到2003年又超过了市区。相对而言，区划调整对第三产业的影响要比工业小得多（见表5.2）。

表5.2 主副中心阶段两地的工业、第三产业发展与市区的比较

年　份	1995	1996	1997	2000	2001	2002	2003	2004
两地/市区（工业产值）	0.82	0.72	0.78	1.03	0.79	0.86	0.97	1.03
两地/市区（第三产业）	0.35	0.30	0.31	0.36	0.35	0.36	0.38	0.43

数据来源：《杭州统计年鉴》1996—2005。

根据表5.2数据，对二、三产业产值的比值变动幅度作了简单的平均数处理（见表5.3）。行政区划调整的当年，工业与第三产业都有所下降，其中1996年两者的影响幅度相当，2001年工业下降的幅度（23.3%）大大高于第三产业（2.8%），平均影响幅度存在明显的差距。就行政区划调整后的正面影响而言，两个阶段工业的增长显然高于第三产业，1996—2000年间分别是43.1%、20%，2001—2004年间分别是30.4%、22.9%。如果考虑到工业的规模基数远远高于第三产业，对工业产值的实际影响程度应该有所强化。事实上，第三产业的发展也很快，只是没有工业那么出色。可见，产业空间的调整对周边县市而言更加强化了工业集聚的能力，对中心城区而言也拓展了第三产业的发展空间。

表5.3　行政区划与产业空间调整对两地工业、第三产业的影响

年度	区划调整当年的影响			区划调整后的影响		
	当年下降幅度（%）		平均下降幅度（%）	上升幅度（%）		平均上升幅度（%）
	1996	2001		1996—2000	2001—2004	
工业	12.2	23.3	17.8	43.1	30.4	36.8
第三产业	14.3	2.8	8.6	20	22.9	21.5

数据来源：《杭州统计年鉴》1996—2005。

综上所述，以行政区为界政府经济权力的空间配置导致了农村工业化发展模式下的诸多发展困境，城市产业的调整长期受制于有限的城市空间，在现有体制下通过行政区划调整扩大城市化发展空间，是为了更好地引导农村工业化的转型和转变经济发展方式。当市场化改革逐步推动要素的合理流动，当企业能够自主进行区位选择，当空间必须与产业相匹配，当政府通过提供公共服务来吸引要素集聚，所有这些条件在渐进的市场化改革中逐步实现，行政区划的刚性约束被逐步弱化。在实行了渐进的行政区划调整后，杭州的产业空间从分散转向了集聚，从冲突走向了协调，从强县各自为政的县域城市化转向了功能分区和都市化区域合作。杭州市都市化主副中心的框架超越了行政区域，城市发展的空间格局发生了实质性的变化，使杭州拥有知识型、创新型的和谐产业空间。从表面上来看，杭州的城市发展空间拓展很大程度上与行政区划有很强的联系。没有行政区划的调整和撤县(市)设区等举措，可能继续维持中心城市、县级市、城镇农村三级分布的分散格局。但是，在行政区划调整的背后，产业空间的转型形成的产业集聚的多中心结构对区域发展和不同级别的区域政府都是一种明显的改进，使得区划调整、空间整合成为一个理性的决策。

五、城市群与区域城市化

2002年，浙江省发改委在《提升浙江城市竞争力》研究报告中指出，"浙中城市群"的崛起，对浙江城市整体竞争力的提升意义重大。在浙江省区域协调发展的空间格局中，在继续发挥杭州、宁波、温州作为省域中心城市功能的同时，着力培育以"金华—义乌"为核心的"浙中城市群"，使之成为浙江新的增长极。在区域工业化和城市化的新阶段，跨区域的要素流动与集聚、产业分工与合作的不断推进，县域范围内城市化的城镇体系很难适应这一趋势，以金华—义乌为核心的城市群是一种在缺少中心城市的区域有效实现城市化空间结构转型并促进产业升级转型的有效模式。而且，对于有着区域特色产业集群而没有中心城市优势，有着"强县"优势而没有"都市"优势的浙中区域，城市群作为一种区域发展的空间组织形式，更具有突出的地位。

(一)浙中产业群与浙中城市群

浙江中部，错落分布着金华(市区)、兰溪、东阳、义乌、永康5

个中等城市，各个城市之间相距都在30公里左右，城镇布局极为密集。浙中地区虽然缺少一个辐射能力较强的中心城市，但是在农村工业化阶段形成了若干个县域经济高速发展的“强县”，如东阳、永康、兰溪和义乌，近年来区内的浦江、武义等县的工业化速度也很快。在浙中区域农村工业化的产业组织形式比较典型的是专业市场与产业集群的集合，以义乌和永康特别典型。在市场机制的作用下，浙中各个城市之间逐渐形成了既有竞争分工又有合作互补的产业和市场体系，特别是初步形成了医药化工产业链、汽摩配产业链、轻工产业链、五金工具产业链、食品工业产业链、建材产业链等六条产业链，形成了以义乌“中国小商品城”为中心，由金华市区汽车城、浙中建材城、东阳世界贸易城、国际建材城等组成的错位经营的规模化市场群链。

从农村工业化脱胎的特色产业集群为浙中城市群打下了坚实的基础，浙中的每一个县域范围都有各自的区域特色产业集群的支撑。在20世纪90年代后，通过设立工业园区和开发区，产业集群进一步集聚，并成为城市的一部分，完善了城市的产业功能。在浙中区域内，密集分布着经省政府初核同意保留的市经济技术开发区、金三角经济开发区、金西经济开发区、兰溪经济开发区、义乌经济开发区、永康经济开发区、东阳经济开发区、浦江经济开发区、武义经济开发区、横店电子工业园区、义东北经济开发区、磐安工业园区等12个重点开发区（园区）。

在浙中城市群中，金华及其周边县市各自形成了龙头地位的产业集群，但是县域的经济集聚程度及其在浙中区域的贡献程度有所不同。县域行政和文化中心的金华市区在第三产业有相当的优势，工业企业形成了一定的集群，但是周边的东阳、永康和义乌等对第二产业的贡献度更高，尤其是义乌以强大的市场辐射和带动力在浙中区域首屈一指。要将浙中各县域的特色产业集群打造成城市群的产业基础，需要第二产业(制造业集群)与服务业形成有效互动，通过区域分工提升浙中产业集群的整体竞争力，从这个意义上来讲，“浙中城市群”首先是一个产业协作网络。

合理配套的产业分工与协作网络，是城市群不断发展的基础和动力所在。城市群的发展使区域经济在生产要素的组织与创新方面具有较强的可更新性和自生性，促进区域产业结构不断优化并形成合理的产业布局和优势互补。浙中城市群以“金华—义乌”为发展的主轴线，大力培育区域特色产业，做到错位发展、分区开发、突出重点，初步形成了较为合理的产业协作网络。浙中各个城市实行产业协作，做强金华市的六大特色产业集群：医药化工产业群以金华工业园区医药区、临江分区为龙头，以金华、东阳、兰溪、永康等地一批骨干企业为依托；汽摩配产业群以金华市区、永康的整车企业为龙头，金华、永康、武义等配件生产企业为依托；轻工产业群以义乌中国小商品城市场为龙头，东阳、义乌、浦江、兰溪、金华为依托；五金工具产业群以永康中国科技五金城为龙头，永康、武义、金华为依托；食品工业产业群以婺城、金东的食品加工企业为龙头，以金东、东阳、武义、磐安等地的生态农业产业区为依托；建材产业群以兰溪的建材企业为龙头，东阳、浦江、婺城、永康为依托。这些特色产业群的建设与发展，都离不开各县市龙头产业集群之间的协作。而目前“浙中城市群”内部产业协作网络也正在构建之中，以义乌为例，在发挥中国小商品城市场核心作用的基础上，周边县市通过来料加工等多种协作形式，已经或正在成为义乌小商品市场重要的产品加工和制造基地。

(二)“金华—义乌”双核心空间结构

交通已经成为区域经济联系的纽带和城市群体空间建构的重要规划手段，直接影响着城市群空间的演变方式和发展方向。一方面促进了城市空间扩展并改变着城市外部形态，并对城市空间扩展具有指向性作用;另一方面直接改变着城市的区域条件和作用范围,会出现新的交通优势区位,产生新城市或城市功能区,进而改变原有的城市群体空间结构。2004 年,省政府和金华地方政府共同制定或批复了一系列关于浙中城市群的发展规划,其中很重要的一项就是浙中区域交通规划。省交通厅和市政府联合批复同意《金华市公路水路交通建设规划(2003—2010 年)》,提出规划建设“八高八快十二联”道路主干网。“八高”是指杭金衢、金丽温、甬金、台金、诸永、临金、东永、杭金衢高速金华支线八条高速公路;“八快”是指由四条纵向和四条横向国、省道一、二级公路组成的贯通浙中城市群内部主要城市的快速通道,也是金华通向临近省、市的快速公路出入口;“十二联”是指以市区为中心的浙中城市群内部的十二条城际快速联系通道。

浙中的快速交通联系通道基本围绕金华、义乌两个中心,构筑区域内的快速城际交通,拓宽浙中区域的对外通道。现代快速交通系统将会影响到区位优势的变化和城市空间结构的变化,高速公路沿线、高速公路的交汇处都将形成区位优势良好、集聚优势明显、对外辐射力显著的优势区位,由此形成了沿快速交通干线的开发格局,奠定了“义乌—金华”两个核心的“点轴”开发的空间布局。

义乌在“浙中城市群”中集聚指数最高,对周边地区的辐射带动作用较强;而金华市区作为“浙中城市群”的行政中心、科教中心和经济中心之一,对周边区域也有较强的辐射带动能力。金华市区和义乌距离相近,在产业结构、发展条件等方面具有很强的互补性,城市综合功能明显强于城市群内其他城市。金华市区和义乌市的功能必须加以有效整合,以“金华—义乌”为双核心构建“浙中城市群”。2006 年 2 月,《金华市国民经济和社会发展第十一个五年规划纲要》出台,提出了加快培育以金华市区为内核,包括义乌、永康、东阳、兰溪 4 个市和浦江、武义、磐安 3 个县及一批中心镇共同组成的浙中城市群，建设成功能分工互补、空间布局合理、产业各具特色、交通快速互联、资源优化配置的浙中城市群。规划提出了“聚合主轴线、依托两市场、构筑四沿带、培育多集群、营造生态网”的空间发展策略。所谓“聚合主轴线”，即将金华市区—义乌之间高速公路（铁路）、城市快速干道沿线地区作为城市群发展主轴放在优先发展和重点开发的战略位置，形成金华—义乌两市功能互补、融合发展，使这一发展主轴成为浙中城市群“城镇人口集聚最为密集、城市服务功能最为完善、基础设施建设最为先进、主导产业升级最为快速”的黄金发展轴线，并辐射带动其他市县的城市建设与产业发展。

城市群的功能远远超出多个相同规模的孤立城市的功能之和。“浙中城市群”中任何一个城市都难以单独成长为功能完备的核心城市，它只有作为一个功能整体，才能在与省内外其他特大城市和城市群、都市圈等的竞争中，占据一席之地。在“浙中城市群”中，金华市区是该地区的行政、文化、科教、交通、信息中心和经济中心之一，义乌作为全世界最大的小商品批发市场的所在地，成为带动“浙中城市群”建设与发展的重要增长极；永康、东阳分别以五金产业和中国五金城市场以及建筑业、中国影视产业实验基地等成为重要的经济增长点，兰溪是浙中的老工业基地和主要的能源供应地；武义、浦江、磐安等在发展特色工农业和休闲旅游业等方面拥有巨大潜力。

（三）制度创新与浙中城市群

浙中城市群以“金华—义乌”为双核心，任何一个城市都无法单独成为区域城市群的核心，浙中“双核心”城市群展示了典型的县域城市化向区域城市化转变的现实基础和发展路径。要使区域城市化具备城市群的产业基础和空间组织，还需要破解诸多区域城市化的体制和机制的约束瓶颈，例如行政区划调整、区域性城市规划、行政管理的权限等。

2000 年底，国务院批准撤销金华县，设立金华市金东区，金华的行政区划面积从原来的 301.3 平方公里增加为 2044.7 平方公里，市区建成区面积从 1998 年的 30.5 平方公里扩大到 2001 年的 40 平方公里，市区人口规模由 1998 年的 32 万人上升到 2001 年底的 44.4 万人，城市发展空间和人口规模的扩展使得金华作为浙中中心城市的地位得以加强。

义乌作为一个县级市，要成为县级市为主的城市群的另一个核心，更要从体制和机制上加以创新，为义乌在城市群中发挥集聚和辐射的核心作用创造条件。2006 年 11 月，浙江省委、省政府专门发文将义乌作为全省第四轮强县扩权改革的唯一试点城市，明确规定：除规划管理、重要资源配置、重大社会事务管理等经济社会管理事项外，赋予义乌市与设区市同等的经济社会管理权限。这一改革使义乌的财权、审批权、人事权等各方面均与省级行政直接对接，从而为避免义乌在改革后陷入省级行政与地市级行政直接管辖的尴尬境地，创造了有利的条件。应根据经济社会发展的需要，在市场监管、金融监管、仲裁、社会治安、消防、出入境管理等方面努力争取更多、更大的扩权事项和权限。例如设立海关、正式开放航空口岸；鼓励外资和股份制银行等金融机构在义乌设立分支机构并提高其级别；探索符合义乌实际的结算及外汇管理措施；进一步扩展地方产权股权交易平台，建设国际小商品物流保税区等。

第六章 走出去:开放型经济的新趋势

改革开放30年来,浙江率先进行市场化取向改革,成功地走出了一条开放型经济发展之路,使浙江成为一个典型的“大进大出”的区域经济体系。但从总体看,浙江开放型经济粗放发展的特征还比较明显。随着经济发展水平提高和要素资源约束的不断强化,浙江开放型经济正面临着一个重要的转折点,即从商品输出向资本输出转变,这即是开放型经济发展的客观规律,也是浙江经济发展新阶段的必然要求。因此,推进浙江开放型经济的转型,从认识、政策、发展思路上等各方面促进这一过程,对浙江经济整体的转型升级具有重要的理论和现实意义。

一、经济全球化与我国开放型经济发展路径

20世纪80年代以来，经济全球化日益成为世界经济发展中的显著现象。与经济全球化几乎同时起步的是我国的对外开放战略。30年来，中国对外开放取得了巨大成功，顺利实现了从封闭半封闭型经济向开放型经济的伟大历史转折。如果对我国对外开放的模式和路径作进一步细化分析，从中可以发现我国的开放型经济发展有自己独特的做法与特点。

（一）经济全球化的兴起及原因

经济全球化是指商品、服务、生产要素与信息的跨国界流动的规模与形式不断增加，通过国际分工，在世界市场范围内提高资源配置的效率，从而使各国间经济相互依赖速度日益加深的趋势。第二次世界大战以来，特别是近30年来，在技术进步的推动下，经济全球化进程逐渐加快，成为世界经济发展的主流。

经济全球化的形成与发展，有着深刻的原因。

首先，从根本上说，经济全球化是生产力发展的内在要求。生产力发展水平的提高，客观上要求分工的深化与市场规模的扩张。这一要求推动着生产从国内区域间分工向国际分工发展，销售从国内市场向国际市场扩张。跨国公司在追逐规模效益与分工效益的过程中，通过跨国投资活动，形成了在全球配置资源、跨国协调其生产与经营活动的格局，推动产业内贸易、公司内贸易的高速发展。同时，跨国性投资、生产与贸易活动的大量增加，必然要求国际金融市场的快速发展，以保障这种跨国经济活动的高效运行。

其次,战后国际经济关系的变化为经济全球化创造了条件。发达国家凭借其较强的国际竞争力和经济实力,在国际双边与多边经济关系谈判中不遗余力地推行贸易与投资自由化。二战后,一些实行外向型发展战略的国家与地区,取得了较大的成功,成为新兴工业化经济。在新兴工业化经济的示范作用带动下,越来越多的发展中国家实行了贸易、投资与金融自由化改革。伴随着国际产业分工与技术扩散,发展中国家与发达国家之间的比较优势也发生了变化,发展中国家不再仅仅输出初级产品,逐渐成为世界市场上劳动密集型商品的重要供给者,一些新兴经济体也从资本净输入国变成了资本净输出国。在这种形势下,发展中国家也对进一步削减贸易与投资壁垒提出了新的要求。冷战结束后,前苏东国家走上了经济转型道路,为尽快摆脱原计划经济的约束,在全球范围谋求发展机遇,这些国家也纷纷选择开放政策。发展中国家实行贸易投资自由化政策,是追求自身利益的主动选择。越来越多的国家实行自由化政策,为商品、服务与生产要素的跨国流动创造了更大的市场空间。

再次,科学技术的进步是经济全球化的物质基础。跨国界的计算机网络和信息高速公路的建立,使电视、电话、计算机连为一体,将整个世界变成了地球村。在促使经济全球化形成的技术进步中,首先是制造业技术,特别是增长最快的电子机械和信息技术的发展。由于技术更新的加快,使产品的零部件和生产阶段具有越来越明显的可分性,使得同一种产品(比如汽车和大型电信设备)可以同时分布在十几个、几十个国家生产,使每个国家发挥其技术、劳动力成本等方面的优势,使最终产品成为万国牌的“国际性产品”,产生明显的技术和成本竞争的优势。即使是在全球处于垄断地位的波音公司,其飞机零部件也来自十几个国家和地区,这些大型企业由于国际化生产而带有明显的全球化特点。当然,跨国公司要把生产过程分布到全球各地，最重要的条件是要提高通信和运输的效率，并降低其成本，这样才能实现生产和服务的国际化进程。

（二）经济全球化的基本特征

1. 贸易国际化

新科技革命创造了品类繁盛的新产品、新技术和劳务服务，拓展了世界贸易的空间，推动了世界贸易总量、结构、体制等方面的深刻变革，给世界经济注入了新的活力。贸易成为带动世界经济增长的强大助推器和“引擎”。二战后，国际贸易增长速度超过历史上任何时间，而且其增长率远远高于生产的增长率。20 世纪 70 年代世界出口额占 GDP 的 17%，90 年代货物和服务贸易的增长率是全球 GDP 增长率的 2 倍，贸易总额已超过 7 万亿美元，平均相当于 GDP 的 21%。在乌拉圭回合以及千年回合谈判的推动下，贸易和投资自由化的进程进一步加快。根据世界银行的统计，2001—2007 年世界货物进出口贸易量的增长率为 6.2%，这明显高于 80 年代 4.6% 的增长率。

2. 生产国际化

当代社会的生产是高度现代化的大规模生产，它既要求不断增加投入以发展新技术、新工艺，也要求分工更加精细化、专业化，协作范围进一步扩大化、广泛化。这样，过去那种以垂直为主的分工变成以水平为主的分工，以往在一个国家内部范围的分工与协作关系，必然发展为一系列国家之间的国际分工和协作，从而使各个国家的生产活动密切联系，相互依赖，在国际范围内结成一个整体。例如，波音 747 飞机共有 450 万个零部件，它们是由 6 个国家的 1100 家大企业和 1.5 万家小企业联合生产的。“R－180”载重汽车，其发动机是瑞典制造的，底盘、弹簧是美国提供的，控制系统是德国制造的，车身是意大利生产的，而整车的装配则是在英国完成的。随着纵向生产国际化程度的发展和加深,生产的国际分工和协作呈不断升级态势,由同一产业部门内部不同行业之间的国际分工和国际交换,发展为同一行业内部不同产品之间的国际分工和国际交换,进而发展为同一生产过程内部各种零部件的国际分工和国际交换,以致同一件产品的各种零件往往来自许多国家和地区,整个地理俨然成了一个大工厂,各国经济不断融合、互补,形成新的嫁接优势。

同时,随着产业地区转移和投资国际化的加速,促使横向生产国际化水平进一步提高。各国被卷入世界市场体系之中,都不同程度地成为全球经济中的一个组成部分,都在新的以水平型为主的国际分工体系中占有一定位置,互相交织、互相融合,密不可分。而作为国际投资和国际生产的主要组织形式的跨国公司,在推动横向生产国际化水平不断升级方面起了决定性作用。它在世界范围内优化资源结构和资源组合,生产越来越多的"全球产品",即生产一个产品所用的资金、原料、技术、劳动力可能来自不同国家和地区,而且销往不同国家和地区,在促进生产国际化的同时,又加速了资本的国际化和世界贸易的发展。

3. 资本流动国际化

二战后,资本的国际化趋势愈益明显,国际直接投资增长速度空前加快。由于平均利润率下降、生产成本增加和环保投资加大等原因,西方发达国家以及此后的中等发达国家和地区(如亚洲"四小龙")加速了产业结构的升级换代,向发展中国家与地区转移所谓夕阳产业,引发了强劲的资本国际化浪潮。资本是连接世界各国经济的桥梁和纽带,而作为资本国际化最重要载体和主角的跨国公司蓬勃发展,突出地反映了生产国际化和资本国际化及其相互交融的新变化,极大地推动了全球化进程。资本主义历史上对外经济扩张的主要途径一向是传统的商品输出和资本输出,而现在对外直接投资则成为其强有力的手段。与国际贸易等形式相比，直接投资具有使各国之间的经济关系更加密切、融为一体的作用。

据联合国开发计划署的统计，1997 年外国直接投资超过 4000 亿美元，按可比价格是 20 世纪 70 年代的 7 倍，2007 年则达到了 1.8 万亿美元。全球证券和短期资本流动的规模更大，目前已超过 10 万亿美元。从资金来源分析，未来 20 年里，由于工业化国家老龄化的结果，资金的供给将是相当充裕的，1992 年全球养老金总资产为 6 万亿美元，到 1997 年已增加到 9.7 万亿美元，2002 年为 13.7 万亿美元，2008 年达到了 26 万亿美元。如此庞大的资金会在全球范围内寻求高回报，与此同时，广大发展中国家的资金需求也是巨大的。过去，许多发展中国家更偏好借款和证券融资，而对外国直接投资限制较多，担心国内工商业会被外国公司控制。1998 年亚洲金融危机的教训使一些国家改变战略，转向更多地吸收外国直接投资。例如 1998 年有 60 个国家对 145 项涉及外国直接投资的法规进行了修改，其中 94% 的修改是为了创造一个对外国投资更为有利和宽松的环境。过去，国际资本的流向主要集中在发达国家和少数新兴市场国家，90 年代国际资本先大量流入后又大量流出发展中国家。2008 年国际金融危机爆发，美国和欧洲等发达经济体的经济增长速度明显放慢或出现衰退，而中国等一些新兴经济体则保持较快经济增长，因此我们预测有可能出现对中国和亚洲投资的新热潮。

不过，经济全球化并不是一部人类携手并进的田园诗，有些国家可能从中获取利益，使本国国民收入得到提高，也有些国家可能在竞争中失败，与发达国家之间的收入差距进一步扩大。在过去 30 年里，中国更多地抓住了机遇，在经济全球化的竞争中是赢家。2008 年国际金融危机的爆发给全球的经济环境和经济发展蒙上了一层阴影,也给我国的外贸出口和经济增长带来了较为严峻的挑战。因此,接下去的几年,关键就在于我国能否实施有效的开放战略,抓住机遇,从而实现国民经济继续平稳快速发展,提前实现经济现代化。

(三)开放型经济转型与我国的对外开放发展战略

1. 开放型经济转型的国内外研究现状

开放型经济(open economy)是建立在与外部经济广泛联系基础上的市场经济的典型形态和高级化形式,其实质是通过与其他经济体的交流,在更广阔的空间内配置资源。实行对外开放政策,充分利用国际资源和国际市场,参与国际分工和国际竞争,这是发展中国家实现经济现代化的必由之路。经验表明,对外开放的效率和效益取决于开放的模式,即对外开放的发展理念、发展路径和政策倾向。

开放型经济转型升级是新思想、新提法。从目前国内外理论界的研究看,没有完全相同的概念。但在增长方式转变、产业升级、经济转型等方面有许多相关的研究成果。西方许多经济学家研究表明,先行工业化国家的经济增长模式转变,关键在于经济增长由依靠物质资本的积累和其他资源的投入驱动转变为主要依靠人力资本的积累和效率的提高。如库兹涅茨提出了现代经济增长的阶段划分,并指出现代经济增长的绝大部分应归于生产效率的高增长;以罗默为代表的新增长理论,认为经济增长转型关键在于人力资本的提高,而一个国家或地区的市场、产权等制度建设至关重要;萨缪尔森指出,现代经济增长中随着效率的提高,用同样多的资源可以生产出更多的产品。近年来,经济转型成为国内外学者和经济学家关注研究的热点问题。世界银行的《发展报告》和国际货币基金组织的《工作人员报告》都对世界范围内的转型问题给予了一定的研究和关注。国内的转型研究主要从中国渐近式改革实践入手，对中国渐近式改革的路径和过程进行解释和归纳。这些都给我们研究开放型经济转型升级提供了很好的理论基础。

2. 我国的对外开放发展战略

过去30年，我们成功地实现了由封闭型经济向开放型经济的转变，并通过大规模利用外资迅速成为国际制造业的重要生产基地和国际贸易大国。1978年我国外贸进出口总额仅206亿美元，居世界第32位，2008年增加到2.5万亿多美元，跃居世界第二位。2008年我国吸收外资超过950亿美元，连续17年居发展中国家首位。毫无疑问，对外开放极大地推动了我国经济社会的发展，大大加快了我国的现代化进程，我国已成为国际制造业的重要生产加工基地。对外开放对我国经济社会发展的促进作用无论怎样评价都不过分。

但是，我们必须看到，随着我国经济的迅猛发展和国际环境的变化，一些深层次的矛盾逐步凸显出来，现有的对外开放模式面临严峻挑战。一是随着国际石油价格和主要工业原料价格大幅上涨，以及国内劳动力工资水平的逐步提高，以低成本为主要竞争手段难以持续，开放型经济面临着生产成本不断上升的严峻压力；二是发达国家打压我国经济发展的力度越来越大，针对我国的贸易摩擦和反倾销制裁频频发生，要求人民币升值的压力持续不断，国际环境不容乐观；三是大规模的出口加工，不仅形成了对国际市场和国际资源的双向依赖，而且国内环境资源的压力日趋突出。2008年我国进出口贸易依存度超过60%，出口依存度达到33.2%，这在大国中是十分罕见的。

我国对外开放面临的矛盾和问题反映了开放型经济粗放发展的特征，以及在国际产业分工格局中处于中低端的困境。对外开放的本质是参与国际分工，从全球角度看，我国的开放型经济发展实质上是以跨国公司为主导的国际产业结构调整和产业转移的结果。跨国公司为了追求更高利润,在全球范围进行产业链布局,把加工、组装、制造等劳动密集型的生产环节大量转移到发展中国家,以充分利用发展中国家的廉价劳动力资源,而把研发、设计、品牌等技术密集型环节留在本国,以保持竞争优势。因此,虽然我国凭借着超大规模国家的市场优势、低成本生产要素(劳动力、土地、智力资源等)、相当实力的产业基础和生产能力等综合成本优势,成为承接此轮制造业转移的主要国家之一,进入了国际产业分工体系,但整体而言处于产业分工的中低端,以加工组装为主。例如,2004 年我国虽已成为世界第四制造大国,但是制造业人均劳动生产率仅 3.8 万元/年,为美国、日本的 4%,德国的 5.5%。我国出口产品中,高技术产品大部分掌握在跨国公司手中,以 OEM 或 ODM 方式生产出口,其中电子信息产品达 82%。一般贸易中,轻纺产品仍占较大比重,未来发展空间较为狭窄。因此,大力推进增长方式的转变,全面提升开放质量、提高国际竞争能力,这是我国对外开放进一步发展的必然选择。

此外,从对外开放的发展路径看,我国是典型的外资推动型。大规模利用外资在有力推动我国经济快速增长的同时,也使得我国经济增长具有偏重于资本投入、粗放扩张的特征;大量的廉价劳动力在大幅降低生产成本从而具有较强国际竞争力的同时,也降低了我国技术创新的动力从而形成了“低技术陷阱”。由于粗放发展,虽然我国出口规模迅速扩大,但产品结构实质性提升不快、经济效益不高。

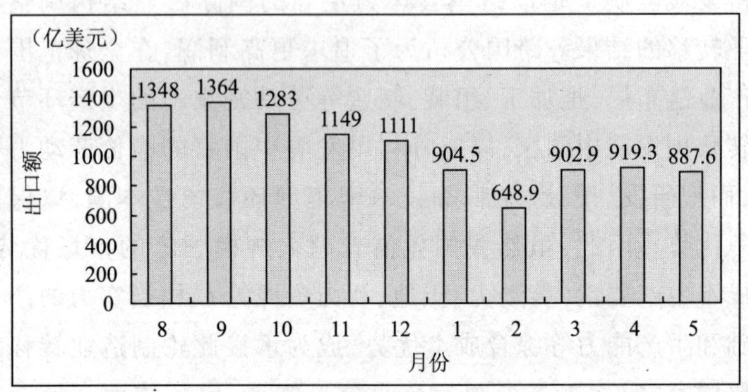

图 6.1　金融危机爆发以来我国月度出口额变化情况

资料来源：中国商务部网站，网址：http://zhs.mofcom.gov.cn/tongji.shtml

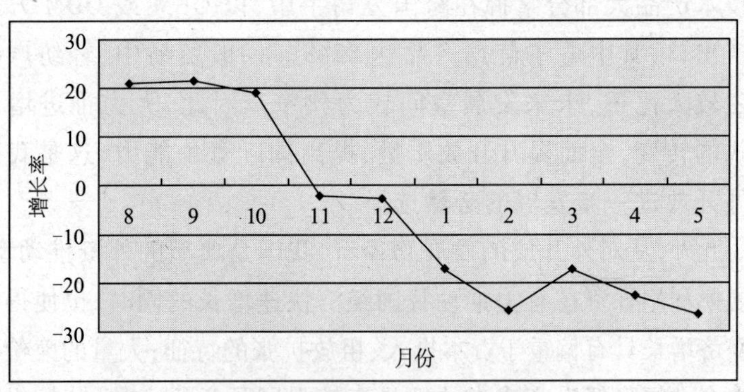

图 6.2　金融危机爆发以来我国月度出口的增长率(%)

2008 年国际金融危机爆发以来，我国出口连续多月持续下降(见图 6.1、图 6.2)，多数出口企业日子举步维艰。但是，2008 年以来国际资本流动、跨国投资与并购活动急剧萎缩，而中国的对外直接投资却异军突起，获得快速发展。据渣打银行估计，2009 年中国对外直接投资将达 1500 亿～1800 亿美元，而同期吸引的外国直接投资为800~1000亿美元，即2009年我国的对外直接投资额将有可能首次超过引进外国直接投资额。这主要源于中国经济30年来的快速发展让中国企业积累了大量资本。当投资境外比投资境内可以获得更低成本和更高利润时，这些资本就会自然流向境外，这是对外投资的基本规律。换句话说，中国的对外投资已经从初级阶段进入快速发展期，中国在世界经济中扮演的角色，将发生从"产品生产者"向"资本输出者"的历史性转变。

（四）开放型经济的发展阶段及对浙江经济转型的意义

综合Dunning的投资发展周期论、Wells的小规模技术理论、Prebisch和Singer的进口替代理论，发展中国家对外经济发展（即开放型经济）一般都要经历以下几个梯度递进过程：第一阶段是基本出口导向期。其基本依据是绝对和相对比较利益原理。对于一个发展中国家来说，这个阶段是以输出商品为主的阶段，其目的多是出口创汇，缓解国内资金的不足。第二阶段是进口替代期（又可分为基本进口替代和成熟进口替代）。通过进口替代使其一般进口产品逐步国产化，通过学习、消化他国先进的管理、技术等经验，为其所用，形成较为独立的经济体系，进而转向新型出口导向期；第三阶段是资本输出期。直接或间接对外投资，包括直接在别国投资生产、兼并重组他国企业、就地销售或转出口第三国等，这种方式常常伴随着大规模的资本输出而发生。其贸易方向呈现出水平型和垂直型交叉并行的立体结构，即不仅面对相对落后的发展中国家，而且也进入到相对发达的国家参与竞争。在此基础上，我们进一步提出，开放型经济的发展阶段一般要经历商品输出、资本输出和知识产权输出三个阶段（见图6.3）。换句话说，商品输出、资本输出和知识产权输出是开放型经济由低到高的三种形态。目前多数发展中国家还处于第一或第二阶段（形态）。

图 6.3 开放型经济的发展阶段(形态)

改革开放 30 年来,浙江成功地走出了一条开放型经济发展之路,使浙江成为一个高开放度区域经济体系。但从总体看,浙江开放型经济粗放发展的特征还比较明显,在国际产业分工格局中,浙江的产业和企业大多还处于中低端。随着经济发展水平提高和要素资源约束的不断强化,目前浙江开放型经济正面临着一个重要的转折点,即从商品输出向资本输出转变,这是浙江转变发展方式和经济转型升级的重要内容。换句话说,发展开放型经济,提升开放型经济的发展水平,是促进浙江经济发展方式转变和经济转型的重要动力。根据党的十七大方针,坚持对外开放的基本国策,把“引进来”和“走出去”更好地结合起来,扩大开放领域,优化开放结构,提高开放质量,完善内外联动、互利共赢、安全高效的开放型经济体系,是我国今后相当长时期内的发展目标。因此研究浙江开放型经济的转型和升级,不仅有助于我们思考和解决目前浙江外贸和对外投资等方面所面临的一些问题,而且对促进浙江经济发展方式转变和经济转型都具有十分重要的意义。

二、商品输出:浙江开放型经济的低级形态

改革开放以来,浙江在商品输出上稳步快速发展,迅速发展成为我国的外贸大省之一。但浙江近年来的外贸发展遇到了前所未有的困难和挑战,尤其是 2008 年国际金融危机的爆发,浙江的外贸出口严重下滑。

(一)浙江商品输出的特点

1. 对外贸易快速增长

近年来,浙江的进出口总额都在高位数增长,2002—2006 年,浙江进出口年均增速达 33.75%,进出口规模从 419.60 亿美元快速增长到 1391.47 亿美元;出口额占全国的比重由 9.04% 增长到 10.41%,上升 1.37 个百分点。2007 年浙江省进出口总值进一步上升到 1768.56 亿美元。对外贸易对经济发展的贡献逐步加大,出口依存度由 2002 年的 31.76% 上升到 2007 年的 52.3%。因此,从总量来看,浙江对外贸易的规模在不断扩大,呈现出了快速增长的态势(见图 6.4)。

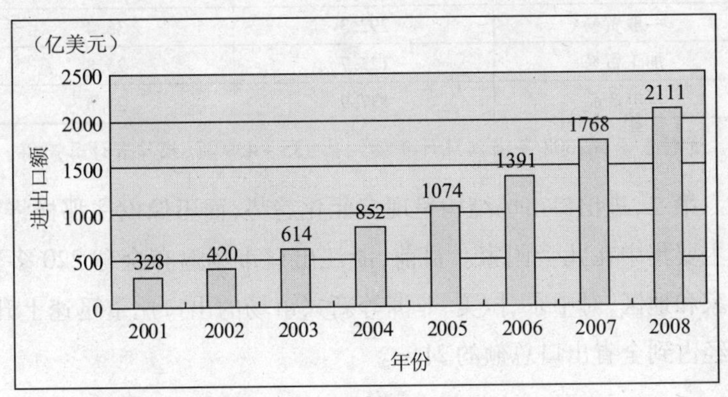

图 6.4 浙江进出口总额的增长情况(2001—2008)

资料来源:浙江历年统计年鉴。

2. 外贸结构不断优化

在进出口快速增长的同时,浙江出口产品结构也不断优化。从结构方面来看,浙江的对外贸易主要有以下几个特点:

第一,进出口商品结构从初级产品出口为主转向高新技术产品和机电产品出口为主。机电产品出口占比由 2002 年的 32.94%

上升到2007年的43.3%。高新技术产品出口占比由2002年的不足5%，增长到2007年的8%。这表明浙江的进出口商品结构正在不断地调整和优化。

表6.1　　浙江进出口商品主要分类情况(2007)

指　标	绝对数(亿美元)	比上年增长(%)
进出口总额	1768.6	27.1
出口额	1282.7	27.1
一般贸易	993.6	28.5
加工贸易	273.0	20.8
机电产品	555.8	31.2
高新技术产品	101.7	0.09
进口额	485.8	27.0
一般贸易	292.3	36.4
加工贸易	123.7	25.8
机电产品	137.9	21.5

资料来源：《2008年浙江统计年鉴》，第435－439页，经作者计算而得。

第二，进出口市场结构呈现多元化趋势，而不像以往那样将市场主要集中在几个国家。目前，浙江出口市场遍布全球220多个国家和地区，对中东、拉美、非洲等新兴市场的出口比重迅速上升，已经占到全省出口总额的21%。

表6.2　　浙江对主要市场进出口情况(2007)

国家或地区	出口额(亿美元)	比上年增长(%)	进口额(亿美元)	比上年增长(%)
欧　盟	340.7	33.5	58.3	32.4
东　盟	70.9	28.9	48.4	25.1
美　国	246.4	12.4	39.3	38.4
中国香港	51.1	41.9	3.8	15.4
日　本	88.2	7.7	77.7	21.0
韩　国	40.4	26.3	60.4	13.5
中国台湾	15.7	21.7	73.3	56.9

资料来源：《2008年浙江统计年鉴》，第437页，经作者计算而得。

3. 外贸体制不断创新

浙江积极创新外贸方式,如扩大生产企业外贸经营权,促进有条件的企业到境外设立贸易型公司,大力发展国际市场营销体系和各种服务贸易,提高了商品的国际化程度。

(二)新形势下浙江商品输出面临的挑战

2007年以来,美国次贷危机的爆发和随之带来的全球金融危机、人民币对美元汇率持续升值、原材料大幅度涨价和劳动力成本大幅上升以及国际贸易保护主义抬头因素与浙江粗放型、低水平的开放经济叠加在一起,使浙江的外贸出口面临严峻形势。

首先,国际金融危机影响浙江出口增长。西方国家正在遭受二战以来最为严重的经济衰退。由于目前浙江出口占其GDP的52.7%,并且其中有19%流向美国,美国和世界市场大幅度减少对中国乃至浙江产品的需求,无疑会对浙江的外贸出口带来巨大的压力。

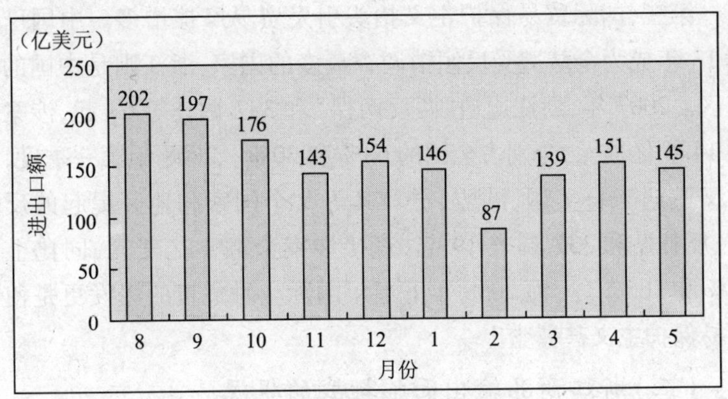

图6.5 2008年8月金融危机爆发以来浙江分月进出口额

资料来源:浙江省商务厅网站,经作者整理而得。

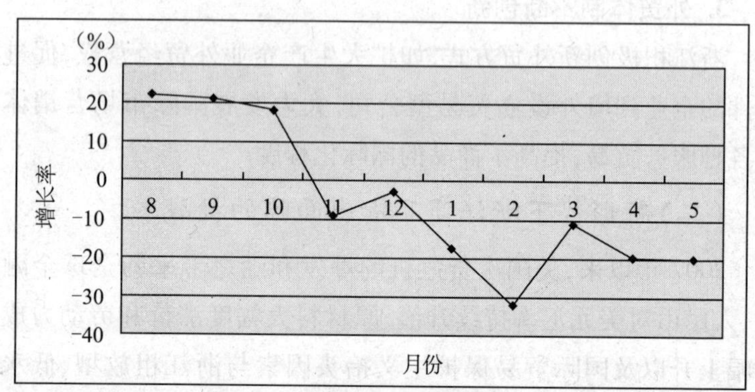

图6.6 2008年8月金融危机爆发以来浙江分月进出口额增长率

资料来源：浙江省商务厅网站，经作者整理而得。

其次，人民币汇率的持续大幅升值，对出口企业特别是对劳动密集型、低附加值的出口企业造成了很大影响。出口效益大幅萎缩，进一步压缩了企业出口利润，削弱了浙江出口商品的国际竞争力。

第三，国际贸易保护主义抬头引发贸易摩擦增多。中国已连续13年成为全球遭受反倾销调查最多的国家，浙江则是中国的重灾区。2007年，浙江遭遇"两反两保"和337调查等63起，涉案金额14.6亿美元，分别占全国的68%和30%。2008年第一季度，全省又遭遇来自美国、欧盟、土耳其等9个国家和地区提起的反倾销、反补贴和337调查19起，直接涉案金额4亿美元，同比上升73%和165%。[①] 而2008年下半年国际金融危机的爆发更是使得贸易保护主义甚嚣尘上。

(三)浙江商品输出面临挑战的根源

浙江外贸出口面临的矛盾和问题反映了开放型经济粗放发展

---

① 以上数据引自郭占恒．浙江提高开放型经济水平研究[J]，浙江学刊，2008(5)．

的特征，以及在国际产业分工格局中处于中低端的困境。虽然浙江凭借着低成本生产要素、相当实力的产业基础等综合成本优势，商品输出在过去30年有了一个跨越式发展，但整体而言，浙江企业依然处于产业分工的中低端，以加工组装为主，还处于“低技术陷阱”——浙江的出口产品基本上集中在劳动密集型产品上，技术含量低，因此市场竞争十分激烈。加上出口企业大多是中小企业，家族式管理非常普遍，企业规模小，研发能力、创新能力不足，造成企业的市场开拓力不强。浙江外贸出口面临的危机对中国的“世界工厂”经济模式提出了严峻挑战，因此开放型经济的转型已经是当务之急。

三、资本输出：浙江开放型经济的发展形态

资本输出（对外投资），是更大范围、更高层次上利用资源，是开放型经济的发展形态。通过“走出去”进行境外投资，可以把一些成熟技术和优势产品带出去。通过参与国际技术合作，可以把世界先进技术引进来。通过增加承包工程，扩大对外劳务合作，可以增加就业机会，在更广阔的空间里进行经济结构调整，支持浙江产业结构升级。随着经济全球化趋势及区域经济一体化深入发展、贸易自由化和投资便利化不断推进、国家鼓励对外投资政策不断出台，浙江企业对外投资正进入加速发展和结构调整并举的新阶段。

（一）浙江资本输出的缘起和阶段

经过较长时期的资本积累和历练，20世纪90年代中后期开始，浙江一些有实力的企业开始将触角伸向国外。与其他地区不同的是，这些试图走出国门进行对外投资的企业以民营企业为主。

据相关统计显示，2008年私营企业境外企业数、投资额分别占浙江境外企业数、投资额的95%和90%。可见，浙江的资本输出本质上是民间资本的境外扩张过程。通过“走出去”，这些有实力的民营企业试图在全球框架内利用各种在国外具有比较优势的先进要素，以此拓展国际市场，建立自己的国际营销体系，并参与到全球生存网络之中。例如，万向集团、吉利控股集团、飞跃缝纫机集团等企业先后积极走出国门，在全球资本舞台融通资金，利用他人的先进技术和市场优势发展和提升自己。纵观浙江民营企业“走出去”的历程，具体可以分以下三个阶段：

1. 初始起步阶段

浙江省对外投资，从整体上可分为两大类，即贸易性投资（设立贸易机构）和非贸易性投资（兴办生产型、资源开发型或服务性企业）两大类。浙江省对外投资始于20世纪80年代初。1981年11月18日，首家贸易机构亚利公司（富春有限公司的前身）在香港注册成立。非贸易性投资始于1984年，省家具杂品工业公司同加拿大海塔门有限公司和远东商业有限公司合资在加拿大兴办的加华家具制造公司。随着国家对境外投资基本指导思想由限制到鼓励的转变，对外经济合作事业也得到了发展，承包和劳务合作队伍的不断壮大，业务量和市场都得到了增加和扩大。自1983年国务院批准浙江第一家浙江国际经济技术合作公司对外承包劳务经营权以来，到1991年，已达到8家，完成营业额3226万美元。境外投资1981—1991年间，经过核准的企业（机构）共52家（其中，非贸易企业25家），总投资额12680.61万美元，其中中方投资额5938.11万美元。这一阶段是初始起步阶段，投资家数很少，投资形式单一，主要以设立境外贸易公司和办事处为主，投资主体单一，投资地区集中，主要分布在西方发达国家和我国传统市场。

2. 逐步成长阶段

1992—2000年,在邓小平南方谈话和中央精神鼓舞下,改革开放步伐明显加快,对外投资和经济技术合取得了新的进展,呈现出空前活跃的好势头。1992年经核准的境外投资企业59家,是前10年的总和。2000年境外投资企业家数首次突破100家,达到107家。境外投资领域不断扩大,除一般性贸易投资外,工业、农业、资源开发、运输、研发咨询等项目逐渐增多,截至2000年末,非贸易性投资项目占总境外投资项目的35%。境外投资主体更加广泛,由以前省级外贸公司为主,逐步转向地、市外贸公司、生产企业、"三资"企业和私营企业,特别是私营企业发展较快,已成为浙江境外投资的主力军。1998年7月省颁布的《浙江省私营企业申办境外企业的审批办法》对浙江省的私营企业到境外投资起了积极的推动作用,2000年私营企业境外投资占全省新批企业数的46%。1999年初,浙江省从实际出发提出了"两个推动",作为外经工作的重点。即推动浙江省制造业到境外投资,开展境外加工贸易;推动浙江省商品专业市场到境外设立分市场,开展跨国营销。1988年巴西中华商城、1999年南非中华门商业中心等一批较有影响的境外市场建成,带动了成批企业尤其是个体企业到境外设点,仅巴西中华商城一家吸收国内近50家,计150人,2000年带动出口额4300万美元。

3. 加速发展阶段

这一阶段"走出去"在促进外资外贸联动发展、推动产业规模扩大和结构调整、增强企业自主创新能力、增加就业,提高居民生活水平、实现制造业原产地多元化,规避贸易纠纷和贸易壁垒等方面为浙江经济社会发展作出了重大贡献。同时,也是境外投资规模日益扩大,质量显著提高,形式多元化,加速发展阶段。2001—2008年,全省经核准的境外投资企业(机构)累计达2754家;年总投资额从3933万美元增加到92044万美元;年中方投资额从3469

万美元增加到86088万美元。项目平均投资额从27.3万美元增加到157.6万美元。境外投资形式从主要以设立贸易机构为主，向设立境外加工生产型企业、资源开发、房地产开发、研发机构、商品专业市场、参股并购、境外合作区等多种形式发展。

表6.3　　浙江省境外投资分阶段统计表　　单位：亿美元

起止时间	项目个数	总投资额	中方投资额
第一阶段(1981—1992年)	52	1.27	0.59
第二阶段(1992—2000年)	1087	12.01	10.73
第三阶段(2001—2008年)	2327	16.86	14.66
合　计	3466	30.14	25.98

数据来源：浙江省商务厅外经处。

到2008年止，全省经政府部门核准的境外企业和机构累计已达3466家，中方投资额30.14亿美元，遍布6大洲、129个国家和地区。据商务部统计，浙江境外投资的境内主体数量和境外机构数量连续多年居全国第一，境外投资总额也位居全国前列。

表6.4　　浙江省对外直接投资在全国排位变化　　单位：万美元

年　份	全国投资总额	浙江省投资总额	占全国比重(%)	浙江在全国排位
2004	549799	8202	1.50	第3位
2005	1226117	7225	0.59	第5位
2006	1763397	19165	1.09	第4位
2007	1871600	45989	2.46	第2位
2008	614354	50558	8.23	第2位

数据来源：http://hzs.mofcom.gov.cn/aarticle/date/200901/20090106007367.html

(二)浙江资本输出的方式

浙江企业的资本输出，是一个以省内的产业优势和资本优势为基础，让资本、产业和市场“走出去”的形式多样的资本扩张过程。到目前为止，浙江企业资本输出的基本模式①可分为贸易式、契约式、投资式三种：

1. "贸易式"资本输出

贸易式资本输出模式是指企业通过代理商、经销商或直接设立境外销售分支机构、子公司等方式，开拓国际市场。该模式是对外国市场介入最小的一种模式。此种模式目的是要建立自己的国际营销机构，构建自己的海外销售渠道和网络，将产品直接销往海外市场，减少中间环节，提高企业的盈利水平。据省商务厅统计，境外贸易性企业占全省境外企业总数的74%，其中经贸办事处及常驻贸易小组有1467家，贸易公司1112家。建立海外营销渠道的投资模式是浙江民营企业海外投资的最主要模式。

民营企业采取贸易式"走出去"的优势在于：①企业通过构建自己的海外销售渠道，减少中间环节，将产品直接销往海外目标市场，有利于扩大出口规模，而且该模式由于经营成本低、灵活性强，因而风险较低；②在该种模式下，企业不仅可以直接扩大产品出口，通过直接掌控海外销售获得流通领域的可观利润，还能直接了解市场信息；③对于部分大企业而言，设立海外营销渠道，有利于其通盘考虑进出口和国内外市场，通盘考虑国内外可利用资源，实施其全球发展战略，既推动出口也寻找进口赢利的好机会，真正做到国际化经营。

但是采用这种投资模式主要是销售环节走出去，而企业的生产、采购和研发环节并未走出去，国内国外的协调性相对较差，母公司对目标市场的控制程度低，还会受到文化的障碍，影响投资效益。

---

① 姚望．大国崛起的步伐——中国"走出去"战略[M]．北京：科学出版社，2008：127.

2. 契约式资本输出

契约式资本输出是指通过许可证贸易、特许经营、技术协议、服务合同、管理合同、工程合同、生产合同、合作生产协议等方式，转移技术、商标、经营方法、管理经验等无形资产。契约式模式是跨国公司与目标国家（地区）的法律实体之间长期的非股权关系，前者向后者转让技术或技能。

对外承包工程一直是浙江企业“走出去”的重要方式之一。近几年，全省对外承包工程、对外劳务合作、对外设计咨询营业额以年均 20 亿美元的速度平稳发展，2008 年全省新签订合同额达 33.63 亿美元，外派劳务人次 1.68 万人。积极发展对外承包工程可以充分发挥我们的比较优势，带动浙江国民经济发展，加快浙江建筑业的改革和发展，促进了国际先进工程技术和管理经验的引进和吸收，培养了大批优秀人才。

但相对于其他模式，对外承包工程也有其缺陷和不足，主要表现在：一是与投资模式相比，对外承包工程基本上属于一次性交易，这就使得这种“走出去”方式的流动性大，不易于长期占有当地市场；二是相对于贸易模式，对外工程承包是风险较高的领域，特别是大型工程项目投入大、工期长，回报要在工程完工后才能实现，容易遭受不可预见的外来因素如自然灾害、暴乱、战争等不测事件影响而造成巨大的损失。

3. 投资式资本输出

投资式资本输出是指通过采取绿地投资、跨国并购以及战略联盟等形式转移各种经营资源的方式，在目标国家（或地区）建立子公司，并享有一定的控制权和所有权。

（1）绿地投资方式的主要特征。该模式的一个主要特征是投资与贸易的互动和对外经济贸易业务与国内经济的互动。通过对外投资带动和促进外贸出口是第一个互动；通过对外投资与出口加快国内产业结构调整和优化是第二个互动。这些投资的主要目的是开拓国外市场、带动出口,优化国内产业结构。另一个主要特征是企业开展绿地投资的主要方式是在海外建立生产基地,开展加工装配业务,以企业自带设备、技术、原材料、零配件投资为主,经加工组装成制成品后就地销售或再出口到别的国家和地区。采用这种投资模式的企业一般是国内技术成熟、生产能力过剩的纺织服装、家电、轻工、机械、原料药等行业的制造业企业,投资集中在亚、非、拉和前苏联东欧国家等发展中国家与地区。据省商务厅统计,截至2009年3月止,全省境外生产及加工贸易企业共有689家,投资总额14.08亿美元,中方投资额11.53亿美元。

企业投资设立境外加工贸易企业,一是可以将成熟的技术设备和过剩的生产能力搬移到市场销路较好的国家和地区,使企业过剩的生产能力继续发挥作用,继续获得收益;二是可以将国内的技术、设备、原材料、零配件等实物出资,符合一些企业的实际需要;三是能够合理地利用原产地规则,规避和突破各种贸易壁垒,有效拓展海外市场。不过投资式模式也具有资金回收期长、投资风险大等缺陷和不足。

(2)跨国并购及其成效。跨国并购是指跨国企业为了某种目的,通过一定的渠道和支付手段,依照东道国的法律将东道国企业的整个资产或足以行使经营控制权的股份收买下来,取得某个现有企业的全部或部分所有权的行为。近年来,浙江民营企业频频启动跨国并购的投资模式,截至2008年,全省经政府核准境外并购企业23家,投资总额达2.89亿美元。浙江民营企业的跨国并购取得了很好的成效,主要表现在:

第一,以投资换技术,带动自主创新能力提升。2006年,杭机集团收购德国abaz&b磨床有限公司60%股权,与其结成国际战略联盟。该公司是欧洲四大磨床制造企业之一,专门研发生产高精度工作台，以及高效专用数控磨床。是世界上开发数控编程软件和砂轮修正技术方面的主导者。杭机集团与德国 abaz&b 公司结盟，不仅获取技术融合，共享优势技术，还能腾出余力进行新技术研发，创造新一轮技术优势。通过一系列的国内外并购，杭机集团迅速扩大了市场，销售收入从 1999 年的 7841 多万元上升至 2007 年的 105900 万元，总资产也由 29000 万元上升到 142970 万元。

第二，以投资换品牌，推动实施品牌发展战略。纳爱斯集团收购原英属中狮公司麾下的香港奥妮集团等三家公司，这宗中国日化界最大的海外并购案，使纳爱斯一举获得了"奥妮"、"百年润发"、"西亚斯"三个品牌及 83 只商标的独占使用权或所有权。在国内诸多知名日化品牌纷纷被外资侵吞的情况下，纳爱斯拒绝"委身下嫁"外资，主动并购海外企业，构建自身品牌体系，具有积极的现实意义。

第三，以投资换市场，推进市场销售渠道拓展。2005 年 10 月钱江集团成功收购了具有意大利百年历史的摩托车企业 Benelli 公司，将其建成为进军欧美高端市场的基地。并购后，公司通过境内外的资源整合和优势互补，大大提升了产品知名度，增强了市场竞争能力，公司快速成为国内少数几家具有自主设计开发能力和生产发动机品种最多，跨度最大的摩托车厂家之一。同时，钱江摩托"走出去"以后，对本土汽摩配企业起到很好的模范带头作用，带动了当地汽摩配产业链的发展。以汽摩配产业快速发展为依托，车辆及零件出口成为台州新的出口增长点。台州市汽摩及零部件出口从 2004 年的 2.06 亿美元增加到 2007 年 7.73 亿美元。

第四，以投资换效益，启动创业投资发展模式。万向集团海外收购轨迹，充分显现了浙江民营企业境外创业投资发展的成果。1994 年，万向美国公司成立。十多年间，遵循集团国际化发展战略，万向美国公司完成了20多个海外并购、参股案例。2000年,收购第一个购买万向产品的国外企业——美国舍勒公司;2001年,收购美国上市公司——UAI公司;2003年,公司创立了万向美国制造基金,开展一系列专业化兼并、收购的操作,加快了海外并购步伐。2003年,收购全球最大的翼形万向节传动轴一级供应商——美国洛克福特公司;2005年,收购美国方向连杆企业PS公司;2007年,收购年经营规模达80亿美元的美国AI公司。用万向美国公司总裁倪频自己的话说,这些年来他们越来越发现,买卖公司比买卖产品赚钱多。

2008年国际金融危机爆发后,浙江资本加大了对外投资和跨国并购的力度。浙江省商务厅的最新统计显示,2008年浙江境外投资总额首次突破9亿美元,其中中方投资达到8.6亿美元,超过"十五"总和。当然,由于多数浙江对外投资企业的技术水平和管理水平都还较低,加上众多民营企业面临融资困难,缺乏应有的金融服务支持,使得浙江企业的资本输出还停留在一个较低的阶段。除此之外,审批程序繁杂,环节多,速度慢,延误商机,缺乏为企业海外投资提供信息支持的专门机构,出口退税延滞等问题也对浙江企业的资本输出形成了一定制约。

(三)浙江资本输出存在的主要问题

目前,浙江企业开展境外投资主要有以下一些较为突出的问题:

1. 部分企业境外投资的目的不甚明确,仍停留在低层次扩大商品出口的水平

相当一部分企业目前并不具备真正的全球观念和境外投资意识,他们进行境外投资的动机仅仅是为了增加出口,而不是在全球范围内寻求生产和交易的比较利益,他们面临的问题是如何通过境外贸易机构扩大商品的出口,获得更大利润以增强自己的实力以及出口退税问题。因而他们注重能否尽快获得利润,较看重当前利益而没有长远的投资规划，没有有意识地通过树立自身品牌及提升产品附加值来开拓国际市场。此外，境外市场中产品低价竞争的现象仍较为突出，商会等中介组织的作用有待进一步加强。虽然低价竞争一定程度上提高了浙江商品在国外市场的占有率。但是，从长远来看，这势必不利于浙江产品提高附加值，最终损害全体浙江产品乃至中国产品在国际市场的信誉及形象。

2. 企业在国际化经营方面融资困难

融资渠道少，境外资金筹措困难已成为制约浙江省企业开展境外投资的主要因素。一般而言，企业开展境外投资的经营资金主要来源于以下几个渠道：企业内部融资；国内和所在国银行、资金市场及有关政府组织筹集资金；来自国际社会的资金。而目前浙江境外投资企业的融资渠道很少，大多数企业的融资都来自国内母公司的支持。所以融资问题是浙江省境外投资企业面临的最大问题。而目前国家现行的外汇管理体制对资本项目下的外汇实行严格管制，虽经国家外汇管理局的许可，浙江率先在全国放宽了相关的管制额度，管制情况较全国有所松动，但仍存在国内资金不能按时、按量抵达境外的问题，又使本已严重的融资渠道雪上加霜。

3. 企业对自身的利益保护不力

一些企业法律意识淡薄，对驻在国的有关法律法规不了解，出现纠纷往往束手无策。也有一些企业极少与我驻外使领馆经商处室进行衔接与沟通，在应付突发事件或重大事件时十分被动。在以往的对外投资中，相当一部分投资失败或夭折，失败的主要原因是投资决策不够谨慎，一些投资者在经常决策时，对国际市场新环境不适应，对政治、经济、文化等环境，以及生产能力、技术条件、市场前景等，没有进行认真的可行性研究，草率定项目，造成立项不当，使企业先天不足。还有些企业对合作伙伴的实力、布局、资信等没有详细调查，使我方受损。

4. 国际化经营方面的人才短缺

境外投资企业普遍缺乏熟悉法律、精通业务、懂管理、会外语的复合型人才，是制约企业开展境外投资活动的重要因素。就民营企业而言，涉外经营人才的匮乏更是制约其海外拓展的一大瓶颈。浙江省的个私企业极大部分在农村，企业人员也大多以农村居民为主，不少个私业主本身文化素质低，缺乏必要的现代市场经济的基本知识、经营技能和管理理念。由于无力高薪聘请国际贸易的专门人才，这些企业面对全新的国际市场经营环境往往茫然无措、力不从心。

5. 境外的宏观管理体制严重滞后，部门分割，各自为政，缺乏统一且透明的政策

目前由政府部门对每个投资项目的可行性进行审批，审批环节多，耗费时间长，影响了企业境外投资的积极性。发改委和外经贸部门（商务厅）负责对一般对外投资项目进行审批，经贸委（工业和信息化厅）和外经贸部门（商务厅）对境外加工贸易项目经常审批，外管局负责对对外投资资金来源和风险审查。因为审批制度过严、过于繁杂，有实力、有优势的企业想“走出去”的出不去，或是被迫采取化整为零，先生存再发展的策略，通过非法途径“溜出去”，以逃避政府有关部门的监管。

总体上看，政府和相关职能部门的组织和引导尚不到位。多年来，虽然各级政府或有关职能部门出台了一些扶持政策，也扮演了一个“大度政府”的角色，但在其组织协调下向外拓展的力度还显脆弱，大部分企业开展境外投资基本上还是企业和市场的自发行为，这使企业在境外投资中增加了不少拓展的会成本。在另一方面，由于企业缺乏获取国际市场信息的规范、快捷、有效渠道，很多基于想走出国门的企业存在着饥渴症、盲目性，容易上当受骗。

因此政府及有关职能部门在宏观层面上指导和组织企业开展境外投资已经是一个当务之急的问题。此外，企业开展境外投资的外部环境亟待完善。境外投资的法律、财政、金融、外汇等方面的配套政策措施仍需完善和加强；信息服务体系尚未完全建立，企业难以及时获取国际市场信息；与投资相关的国际法律、会计、评估、咨询等涉外中介机构的作用还有待强化。

四、浙江开放型经济的转型动因、影响和趋势

近年来，浙江开放型经济迎来了从商品输出到资本输出的转型期，势头不可逆转。正如我们前面所言，从商品输出到资本输出的转型是开放型经济发展的客观规律，也是浙江经济发展新阶段的必然要求和趋势。浙江开放型经济的转型对浙江经济整体的转型升级具有重要的理论和现实意义。从发展趋势看，浙江开放型经济的发展方向是品牌和知识产权的输出。

（一）从商品输出到资本输出转型的动因

1. 从宏观环境上看，我国面临巨大的外汇储备压力

截至2009年3月底，我国外汇储备已达到19000多亿美元，而且城乡居民储蓄存款也超过了12万亿元人民币。目前国际上银行存款利率也处于历史性的低水平，这正是整合和引导资金输出的最佳时机。将一部分资本输出海外进行投资不但可以减缓日益高涨的人民币升值压力，还可以调整国际收支平衡，缓和贸易摩擦。加上中国加入WTO以后，正在不断地融入国际社会，全球经济一体化的趋势也已成定局，因此资本输出必将成为中国融入世界的一个重要渠道，它也为我国实现资源国际优化配置提供了一个极佳的手段。

2. 浙江企业"走出去"实现资本的境外扩张是经济发展的必然结果

理论研究和国际经验表明,一国或地区的对外投资活动与该国或地区的经济发展水平密切相关。随着一国国民收入持续上升,资本流出的数量也会逐渐增加。当人均GDP在2000美元左右时流出的资本量会出现"井喷"式上升。而在人均2600~5600美元之间,将会出现资本净流出的现象,即大规模的资本输出。从整体上来看,浙江已经进入工业化中后期阶段,按照当年平均汇率计算,浙江在2008年的人均GDP达到了6000美元左右,正好处在大规模资本流出的时期。

3. 资本的境外扩张是浙江经济进一步发展的必然要求

浙江是个资源小省,长期粗放的经济结构与发展方式,使浙江面临着"成长的烦恼",资源要素的瓶颈制约逐渐凸显,土地、电力、水资源等不能有效满足全省经济发展的需求,严重制约浙江经济的进一步发展。因此,鼓励、支持、引导部分产业和企业,特别是部分劳动密集型、资源消耗型以及对环保要求较高的产业和企业,有序地走出去,将有限的发展空间腾出来发展科技含量高、经济效益好、资源消耗低、环境污染少、人力资源优势可以得到充分发挥的产业,有利于浙江优化产业结构,促进经济增长方式的转变。同时,资本输出也可以使我国规避经济高速发展所带来的国际贸易摩擦,使中国企业绕过各种关税和非关税贸易壁垒以及歧视性的措施,直接进入海外市场,这样可以不断扩大外销市场,购并海外销售网络,直接利用海外资源,拓展我们的生存空间。

4. 从商品输出到资本输出的转型是应对国际经济风险的客观需要

依赖大量出口来推动本国经济发展,会增加本国经济的对外依赖性,从而丧失经济发展的主动权。无论是发达国家还是发展中国家,在经济的发展过程中,一味地将出口作为经济的发展动力的话,最终可能会降低甚至丧失本国经济自我发展能力和抵御外部冲击的"免疫力",从而更易受到外部市场的摆布,这对一国经济的长远发展是非常不利的。浙江、广东等外向依存度高的省份受此次金融危机的影响最大就是明证。因此,实现从商品输出到资本输出的转型,是应对国际经济风险的客观需要。

(二)浙江开放型经济发展对浙江经济转型升级的意义

浙江企业通过"走出去"投资、开展跨国经营,对促进浙江经济稳步、健康发展,对浙江经济转型升级起到了积极的推动作用,主要体现在以下五方面:

1. 建立境外加工基地,规避贸易壁垒,促进产业结构调整

浙江传统优势产业到境外发展迅速,不仅转移剩余产能,为浙江产业结构调整拓展了空间,而且有效规避了贸易壁垒,增加出口。纺织业、机械业、服装业、建筑业、矿产开发业、电子、轻工、服务业、化工、渔业为浙江境外投资主要产业。众所周知,纺织品贸易实现"一体化"后,欧美为遏制中国纺织品大量出口,保护其自身行业利益,对我国纺织品实行严格贸易限制,作为纺织服装出口基地的浙江省深受影响。为保持原有市场份额,浙江纺织企业不断探索发展新路,走出国门,在海外布点设立生产加工基地,取得了较好业绩。到2009年3月止,浙江已成立了831家纺织服装类境外投资企业,境外投资7.63亿美元。

2. 建立境外资源开发基地,缓解浙江经济发展的资源压力

有效利用国外资源已成为企业"走出去"的新模式。到2009年3月止,全省经核准的境外资源开发项目有43个,总投资2.4亿美元,分布在俄罗斯、刚果(金)、南非、菲律宾、朝鲜、印度尼西亚、老挝等22个国家。涉及铜矿、铁矿、钴矿、镍矿、铬矿、钼矿以及森林资源等。这些资源的开发和利用,从一定程度上缓解了浙江经济发展的资源压力。

3. 建立国际营销网络,提高国际经营能力,培育浙江国际知名品牌

以万向、雅戈尔、纳爱斯、钱江、哈杉、吉利、华立、康奈、越美等为代表的一批民营企业,积极实施跨国经营战略,不断提高跨国经营能力,初步显露出浙江本土跨国公司的雏形。万向集团,在欧美等8个国家设立、并购、参股了19家公司,构建起涵盖全球50多个国家和地区的国际营销网络;雅戈尔集团公司斥资1.2亿美元收购美国五大服装企业之一Kellwood公司旗下两家公司100%股权,一跃成为世界最大的男装生产企业,壮大了企业实力;纳爱斯集团通过收购一举获得了3家香港日化企业的83个品牌(包括百年润发等知名品牌),走出了一条创品牌的捷径。康奈集团,在美国、意大利、希腊、法国等十多个国家开出了100多家海外专卖店,打响了本土品牌的国际知名度。

4. 建立境外研发机构,增强浙江自主创新能力

通过并购设立海外研发机构,能够成功绕开知识产权壁垒,迅速获取国外先进技术、人才、信息等资源,获取欧美主流市场的销售渠道,实现国内生产进口替代。到2009年3月止,浙江企业在境外设立31家研发机构,总投资1.12亿美元。境外研发项目在推动提升浙江企业自主创新能力方面成效显著。

5. 建立境外经贸合作区,促进传统优势产业境外集聚发展,提高浙江企业跨国经营的整体实力和影响力

2006年开始的由政府推动的境外经贸合作区建设逐步升温,为浙江民营企业跨国集群式规模发展提供了良好契机。华立集团、康奈集团、海亮集团、吉利集团分别在泰国、俄罗斯、越南、墨西哥建立了国家级经贸合作区。浙江成为拥有国家级境外经贸合作区数量最多的省份。而后,分布在博茨瓦纳、尼日利亚、乌兹别克斯坦等国的5家省级境外经贸合作区也纷纷脱颖而出。至此,浙江已拥有9个境外经贸合作区,均为民营企业投资设立。目前,各类境外经贸合作区建设正在积极推进,发展势头良好。浙江着力打造的,传统产业集群式“走出去”的发展平台将发挥积极作用。

不过,随着浙江企业资本输出的不断扩大,很多人也存在着诸如“资本外流将导致浙江本土投资不足”以及“产业转移可能带来浙江产业的空洞化”等的担忧。如果产业转移出去,浙江没有相应规模的高技术制造业、新兴服务业等高附加值产业来填补,那么产业空洞化现象是有可能产生的。但“外流资本”在一定时候也有可能在浙江优良投资环境的吸引下回流或部分回流。为此,应当着力改善浙江的投资环境,简化企业回乡投资的程序,在回乡投资企业的登记发证、土地使用、税费征收、融资贷款等方面予以一定的政策倾斜,努力营造良好的投资环境。同时,要大力发展高新技术产业和新兴产业集群,以集群的发展吸引高新技术企业的进入和衍生,充分利用已转移出去的企业所腾出来的发展空间,促进浙江产业结构优化。近年来的实践也证明,“跳出浙江”是浙江资本提高自身素质、促进经济结构调整和改善民生的有效途径。

(三)品牌和知识产权输出:浙江开放型经济的发展方向

品牌和知识产权输出是开放型经济的高级形态。在经济全球化的步伐日益加快的背景下,世界经济正面临着新一轮产业结构的调整和转移,各国企业开展跨国经营已形成趋势和潮流。中国企业能否在这样的浪潮中锻造出自主品牌,驰名国际,利用好国外资源和国际市场,不仅是关系到企业生存发展的问题,也是关系到我国经济在全球范围的竞争力问题。实施品牌和知识产权“走出去”战略有利于提高中国的国际地位。

浙江企业靠着自身的努力,从为海外制造企业做零部件配套到为世界品牌、跨国连锁零售巨头做成品贴牌再到出口自有品牌,从借助外力搭车国际营销网络到自建零售终端,从小蚂蚁工厂到地区龙头企业再到行业老大,在品牌的国际化方面取得了显著的成绩。一些有实力的浙江企业站在全球化的视野,在品牌附加值和传播策略上下工夫,整合国内外资源,通过兼并、收购、重组等方式拓展了品牌发展空间,提升品牌的国际竞争力。浙江的万向就是一个典型案例。万向集团10余年的海外经营,大大提升了万向品牌的国际知名度,有力促进了万向在全球范围内的整体增长。但总体上看浙江企业品牌的国际化还处于起步阶段,要走的路还很长。面对未来激烈的国际竞争,如何让浙江民营企业的品牌走向国际市场,成为国际驰名品牌,占领更多的国际市场份额,已经成为浙江民企必须密切关注并亟待解决的问题。

总之,从商品输出到资本输出,再到知识产权的输出转变是开放型经济发展的客观过程,也是企业国际化的必然趋势。浙江目前正处于从商品输出向资本输出的转型阶段。我们应从认识、政策、发展思路上等各方面促进这一过程,积极开展国际经济合作与交流,促进浙江开放型经济的进一步发展。

五、促进浙江开放型经济转型的对策和建议

从商品输出到资本输出的转型是开放型经济发展的客观规律。推进开放型经济转型可以使浙江在更大范围、更广领域和更高层次上参与国际经济合作和竞争,充分利用国际、国内两个市场,优化资源配置,拓宽发展空间。浙江要发展,必须推进开放型

经济的转型,提升开放型经济的广度和深度。开放型经济的转型和质量的提升,将把浙江的改革开放推向一个新的阶段。笔者认为,促进浙江开放型经济的转型和升级,可以从以下几个方面努力:

(一)以创新为核心推进外贸发展方式转变

国际经验表明,创新是参与国际竞争、快速提升竞争力的最有效途径。历史上欧美率先完成工业革命、确立世界强国地位依靠的是原创性技术创新,20 世纪中期日本等国的经济迅速崛起凭借的是管理创新和应用技术创新。因此,浙江对外开放的进一步发展必须加大创新力度,通过创新提高浙江的国际竞争能力,应对国际经济环境的严峻挑战,改变浙江处于国际产业分工低端的格局。要以创新为核心推动开放型经济的发展方式转变。

在全球经济一体化背景下,对外贸易是浙江参与国际分工的现实路径之一。从商品输出到资本输出的转型并不意味着我们不应该重视商品输出。继续对外贸易,推进外贸发展方式转型,过去是、今后仍然是浙江发展开放型经济的重要途径之一。与此同时,应积极鼓励和扶持已初步具备国际竞争能力的优势企业走出去,积极参与国际竞争。鼓励优势企业到境外从事物流、贸易分销、旅游、信息服务等,有序扩大银行、保险、证券等金融服务业对外投资。对那些目前在国际市场上还不具备竞争优势的服务部门,也可发挥比较优势,在亚洲邻国和非洲、拉美较落后的国家寻找机会,争取一定的市场份额。比如参与国际工程承包、发展国际旅游等。

(二)鼓励本地企业循序渐进,进行对外投资和参与跨国并购

整体实力有限、规模较小、产业发展层次偏低的浙江企业,在

"走出去"的方式上应选择渐进式的海外扩张方式。从中国领先企业的实际情况看,一方面缺乏对海外市场,尤其是海外竞争情况的了解,另一方面资金实力不足以及人力资源匮乏也是制约海外经营的主要因素。因此,选择渐进的扩张方式更加适合大部分浙江企业。而且在拥有扁平化管理结构和内部信息共享通畅的企业,循序渐进的扩张方式更适用于企业沿着学习曲线积累海外经营的经验。具体来说,在实施海外经营时,浙江企业可以选择以国际贸易为先导,随后再分阶段分步骤将企业的生产经营环节向目标市场拓展,根据自身实际条件,由低到高逐级选择直接出口、设立海外分公司(或子公司)、对外直接投资和跨国并购等方式。2008 年国际金融危机为浙江企业进行跨国并购提供了一个绝好的契机。

事实上,在由此次国际金融危机引发的新一轮国际产业格局重组中,浙江资本正积极参与跨国并购,并一举成为浙江境外投资的主流。2008 年浙江企业的跨国并购中,由中方投资 500 万美元以上的项目就有 40 家。与此同时,政府应及时总结境外直接投资的成功经验,出台支持和扩大浙江企业境外直接投资的指导意见,指导企业开展对外经济合作。要完善民营企业融资制度,积极创造条件让优质民营企业进行发行股票和债券,大力拓展直接融资渠道。允许和鼓励民营中小银行的创立和发展。进行改革和创新,加大现行金融机构对民营企业的扶持力度。完善中小企业信用担保体系建设。千方百计利用民间信用(包括资产信用和道德信用)以及创造新的社会信用等形式,积极打通民间金融资本和实业资本之间的通道。

(三)实施品牌战略,努力创造品牌优势

很多浙江企业在进行海外经营的过程中之所以选择恶性价格竞争方式是因为没有自己的品牌。没有品牌是浙江企业缺乏国际竞争力的表现。中国企业的产品在国外,如果不贴牌是很难卖出

高价的，一旦贴上国际著名商标价格就上升几倍甚至几十倍。这种现象要求浙江的企业在实施“走出去”的战略中，要发挥自身的优势，正视不足，创造属于自己的著名品牌，在创造自己的著名品牌过程中要有卧薪尝胆的精神。品牌和知识产权输出应是浙江开放型经济的发展方向。

浙江企业如果实施品牌全球化，可选择三种发展策略：一是利用公司现有品牌实施地域扩张，缺点是速度慢。二是收购已存在的品牌。收购品牌是简便快捷的，但收购的代价昂贵并存在风险，经营难以控制。三是建立品牌联盟（如合资、许可证协议等），建立品牌联盟是一种快速、方便的办法，不需要或需要很少投资，并有利于培育全球性品牌声誉，塑造企业形象，可实现共荣互利，但对品牌资本的控制力比较弱。具体选择何种方式，企业则须根据自身的发展情况，优劣势等进行具体的决策。

（四）加快推进服务型政府建设，为浙江开放型经济转型营造有利的宏观环境

在现代市场经济体系中，政府的主要职能是维护市场秩序，纠正市场失灵，提供公共产品等。尽管近年来浙江省在行政体制改革和政府职能转变方面取得了一定成果，但与现代市场经济体制的要求还有较大距离。今后在合理界定政府、市场、企业关系的基础上，要进一步推进政府职能转变，把政府部门对企业“走出去”由过去以管理为主转向主要提供优质服务。

首先，抓住有利时机，加强对企业境外投资的管理、引导和监督。要制定和完善境外投资管理的法律体系，尽快出台境外投资的地方性法规及其实施细则。对现行的资本输出政策进行“废、改、立”。当前的重点是境外投资的审批制度与程序，逐步实行“一站式”审批和审批期限制，对鼓励类投资项目实行“登记制”试点，逐步实现由审批制向登记制转变。要根据浙江的比较优势，优化

资本输出战略。根据国际市场行情和国外投资环境的全面分析,充分考虑浙江省制造业比较优势的特点,确立投资的主导产业与重点地区。应针对各类发展水平的国家和地区,应分别制定出多层次、多样化的境外投资战略。浙江各级地方政府要加快转变政府职能,精简审批内容,减少审批环节,提高行政效率,加强政府的宏观指导与服务职能。同时,赋予优势企业更大的境外投资决策自主权,完善对优势企业境外投资的鼓励政策,努力促进浙江的跨国公司的发展。

其次,借鉴先进国家的成功经验,提供政策支持。要建立与规范针对企业境外投资的宽松的地方财政、税收支持体系。改善经贸人员出入境管理体制,对经批准的发展境外投资重点扶持企业的经营管理人员和经贸业务人员的出入境实行"一次审批、多次有效"。在当前,建议对各类企业出国经商人员,应尽可能根据实际情况采用灵活机动的变通方式。要采取多种办法解决融资难的问题。在现有的外汇制度下,浙江应在已成为试点省份的基础上,进一步放宽外汇管制。建立境外投资储备金制度,借鉴德国和日本的做法,该制度应允许境外投资者在其投资之年将投资总额的全部或部分划为储备金,并将划为储备金的数额在其应交所得税额内扣除。要有重点的扶持企业开展境外投资。政府应分两个层面扶持企业的境外投资,实施大企业集团和中小企业并举的扶持战略。要有选择地重点扶持目前已经实行境外投资并有良好业绩的能代表浙江形象的若干大型企业集团,壮大其实力;另外,要发挥浙江省轻纺工业的优势以及对外贸易优势,支持中小企业培育境外投资实力。

最后,要建立和完善发展企业境外投资的服务体系。要发展境外投资的人才培养与支持体系。企业开展境外投资需要一大批适合国际化经营的高级国际贸易、金融财会、科技、管理和法律人才。通过引进和自身培养两个渠道，建立适合企业自身的人才支持系统。要建立减少和防范企业境外投资经营风险的支持体系。一方面设立事后分散风险的境外投资保险制度；另一方面是设立具有事先、事中防范风险作用的境外投资促进中心。这样做，有助于防范和化解境外投资风险，增进境外投资的信心。此外，还要把信息服务作为政府提供优质服务的重要内容之一。以境外企业、项目、资本和人员的基本情况等作为数据库的主要内容，据此建立相应的企业“走出去”管理服务系统，对对外投资与合作项目及相关数据进行动态分析，及时调整管理政策；发挥浙江众多海外华人的优势，多方面收集驻在国法律、法规及具体业务信息，为广大浙江企业进入国际市场创造机会。

第七章

工资增长:撬动产业升级的有效杠杆

改革开放30多年来,浙江实际工资水平的增长速度落后于实际劳动生产率的增长速度,总体平均工资处于较低水平状态,其增幅与GDP增幅之比在大多数年份还低于全国水平,因而工资水平仍有较大增长空间,尤其是,在浙江省产业结构高级化过程中,技术进步并不明显,而资本深化程度呈现出逐步提高的趋势,经济发展的资本驱动特征日趋明显。长期以低工资优势参与国际分工,不但无法获取高附加值,而且容易丧失比较优势,导致产业发展停滞,阻碍产业高级化进程。因此,利用工资增长的要素替代效应和产业扩张效应促进浙江产业高级化,有利于提升浙江产业在国际分工网络和全球价值链中的位次,避免陷入"悲惨式"的增长模式,走可持续的产业发展道路。

一、工资增长对产业高级化的作用机理

工资增长对产业高级化的作用机制有替代效应、扩张效应，通过资本、技术对劳动力的替代开始产业高级化进程，而替代效应、扩张效应对劳动力需求产生影响，进而使工资水平发生变化，进一步影响了产业高级化进程。

（一）工资增长对产业高级化影响机制的理论框架

影响产业高级化的因素多而复杂，而且因素之间也并非独立发挥作用。这里从工资增长的视角切入，分析工资增长对产业高级化的影响，建立理论分析框架（如图 7.1 所示）。

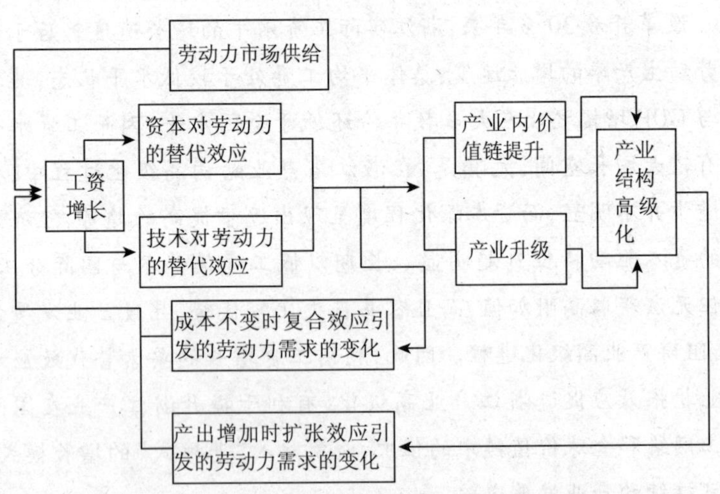

图 7.1 工资增长对产业高级化的作用机制

为了阐明工资增长对产业高级化影响的作用机理，需要做必要的科学假定。首先，劳动力供给是影响工资增长的重要因素，而

劳动力供给自身包括劳动力供给的数量和结构两个方面。为此,假定劳动力供给结构会随着产业高级化的发展要求而逐步调整。由此可知,影响工资增长的因素由原来的劳动力供求数量和结构的共同影响转变为劳动力供求数量的单一影响(如图 7.2 所示)。其次,假定除工资之外的其他要素价格保持不变,不会随时间变化而发生调整。

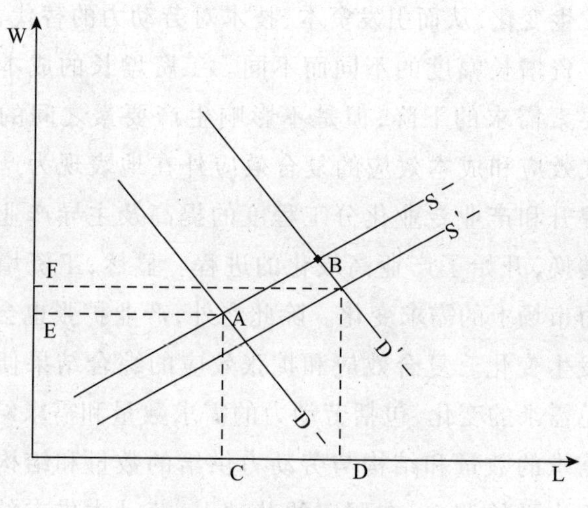

图 7.2 工资水平的决定

工资作为劳动力要素的价格,在其他生产要素价格不变的情况下,工资增长能够引起生产要素间相对价格的变动,引发其他生产要素对劳动力要素的替代,即为工资增长的替代效应。工资增长导致生产成本增加,并由此引起对所有生产要素需求的下降,称为成本效应。替代效应和成本效应的复合效应体现了工资增长对生产要素需求的综合影响。复合效应中资本、技术对劳动力的替代,外在表现为产业价值链的提升、产业专业化分工程度提高、产业结构向更高层次演变,由此触发了产业高级化进程。同时,随着产业的发展,产业扩张效应也会使劳动力需求发生变化。复合效应和扩张效应引起劳动力需求的变化，不仅包括需求数量的变化，而且还有需求结构上的调整。新的劳动力需求和供给将会使工资水平发生调整，体现了产业高级化对工资水平的影响，涉及工资增长促进产业高级化的可维持性问题。

在上述假定和效应分析基础上，工资增长对产业高级化的作用机制具体描述如下：当工资开始增长时，生产要素间的相对价格发生变化，从而引发资本、技术对劳动力的替代，替代水平会因工资增长幅度的不同而不同。工资增长的成本效应也会引起要素需求的下降，但是不影响生产要素之间的相对比例。替代效应和成本效应的复合效应外在地表现为产业内价值链的提升和产业专业化分工程度的提高及主导产业向更高层次的转换，开始了产业高级化的进程。显然，工资增长会引发劳动力市场上的需求变化。除此之外，产业扩张也会使劳动力需求发生变化。复合效应和扩张效应的综合结果便表现为劳动力总需求的变化，包括劳动力的需求数量和需求结构。劳动力总需求的数量和结构与劳动力供给的数量和结构共同决定了工资水平的调整，在假定的基础上，劳动力供求的数量变化直接决定了工资水平的变化。由此可见，工资增长对产业高级化产生了影响，而在产业高级化过程中工资水平也在调整，如果第一轮工资增长后对劳动力的总需求增加且大于劳动力供给的增加，那么工资增长得以继续，产业高级化进程得以继续；反之，产业高级化进程会陷入停滞，甚至倒退。

（二）工资增长对产业高级化影响机制的数学表达

企业是产业的微观主体，企业的经营决策的变化才会导致产业结构的调整。因此，可以从企业经营视角来分析产业高级化问题。显然，企业经营目标可以描述为 Max $[F(K,L)]$，其中 $F(K,L)$ =

$Q_0 = AK^{\alpha}L^{\beta}$，同时相应的限定条件为：$wL + rK = C_0, \alpha + \beta = 1$，其中 w、r 分别为劳动力要素和资本要素的价格。

应用数学工具解得企业劳动力和资本需求量分别为 $L = (Q_0/A) * (\beta r/\alpha w)^{\alpha}$，$K = (Q_0/A) * (\alpha w/\beta r)^{\beta}$，由此得出资本劳动比为 $K/L = \alpha w/\beta r$。

工资增长时，假定由 w 升至 w_1 时，$\Delta L = (Q_0/A) * (\beta r/\alpha w_1)^{\alpha} - (Q_0/A) * (\beta r/\alpha w)^{\alpha}$，体现出资本对劳动力的替代效应，同样，产业扩张的扩张效应也会引起劳动力需求的变化，$\Delta L = (Q_1/A) * (\beta r/\alpha w)^{\alpha} - (Q_0/A) * (\beta r/\alpha w)^{\alpha}$。两种效应引起劳动力需求总变化量为：$\Delta L = (Q_0/A) * (\beta r/\alpha w_1)^{\alpha} + (Q_1/A) * (\beta r/\alpha w)^{\alpha} - 2(Q_0/A) * (\beta r/\alpha w)^{\alpha}$。即工资增长时，资本与劳动力之比变化为 $\Delta(K/L) = \alpha(w_1 - w)/\beta r$，产生了产业高级化。

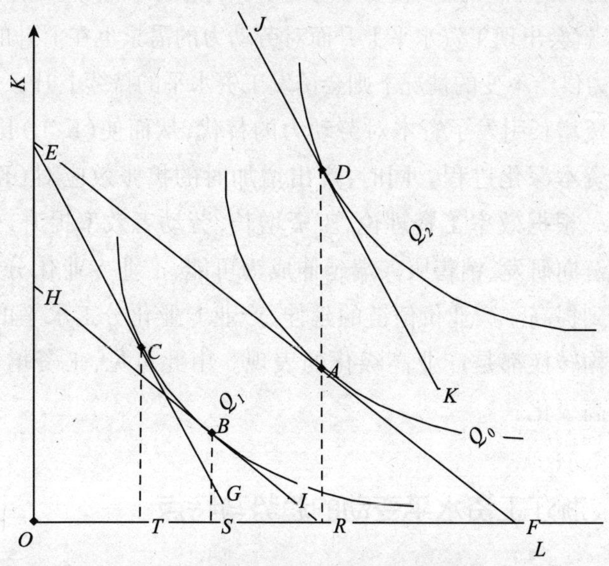

图 7.3　工资增长引发的替代效应

如图 7.3 所示，直线 *EF* 为成本线，与产量线 Q_0 相切于点 *A*，即为初始均衡状态。当劳动力价格上升，即工资水平上升时，成本线由原来的 *EF* 变为 *EG*，在保持原有成本不变的情况下，均衡点由 *A* 点移动至 *C* 点。在由初始均衡达到新的均衡的过程中，劳动力价格上升引发了两种效应，即替代效应和成本效应，分别表现为资本对劳动力的替代和资本、劳动力需求的下降。图中线段 *ST* 表示替代效应而减少的劳动力需求，线段 *RS* 表示成本效应而减少的劳动力需求，两种效应的叠加即为复合效应，表示工资水平上升引起的劳动力需求减少，用线段 *RT* 表示。

由于受市场需求等因素影响，产业发展水平和速度处于不断调整的过程中，从而产出也在不断变化。产出增加时的扩张效应同样也对劳动力需求产生影响，如图 7.3 所示。当产量由 Q_0 增加至 Q_2 时，扩张效应引发的对劳动力需求的增加恰恰等于工资水平上升引发的对劳动力需求的下降，从而使劳动力需求保持在原来水平。当产量继续增加时，就会出现工资水平上升而对劳动力的需求也在上升的现象，在劳动力供给不变的情况下则会诱发工资水平的持续上升。

工资增长引发了资本对劳动力的替代，从而使（K/L）比增大，开始了资本深化进程。同时，产出增加时的扩张效应对（K/L）没有影响。根据效率工资理论，工资增长，劳动者效率提升，使得产业价值链向研发、销售服务端延伸成为可能，产业专业化分工水平才能得到提高。产业价值链的延伸、产业专业化分工水平的提高、产业结构转换都是产业高级化的表现。由此可见，工资增长促进了产业高级化。

二、浙江工资水平变动的趋势与特点

改革开放以来，浙江经济增长迅速，对外贸易额快速增加。

然而,有学者指出,浙江省大量低附加值贸易的背后隐藏着产业工人严重偏低的工资水平,并提出提高工资水平的建议。而网上流行的“晒工资”现象又暴露出另一个问题,那就是在平均工资增长缓慢的同时,有些部门的工资增长过快,部门间工资增长不平衡。

浙江省工资水平有多低?工资水平究竟经历了一个怎样的变动过程?不同部门的工资差距有多大?如何判断工资水平的高低?这些问题的解决对于浙江经济进一步健康发展至关重要。以下将从浙江平均工资水平与工资总额变动特点、产业部门工资差距两个方面来阐述。

(一)浙江平均工资水平与工资总额的变动特点

工资水平与工资总额有联系,分析视角可不同,即可从不同的视角反映浙江工资变动情况。因此,分别考察工资水平与工资总额的变动特点,对于全面把握浙江工资变动特征有重要意义。

1. 浙江平均工资水平的变动特点

在工资收入依然是居民收入最重要组成部分的情况下,工资水平基本上代表了居民的生活水平。一般来讲,随着经济的发展,工资水平也将同步提升。因此,经济的增长是否同步带动了工资水平的上升,有助于判断工资增幅是否适当,进而判断工资水平的高低。

1978 年浙江省平均工资水平为 544 元,2006 年已达到 27567 元,是 1978 年的 51 倍,扣除物价因素影响后也高达 8.37 倍,表明了居民生活水平在改革开放以来得到迅速提升(见图 7.4)。通过计算处理(见表 7.1),可见浙江工资增长具有较大的波动性,据此可分为三个阶段。1978—2006 年,浙江平均工资变动的标准差为 8374,高于同期全国水平,而分阶段比较,浙江三个阶段的波动性均大于全国水平,其中,浙江 2000—2006 年平均工资水平波动最大,达到4454,大大超出全国水平。从平均工资增幅来看(见图7.5),1978—1990年浙江和全国的平均工资增幅基本保持吻合,而自1991年开始,浙江平均工资的增幅开始快于全国水平,从而导致浙江省平均工资由1978年为全国水平的88%转变为2006年的131%。

表7.1　全国和浙江分阶段工资水平描述统计

地区	阶段	变量数	最大值	最小值	均值	标准差
浙江	1978—2006	29	27567	544	7438	8374
全国	1978—2006	29	21001	615	5663	5869
浙江	1978—1992	15	2884	544	1357	756
全国	1978—1992	15	2711	615	1348	677
浙江	1993—1999	7	10632	3932	7405	2264
全国	1993—1999	7	8346	3371	5988	1696
浙江	2000—2006	6	27567	15770	21848	4454
全国	2000—2006	6	21001	10870	15453	3789

资料来源:历年《中国统计年鉴》、《浙江统计年鉴》。

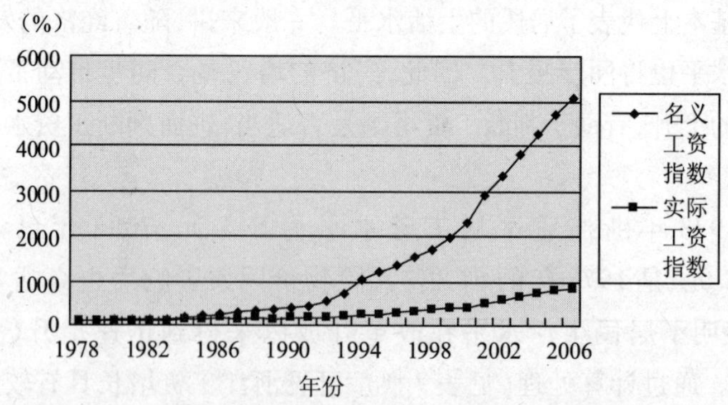

图7.4　浙江省1978—2006年工资水平增长情况

资料来源:历年《浙江统计年鉴》。

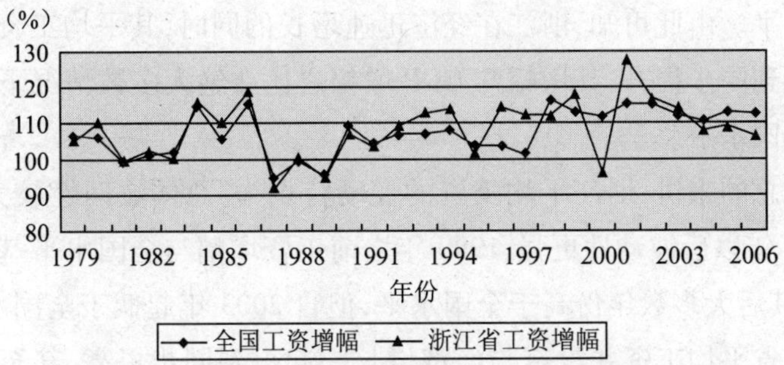

图 7.5 全国和浙江省 1979—2006 年工资增幅比较

资料来源:历年《中国统计年鉴》、《浙江统计年鉴》。

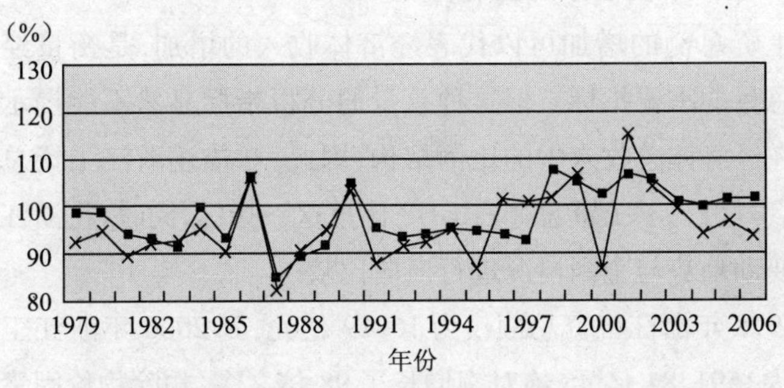

图 7.6 全国和浙江省工资增幅与 GDP 增幅之比的比较

资料来源:历年《中国统计年鉴》、《浙江统计年鉴》。

通过工资增幅与 GDP 增幅的同步性检验,可以得到经济增长在多大程度上带动了工资的增长,从而有助于我们判断工资增幅是否合适。图 6 描述了浙江省和全国的工资增幅与 GDP 增幅之比,可以看到,无论是对于浙江还是全国而言,两者的工资增幅与 GDP 增幅之比在 1997 年之前基本上都是低于 100%,1997 年之后全国水平基本上高于 100%,而浙江省的波动较大,并且自 2003 年起又再次低于 100%。同时,通过浙江省与全国情况的对比也可以发现,在绝大部分情况下,浙江省工资增幅与 GDP 增幅之比低于全国水平。由此可知，浙江在经济迅速增长的同时，其平均工资并没有得到同步提升，其增幅与 GDP 增幅之比在绝大多数情况下还低于全国水平。

总的来讲，浙江平均工资的变动特点为：总体波动性较大，且 2000 年以后波动性更强；1990 年之前工资增幅与全国水平基本吻合，其后大多数年份高于全国水平，但自 2003 年起低于全国水平；浙江省平均工资并没有与经济增长一起得到同步提高，甚至在绝大部分情况下低于全国水平。

2. 浙江工资总额的变动特点

工资总额的增加可以代表经济体收入的增加，是衡量经济体财富总量的重要指标。但这种总量的分析指标显然不能揭示工资总额在经济体总收入中的比例结构，因此，在描述浙江工资总额变动特点时引入了工资总额占 GDP 比重这一指标，同时，将浙江工资总额变动趋势与全国情况进行横向比较。

1978 年浙江工资总额仅为 16.19 亿元，到 2006 年浙江工资总额已达 1591.84 亿元，绝对额增长了 98 倍之多，扣除物价因素的影响后也增长了 15 倍（见图 7.7）。工资总额的增长，体现了居民生活水平的提高，也充分反映了浙江经济快速增长给工资总额带来的影响。1978—2006 年，浙江工资总额增长具有阶段性特点，并大致反映了浙江经济发展的阶段性。以 20 世纪 90 年代初为分界点，尤其是邓小平南行和社会主义市场经济体制的确立，为浙江省民营经济的大发展创立了制度条件。进入 21 世纪后，随着对外开放力度的加大，浙江经济发展进入了一个崭新阶段。总的来讲，三个阶段的工资总额年增长率逐步上升，尤其是第三个阶段高达 21.01%（见表 7.2）。

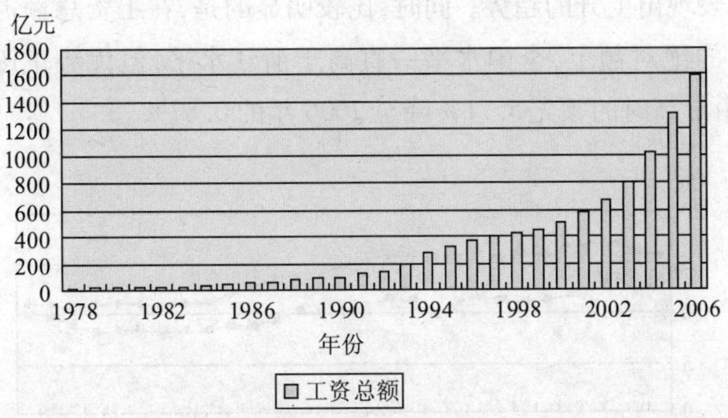

图 7.7　浙江省城镇职工工资总额 1978—2006 年变化趋势

资料来源:历年《浙江统计年鉴》。

表 7.2　分阶段的浙江省工资总额增长情况

阶段	工资总额增长倍数	工资总额年增长率%
1978—1992	3.00	8.17
1993—1999	1.71	9.31
2000—2006	3.14	21.01

注:本表所使用的数据为消除物价影响后的工资总额,从而使得数据具有可比性。

资料来源:历年《浙江统计年鉴》。

浙江工资总额的增加,尤其是近些年的急剧增加,是否意味着浙江每年创造的经济增加值中有更多的比例转变为居民收入呢?通过图 8 可以清晰地看到,如果按上述三个阶段划分的话,那么,呈现出的则是三个阶段依次下降的趋势,由期初的 13.47% 降至 2000 年最低点 8.16%。不过也应注意到,在第三阶段即 2000—2006 年期间,浙江工资总额占 GDP 的比重呈现出逐步上升的趋势,由 2000 年的最低点 8.16% 上升至 2006 年的 10.11%。通过与全国情况的比较可以发现,浙江与全国的变化情况在前两个阶段的趋势基本吻合,但全国工资总额占 GDP 的比重在 2000—2006 年没有表现出上升的趋势。同时，比较明显的是，在工资总额占 GDP 比重的绝对额上，全国水平一直高于浙江水平，但优势正逐步消失，由最高时的领先 5.71% 降至 2006 年的 0.87%。

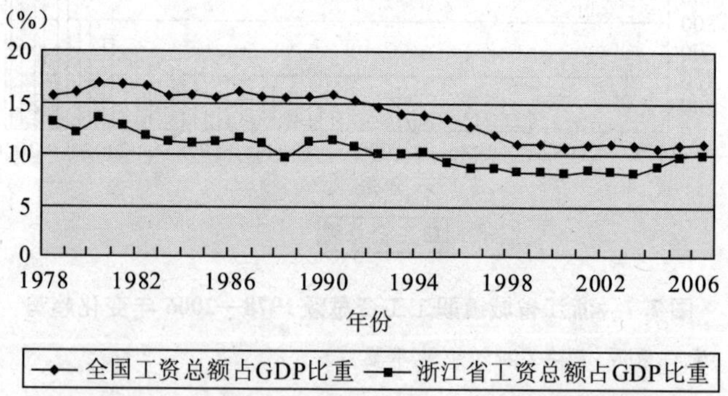

图 7.8　全国和浙江省工资总额占 GDP 比重的比较

资料来源：历年《中国统计年鉴》、《浙江统计年鉴》。

综合以上分析可知，自改革开放以来，浙江工资总额在持续增加，但阶段性比较明显，其中 2000—2006 年增速最快；持续增加的浙江工资总额并不意味着其占 GDP 的比重也在同步上升，呈现出的反而是下降的趋势，不过与全国平均水平的差距正在缩小。同时，自 2000 年起，浙江工资总额占 GDP 的比重扭转了下降趋势，转而开始上升，呈现出与工资总额同向变动的趋势。

（二）浙江部门工资水平差距

浙江平均工资水平虽然没有与 GDP 同步上升，但与期初相比也有了很大的提高。然而整体平均工资水平的提高并不意味着所有部门的工资水平得到同步提高，恰恰相反，近期一系列对垄断部门高工资的不满预示着部门间的工资水平差距可能日益严重。为此，将所有部门分为国有部门和其他部门两类（集体部门因份额小而不列入），对比其工资变动特点，以考察部门间工资水平差距。

同时,在浙江着力打造先进制造业基地的背景下,准确把握浙江制造业工资水平及特点,对于研究促进浙江经济转型具有重要的现实意义。

1. 浙江国有部门与其他部门的工资差距

与其他部门相比,国有部门在产品和服务提供上的垄断能力较强,凭借其垄断能力获取较高收益并体现在员工高工资上的可能性较大,也成为近年来社会各界关注的热点。

由图 7.9 可知,无论是国有部门还是其他部门的工资水平自改革开放以来都得到了较快提升,但工资水平上升的阶段性比较明显(见表 7.3)。1978—1992 年其他部门工资水平年增长率高于全省平均水平和国有部门,达到年均 16.57% 的水平,而国有部门的工资水平年增长率几乎和浙江平均水平一致,为 11.76%。其原因是当时国有经济比重很高,而其他部门因经营灵活等优势获得较高利润,工资水平增长率较高,但实际工资水平并没有超出国有部门很多。这期间两部门工资水平总体不高,但在持续上升,并没有出现工资差距问题。1992—1999 年两部门的工资水平年增长率比上一期都有所提高,比较明显的是国有部门工资水平年增长率由上一期的低于其他部门 4.81% 转变为高于其他部门 4.52%,年均增长率高达 23.10%,且从 1998 年开始超越其他部门工资水平,1999 年国有部门的工资水平为其他部门的 115%,从而带动全省平均工资水平的年均增长率也迅速提高。总的来说,该时期两部门工资水平都在迅速上升,但国有部门与其他部门工资水平的高低关系已发生调整,国有部门逐步赶上其他部门,并在期末实现超越,但工资水平差距仍然不明显,主要体现为两部门工资水平的同步快速提升的过程。而 2000—2006 年间两部门工资水平变化情况则与以往有较大不同:其他部门工资水平年均增长率为三个时期最低,仅为 12.98%,而国有部门工资水平年均增长率为三个时期最高，达23.45%，随着非国有经济比重的进一步提高，平均工资水平的年均增长率与国有部门的偏离程度更大。2006年国有部门工资水平为其他部门的203%，工资差距问题凸显。

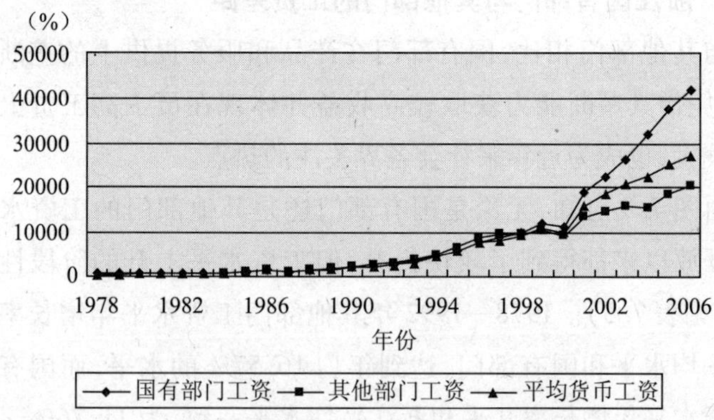

图7.9 浙江省1978—2006年工资水平结构性问题

注：本图所使用的数据为消除物价影响后的部门工资水平。

资料来源：历年《浙江统计年鉴》。

表7.3 分阶段的浙江省工资水平增长率

阶段	工资水平增长倍数			工资水平年均增长率(%)		
	其他部门	平均	国有部门	其他部门	平均	国有部门
1978—1992	4.85	4.74	3.41	11.93	11.76	16.57
1993—1999	3.36	3.48	2.78	22.38	23.10	18.58
2000—2006	2.56	3.54	2.08	16.96	23.45	12.98

注：本表数据为消除物价影响后的数据，具有可比性；其他部门的1978—1992年的数据调整为1984—1992年数据；工资水平年均增长率为几何平均。

资料来源：历年《浙江统计年鉴》。

从改革开放以来浙江自身工资水平变化上来看，两部门工资水平在经历了1978—1992年的一个几乎同步的较低水平增长后，1993—1999年迈入了快速增长期，同时国有部门的工资水平逐步超越其他部门，但部门间工资差距不大，自2000年起，虽然工资增长率仍在较快增长，但两部门工资水平增长率差距拉大，直接导致部门间工资水平差距拉大。

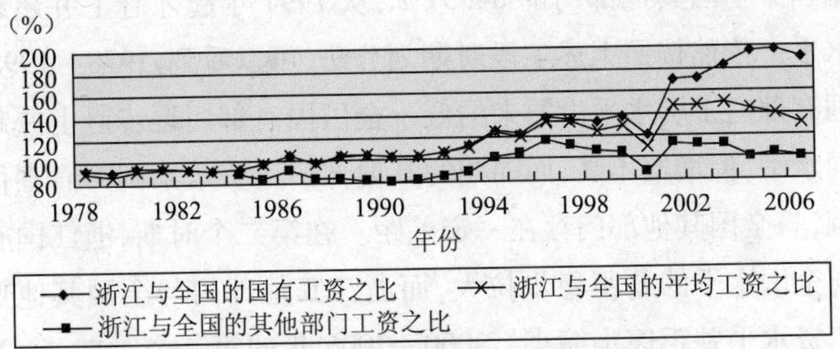

图 7.10　全国和浙江省 1978—2006 年部门工资差距

注：已消除物价因素的影响，两地工资水平具有可比性。

资料来源：历年《浙江统计年鉴》。

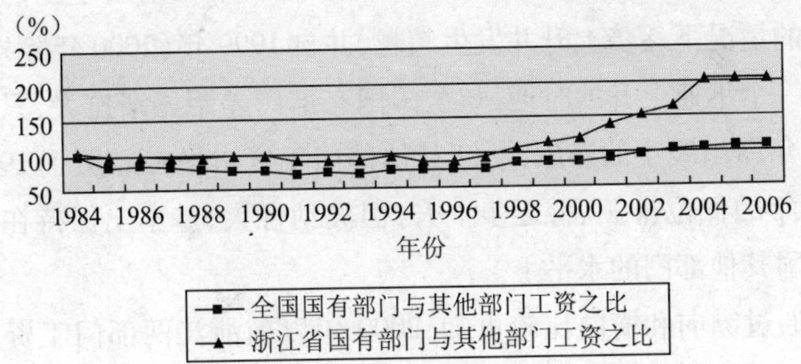

图 7.11　全国和浙江省国有部门与其他部门工资之比

注：已消除物价因素的影响，两地工资水平具有可比性。

资料来源：历年《浙江统计年鉴》。

再通过与全国水平的横向比较，可以更深入地认识浙江部门工资差距问题（见图 7.10、图 7.11）。在经历了 1978—1985 年一个平均工资水平和国有部门工资水平均低于全国水平的时期后，1986 年起浙江平均工资水平和国有部门工资水平开始超越全国水平，并持续上升。浙江其他部门工资水平的变动情况则有所不同，自有统计的1984年起一直到1993年，浙江其他部门工资水平平均仅相当于全国其他部门的84.57%，从1994年起才赶上并超越全国水平。依然按照上述三段时期划分法，可以看到，1978～1992年的国有部门工资水平由原来的低于全国国有部门逐步赶上并超越全国水平，但增幅不高，而同期的其他部门工资水平则一直在低位徘徊，与全国其他部门存在一定差距。在第二个时期，浙江国有部门与全国水平的差距稳步拉大，而浙江其他部门与全国其他部门的工资水平差距逐步缩小。2000—2006年的第三个时期，除2000年外，浙江国有部门工资水平与全国国有部门之比数值较高；浙江其他部门工资水平相对于全国其他部门的变动相对稳定，基本保持在1.11左右，只是在2004—2006年又有所下降，再次接近全国其他部门。整体上讲，浙江国有部门工资水平在落后于全国国有部门的情况下逐步上升并发生超越，并自1999年(2000年除外)经历了一个迅速上升的时期，与全国国有部门差距逐渐拉大，只是在2006年露出缩小的迹象；浙江其他部门工资水平在经历了1984—1993年的低位徘徊后，逐步上升，但波动性大，基本上保持在稍高于全国其他部门的水平上。

通过纵向和横向比较可知，2000年以前浙江两部门工资水平都在上升，工资水平差距不明显；2000年以后两部门工资水平也在增长，但由于增长率明显不同，工资水平差距问题凸显，并有逐步加大的趋势。同时，浙江工资水平差距问题比全国水平更为严峻。

2. 浙江制造业工资差距与变动特点

2003年浙江省政府率先制定《浙江省先进制造业基地建设规划纲要》，指出加快发展制造业特别是先进制造业是保持浙江经济领先发展的关键。由此可见制造业在浙江经济发展中的重要地位。制造业内部也有不同产业部门，随着经济的发展，制造业内部的产业顺序也在发生变化。以下从工资视角来分析浙江制造业内部的工资水平变动趋势。

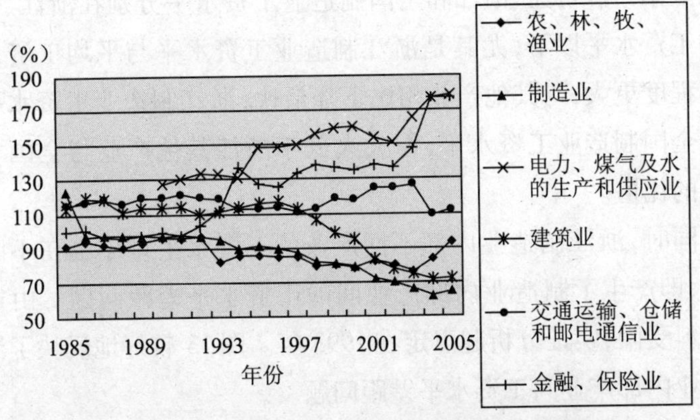

图 7.12　浙江省重要产业工资与平均工资之比

资料来源：历年《浙江统计年鉴》。

首先考察自 1985 年以来制造业在所有重点产业中的位置变化。如图 7.12 所示，浙江制造业工资水平唯一一次超过平均工资水平的是在 1985 年，其后就未达到平均工资水平。制造业工资水平与平均工资水平之比，1986—1993 年一直在 97% 左右波动，自 1994 年起与平均工资的偏离程度越来越大，最低是 2004 年仅为平均工资水平的 62.59%。从重要产业工资水平排序来看，1985 年的制造业工资水平排名第一，其后便持续下降，2004—2006 年排名连续倒数第一。同时，浙江所有重要产业之间的工资水平差距在经历了改革开放到 20 世纪 90 年代前期的相对稳定时期后，差距逐步拉大，形似喇叭口状。而全国制造业工资水平的大致情况是，其在所有重点产业中的位置没有发生变化，始终位居倒数第三位，工资水平一直在平均工资水平以下。另外，通过浙江重要产业工资水平与全国重要产业工资水平的比较，我们看到，浙江采掘业和制造业的工资水平与全国相应产业工资水平接近,制造业历年平均工资水平是全国制造业工资水平的112.07%,与其他产业相比,位居倒数第二。可见,浙江和全国制造业工资水平分别在浙江、全国平均工资水平以下,尤其是浙江制造业工资水平与平均工资水平偏离程度更大,与其他产业相比下降最快;浙江制造业工资水平略高于全国制造业工资水平,但大大低于浙江其他产业与全国相应产业的比值。

同时,浙江制造业内部不同产业的工资水平排序也在不断调整中,即产生了制造业内部产业间的工资水平差距问题。由于统计资料受限,实证分析起点定在1993年。图13较好地反映了浙江制造业内部产业间工资水平差距问题。

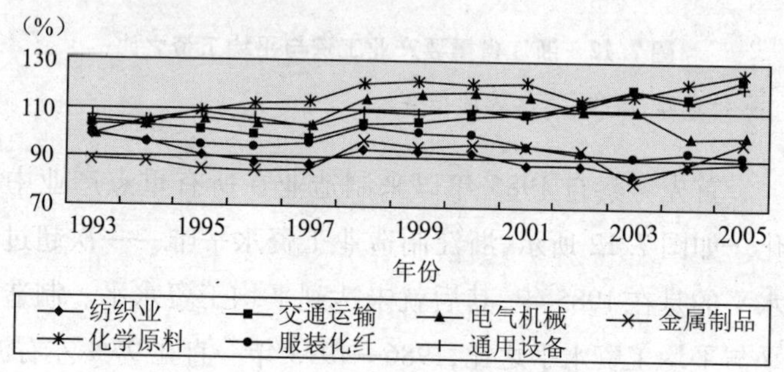

图7.13 浙江省1993—2005年制造业内部工资差距

注:用制造业内部各产业工资水平与制造业平均工资水平之比来表示制造业内部工资差距。

资料来源:历年《浙江统计年鉴》。

从图7.13可以看到,除了金属制品业,1993年制造业内部其他产业之间的工资水平差距较小,与制造业平均工资水平比值最高的是通用设备制造业为106.63%,最低的是纺织业为98.96%,两者相差仅为7.67%(若将金属制品业算入其中的话,最高值与最低值之间相差17.56%),说明期初制造业内部产业间工资结构性问题不明显。随后不同产业的工资水平调整较大，其中纺织业、金属制品业、服装化纤业的工资水平长期在制造业平均工资水平以下波动；而交通运输业、化学原料业、通用设备制造业、电气机械制造业的工资水平长期在制造业平均工资以上波动，只是电气机械制造业在2004年和2005年的工资水平出现了下降，落在制造业平均工资水平线上。2005年制造业内部产业中与制造业平均工资水平比值最高的是化学原料制造业为125.62%，最低的是纺织业为89.09%，两者相差36.53%。

全国制造业内部工资水平结构大致为，1993年全国制造业内部产业中与平均工资水平比值最低的是纺织业为83.63%，最高的是交通运输业为120.49%，两者相差36.86%；2005年比值最低的仍然是纺织业为66.83%，比值最高的仍然是交通运输业为128.22%，两者相差61.39%。通过与全国相比较，可以发现，无论是期初还是期末，浙江制造业内部工资水平结构性问题都不明显，大大低于全国水平。

综上所述，浙江制造业工资水平在重点产业中的位次下降较快，但制造业内部产业间的工资水平差距问题并不明显，反倒是全国制造业内部产业间的工资水平差距比较明显。

三、工资增长与要素替代、资本深化

工资作为劳动力价格，工资的增长会引发资本、技术对劳动力的替代，降低劳动力的需求，而同时产业扩张又会增加对劳动力的需求。劳动力需求的调整将影响工资水平变动，从而进入工资水平调整→要素替代→劳动力需求调整→工资水平变动→……的循环过程。在此将考察改革开放以来，浙江工资增长对生产要素的影响，要素替代、产业扩张对工资水平的影响，进而从要素构成角度分析浙江产业高级化进程。

(一)工资增长与资本深化

资本深化是指“资本—劳动比率的上升”,资本深化意味着生产过程中更多地使用资本而不是劳动,资本—劳动比即体现着资本对劳动力的替代。很多学者以资本产出比指标来判断资本深化趋势,资本产出比率实际上是资本生产率的倒数。下面结合“资本—产出比”和“资本—劳动比”两项指标来描述浙江资本深化趋势,并对工资水平与资本深化关联性进行计量分析,从而定量分析工资增长引起的资本对劳动力的替代。

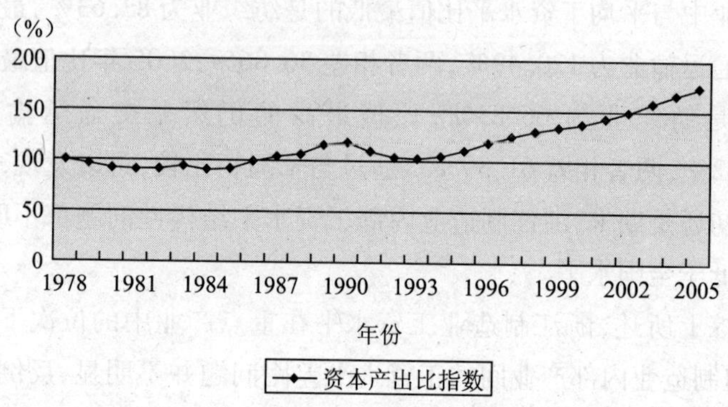

图 7.14 浙江省 1978—2005 年资本产出比指数

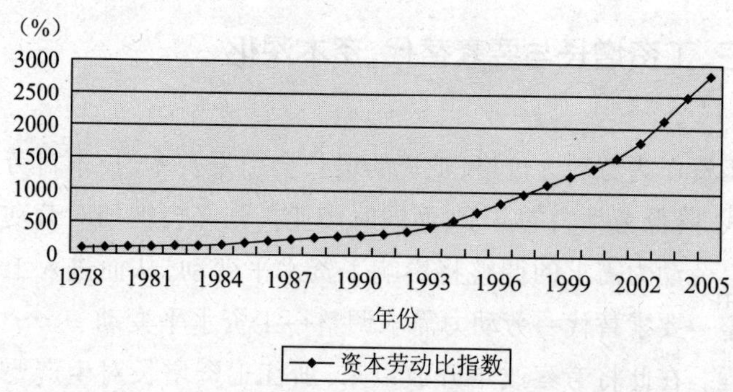

图 7.15 浙江省 1978—2005 年资本劳动比指数

由图7.14和图7.15可知，改革开放以来，无论是资本产出比还是资本劳动比，都经历了一个上升的过程。相对而言，资本产出比上升幅度不大，其中1978—1992间虽然有小幅波动，但总体上保持稳定。1993年以后资本产出比逐步上升，2005年资本产出比已达到1978年的1.73倍。而1978—2005年资本劳动比上升幅度较大，1978年资本劳动比为0.08，2005年资本劳动比已经达到2.19，为1978年的28.31倍。由于期间劳动力数量变动较小，资本量则经历了一个迅速增长的过程，其中1978—1992年资本存量增长不明显，自1993年起增长相当迅速。

可见，改革开放以来，浙江经济发展体现出了明显的资本深化趋势，特别是党的十四大确立了社会主义市场经济的目标，对浙江经济发展有着重要的影响。1993年之前的资本深化趋势并不明显，但之后浙江经济发展显示出明显的资本深化趋势。

在建立工资水平与资本深化之间回归方程之前，首先要进行工资水平、资本劳动比序列的平稳性检验，检验方法为ADF检验，检验结果见表7.4。

表7.4　ADF值单位根检验结果

时间序列名称	模型选择	ADF统计值	ADF临界值5%水平	结论
Wage（工资水平）	常数项和时间趋势都有	1.281013	-3.229230	不稳定
Kl（资本劳动比）	常数项和时间趋势都有	3.249445	-3.238054	不稳定
D(wage)	常数项和时间趋势都有	-5.112400	-3.233456	稳　定
D(kl)	常数项和时间趋势都有	-3.533167	-3.238054	稳　定

由表7.4可知，工资水平与资本劳动比同为一阶单整序列，可建立如下回归方程 $K_t/L_t = A_0 + \alpha_w Wage_t + \xi_t$，经过广义差分消除自相关和异方差后，得到具体方程为：

$$K_t/L_t = -0.257023 + 0.000554 * Wage_t$$
$$(-7.776350) \qquad (33.77781)$$
$$[AR(1) = 0.411008]。$$
$$(2.112837)$$

其中，AR(1)为模型：$u_t = \rho u_{t-1}$ 中 ρ 的估计值 $\hat{\rho}$ 括号内为 T 统计值。

假定 $\hat{e}_t = (K/L)_t - (\hat{K/L})_t$，其中 $(\hat{K/L})_t$ 即为上述回归方程得到的估计值，估计 $\hat{e}_t$ 的单整性，如果 $\hat{e}_t$ 为平稳序列，则排除了伪回归的可能性。对于回归方程，$\hat{e}_t = (K/L)_t - (-0.257023 + 0.000554 * Wage_t)$，进行 EG 协整检验，其中判断最优滞后阶数的标准为 AIC、SC 信息准则，检验结果如表 7.5 所示：

表 7.5 **EG 检验结果**

时间序列名	最优滞后阶数	样本容量	ADF 统计值	EG 值 10% 水平	结论
$\hat{e}_t$	0	28	-3.230671	-3.22（样本容量为 25 时）	稳定

因为同一显著水平下的 EG 值随样本容量增加而增加，而在 10% 显著水平下，样本容量为 28 时的 ADF 统计值小于样本容量为 25 时的 EG 值，故可以得到 $\hat{e}_t$ 是平稳序列的判断，两变量是协整的，存在长期均衡关系。

由此得到结论，从经典经济学理论上看，工资水平作为劳动力价格，工资水平的上升必然引起资本对劳动力的替代，从而表现出资本深化趋势。改革开放以来的浙江省实践也证明了，工资水平与资本深化具有长期均衡关系，工资水平上升的过程必然伴随着资本深化的过程。

（二）资本对劳动力的替代

若浙江经济的生产函数为：$Y_t = A_0 e^{\alpha T t} K^{\alpha_k} L^{\alpha l}$，其中，$\alpha k$、$\alpha l$ 分别代表资本和劳动的产出弹性，$e^{\alpha T t}$ 反映了生产函数随时间的变化性。

由此，可以定义第 t 年的全要素生产率：

$TFP_t = Y_t / K_t^{\alpha_K} L_t^{\alpha_L}$，则第 t 年的 TFP 增长率为：

$$tfp_t = TFP_t / TFP_{t-1} - 1 \text{。}$$

应用生产函数计算资本和劳动两种要素间的边际技术替代率：$MRTS_{KL} = MP_K / MP_L = \alpha L / \beta K$

其中 $MRTS_{KL}$ 右下角字母的顺序表示资本对劳动的技术替代。显然，只要资本和劳动之间的边际技术替代率不等于1，企业就会从追求利润最大化的角度出发实行两种要素之间的相互替代。即如果 $MRTS_{KL} > 1$，企业就会以资本来替代劳动；$MRTS_{KL}$ 越大，企业越有动力以资本来替代劳动，以达到资源的最优配置。实际上，即使 $MRTS_{KL} = 1$，企业也倾向于用资本来代替劳动，因为投入劳动要比投入资本有更高的管理成本、交易成本以及不确定性。

表 7.6　　浙江省资本对劳动的边际技术替代率

年份	$MRTS_{KL}$	年份	$MRTS_{KL}$	年份	$MRTS_{KL}$	年份	$MRTS_{KL}$
1978	25.23	1985	13.54	1992	6.64	1999	2.00
1979	23.58	1986	11.50	1993	5.53	2000	1.83
1980	21.41	1987	10.03	1994	4.55	2001	1.63
1981	20.46	1988	9.02	1995	3.67	2002	1.41
1982	18.95	1989	8.43	1996	3.04	2003	1.19
1983	18.00	1990	8.01	1997	2.60	2004	1.01
1984	16.21	1991	7.46	1998	2.25	2005	0.89

如表 7.6 所示，1978 年资本对劳动的边际技术替代率最高，替代率为 25.23，其后逐渐降低，2004 年资本对劳动的边际技术替代率为 1.01，已经达到要素替代的临界值。值得注意的是，2005 年资本对劳动的边际技术替代率下降至 0.89，说明 2005 年浙江经济发展过程中使用了过多的资本，这也印证了上述资本深化加速的结论。

（三）产业扩张对工资增长的影响

产业的扩张效应能够引起劳动力需求的增加，从而对工资水平产生影响。由于实证过程重点不在于劳动力供给，所以将从就业弹性、资本对劳动力的吸纳、产业结构与就业结构的偏离来考察产业扩张对劳动力需求的影响，从而间接实现产业扩张对工资增长的影响。

1. 不同产业部门的就业弹性

就业弹性是指劳动力就业的增长率与 GDP 增长率之间的比率。它的经济意义在于 GDP 的增长能够引起就业人数的增加，GDP 的减少能引起就业人数的减少。就业弹性的计算公式是：就业弹性 = 劳动力就业增长率/GDP 增长率，表达式为 $E_y = (\Delta L/L)/(\Delta Y/Y) = \Delta L * Y/\Delta Y * L$。

表 7.7　全国和浙江省三次产业就业弹性

年份	全国				浙江省			
	总体情况	第一产业	第二产业	第三产业	总体情况	第一产业	第二产业	第三产业
1980	0.27	0.21	0.47	0.59	0.10			
1986	0.20	0.05	0.49	0.34	0.17	0.02	0.25	0.43
1990	1.73	0.92	2.60	2.24	0.19	0.31	−0.17	0.36
1995	0.03	−0.11	0.08	0.38	−0.02	−0.14	−0.12	0.31
2000	0.09	0.67	−0.11	0.23	0.30	−2.47	2.31	0.18
2002	0.10	0.21	−0.35	0.34	0.14	−1.39	0.41	0.29
2004	0.06	−0.15	0.29	0.36	0.13	−0.42	0.38	0.10
2005	0.06	−0.37	0.39	0.27	0.24	−0.27	0.49	0.23
2006	0.05	−0.57	0.34	0.26	0.13	−1.52	0.21	0.36
1978—1992	0.31	0.16	0.56	0.89	0.17	0.12	−0.02	0.26
1993—2000	0.09	−0.36	0.05	0.26	0.04	0.27	0.14	0.40
2001—2006	0.08	−0.14	0.14	0.27	0.16	−0.96	0.41	0.22

资料来源：历年《中国统计年鉴》、《浙江统计年鉴》。

由表7.7可知，总体上，浙江就业弹性系数为正值，在浙江经济增长的同时，就业人数也在增加。分阶段看，1978—1992年浙江就业弹性系数为0.17，比全国平均水平低0.14；1993—2000年浙江就业弹性系数为0.04，比上一阶段有大幅下降，也比同期全国水平低0.05；2001—2006年浙江就业弹性系数为0.16，较上一阶段有较大幅度上升，与第一阶段基本持平，同时也比同期全国水平高0.08。

分产业看，第一产业的就业弹性系数，除去个别年份，其余均为负值，表明随着经济的增长，第一产业从业人员逐渐减少，且2000年以后减少幅度更大；第二产业和第三产业的就业弹性系数基本为正值，从第一产业转移出的劳动力流向了第二产业和第三产业。第二产业的就业弹性系数在1997—1999年出现负值，这与当年国有企业职工下岗较为密集有重要关系。需要特别指出的是，浙江第二产业和第三产业的就业弹性系数变化趋势与全国趋势不同。2000年以前浙江第二产业就业弹性系数小于第三产业就业弹性系数，而2000年及以后则高于第三产业就业弹性系数；而全国第二产业就业弹性系数一直小于第三产业就业弹性系数。出现这种情况的主要原因在于，浙江近年来紧抓先进制造业基地建设，制造业较为发达，而高层次三产的发展相对落后。

2. 资本对劳动力的吸纳

资本对劳动力的吸纳弹性系数可以表示为：

$$\rho_t = \frac{\Delta L_t / L_t}{\Delta K_t / K_t} = \frac{\Delta L_t}{\Delta K_t} \times \frac{K_t}{L_t}$$

其中，ρ_t 表示第 t 年资本对劳动力的吸纳弹性系数；ΔK_t 表示第 t 年资本增量，K_t 表示第 t 年资本存量；ΔL_t 表示第 t 年从业人员增量，L_t 表示第 t 年从业人员总量。资本增加并不意味着劳动力的减少，在资本替代劳动力的同时，产业扩张增加了劳动力需求，因此，资本对劳动力的吸纳弹性系数可以为正值也可以为负值。正值表示资本增长吸纳了劳动力，负值则表示资本增加排斥了劳动力。

表 7.8 浙江省与其他省份的资本对劳动力的吸纳弹性系数

年份	浙江省			江苏省			上海市		
	第一产业	第二产业	第三产业	第一产业	第二产业	第三产业	第一产业	第二产业	第三产业
1980	-0.30	1.167	0.43	-0.97	0.01	-0.19	-1.07	0.70	0.39
1985	-1.11	1.07	0.54	0.81	0.87	0.20	-1.87	0.29	0.22
1990	—	0.03	0.33	-0.02	0.19	0.16	-4.80	0.065	0.15
1995	-0.29	0.06	0.54	-0.17	0.03	0.44	-1.53	-0.32	0.23
2000	-0.31	-0.01	0.17	-0.06	-0.16	0.085	—	-0.65	-0.01
2002	-1.16	0.43	0.37	-0.44	0.07	0.24	-6.91	0.37	0.79

资料来源：历年《中国统计年鉴》、《浙江统计年鉴》。

由表 7.8 可知，长三角地区第一产业资本对劳动力的吸纳弹性系数均为负值，第一产业的资本增加对劳动力的排斥最严重。浙江第二产业资本对劳动力的吸纳弹性系数基本为正值，但系数变化明显，20 世纪 80 年代资本增加吸纳劳动力的能力为长三角地区最强，但进入 90 年代后落后于江苏，吸纳劳动力的能力迅速下降。而浙江第三产业资本对劳动力的吸纳弹性系数较稳定，同样为长三角地区最强，而且成为浙江三次产业中资本增加吸纳劳动力能力最强的产业。

3. 产业结构与就业结构的偏离

结构偏离度是用来测度产业结构效益的一种较为直接有效的方法。产业结构偏离度的含义是表示劳动力结构与产值结构之间的一种偏离程度，偏离度越大，说明产业结构的效益越低，劳动力结构没有随产业结构的变化而发生相应的调整。计算公式如下：

$$P = \sum_{i=1}^{3} |L_i - C_i|$$

其中，P 为产业结构偏离度，L_i 为 i 产业从业人员比重，C_i 为 i 产业产值比重。另外，也可以单独计算每个产业的结构偏离度。

表 7.9　全国和浙江省产业结构偏离度

年份	浙江省				全国			
	第一产业	第二产业	第三产业	绝对值合计	第一产业	第二产业	第三产业	绝对值合计
1978					42.59	-30.58	-12.01	85.18
1980					38.84	-30.03	-8.81	77.68
1985	26.05	-14.64	-11.41	52.10	34.23	-22.07	-12.16	68.46
1990	28.30	-15.27	-13.03	56.60	33.22	-19.94	-13.28	66.45
1995	28.49	-18.45	-10.04	56.98	32.43	-24.18	-8.25	64.86
2000	25.31	-17.87	-7.44	50.61	35.17	-23.42	-11.75	70.34
2002	22.41	-13.67	-8.74	44.82	36.51	-23.39	-13.11	73.01
2004	19.07	-10.04	-9.03	38.14	33.79	-23.73	-10.07	67.59
2005	17.85	-8.25	-9.60	35.70	32.20	-23.69	-8.5	64.40
2006	12.33	-7.52	-4.81	24.66	38.3	-26.4	-11.9	76.6

资料来源：历年《中国统计年鉴》、《浙江统计年鉴》。

由表 7.9 可知，无论是全国还是浙江省，第一产业的结构偏离度始终为正值，表明第一产业劳动力比重大于产值比重，同时第二产业和第三产业的结构偏离度均为负值，表明两者的劳动力比重均小于产值比重。相对于全国而言，浙江三次产业结构偏离度逐年下降，特别是 2000 年以来，三次产业结构偏离度有较大幅度下降，表明产业结构效益得到明显提升。

四、工资增长引发的产业高级化

以上从要素构成角度分析了浙江省产业高级化进程，以下将分别从产业价值链变动、产业内部分工和产业结构转换的视角研究工资增长对浙江产业高级化的影响。

(一)工资增长引发的产业价值链提升

不发达地区产业价值链的提升,大致有三种方式(见图7.16)。第一种方式为增大加工制造环节的附加价值,采取的策略为通过工艺创新、知识技能的积累提升制造环节竞争力,获取较高的附加价值。其中台湾计算机产业的迅速发展便是应用这种方式的成功案例。第二种方式为向两端拓展,力图将“苦笑曲线”翻转成“微笑曲线”。通过加大对研发设计、市场营销的投资,逐步改变其相对劣势,最终实现曲线翻转。这种方式的实施难度较大,如果资金、技术等资源分配不合理,甚至有可能出现加工制造能力受到拖累,整体竞争力下降的危险。第三种方式便是另起炉灶,在全新的领域建立起独特的竞争优势,从而获取高附加价值,又称“蓝海战略”。在不具备一定资源和创新能力的基础下,这种方式的实施难度同样较大。当然,这里为了清晰地阐明问题,将产业价值链的提升分为三种方式,事实上,产业价值链的提升应该是三种方式的综合运用,同时这三种方式也是相辅相成,相互促进提高的。

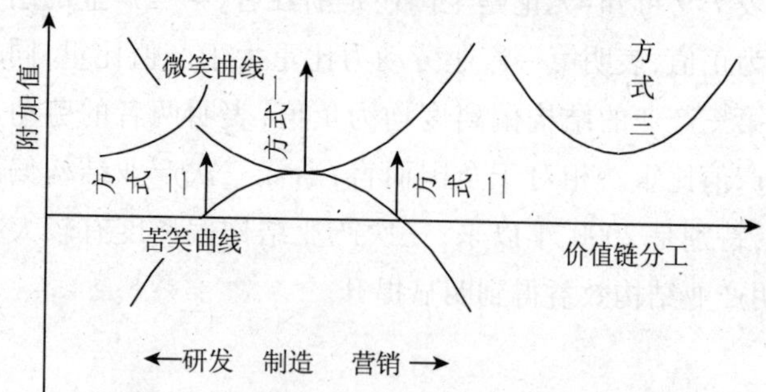

图7.16 不发达地区产业价值链提升方式

据此,浙江产业价值链的提升将从三个方面考察:①制造能力的提升情况;②研发设计和市场营销水平的提升情况;③新领域的创新能力。

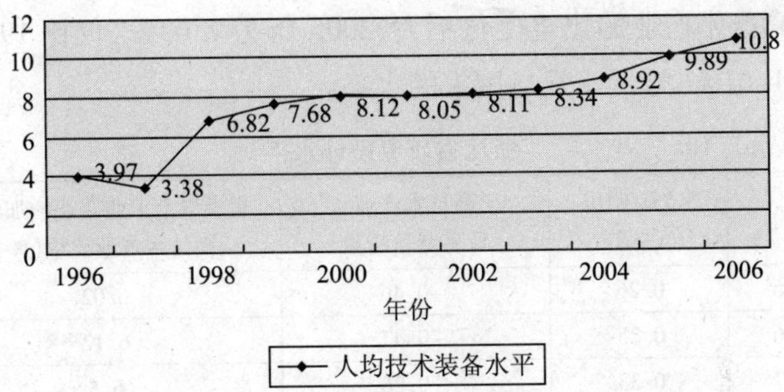

图 7.17　浙江省 1996—2006 年工业人均技术装备水平

注：1995—1997 年为全部工业人均技术装备水平，1998—2005 年为全国国有及规模以上非国有企业人均技术装备水平。

资料来源：历年《浙江统计年鉴》。

如图 7.17 所示，用人均技术装备水平来代表浙江制造能力，指标数值越高企业的产品质量越高。1995 年工业人均技术装备水平为 3.01 万元/人，至 1997 年为 3.38 万元/人，反映出浙江全部工业人均技术装备水平仍然不高。1998 年比 1997 年有大幅增加，但考虑到计算口径调整的原因，1997 年与 1998 年人均技术装备水平差距并不大。自 1998 年起，浙江工业人均技术装备水平总体在上升，2002 年后有明显的上升趋势，至 2006 年已达 10.80 万元/人。可见，浙江制造能力在逐步提高，2002 年后有较大幅度的提高，这与浙江加大先进制造业基地建设的时间一致。

与此同时，浙江研发设计水平有所提高（见表 7.10）。浙江研发投入占国民生产总值的比重在迅速提高，由 1995 年的 0.26% 上升到 2005 年的 1.22%，贸易竞争指数也有原来的 -0.46 提升至 2005 年的 0.12，反映出高技术产业的水平分工度在提高。但是，研发水平的迅速提高并不能掩盖浙江与发达国家相比较的劣势地位，浙江研发设计总体水平仍偏低。浙江规模以上工业企业增加值中高技术产业的比重变化不大，2005 年为 7.63%，仅比 1995 年上升 1.61%，远低于发达国家的水平。

表 7.10　　浙江省研发设计水平

年份	R&D/GDP（%）	高技术产业贸易竞争指数	规模以上工业企业增加值中高技术产业比重（%）
1995	0.26	-0.46	6.02
1996	0.25	-0.47	6.12
1997	0.33	-0.26	6.5
1998	0.40	-0.16	7.73
1999	0.50	-0.37	7.51
2000	0.60	-0.36	8.46
2001	0.65	-0.35	7.74
2002	0.72	-0.33	7.97
2003	0.80	-0.29	8.44
2004	0.99	-0.10	7.53
2005	1.22	0.12	7.63

资料来源：中国科技统计，http://www.sts.org.cn/sjkl/index.htm

由于浙江研发设计水平较低，没有形成显著的制造优势，从而开创新领域的创新能力不足。总得来说，浙江产业价值链的提升主要体现在制造能力的提升和设计研发水平的提升上，并且制造能力有较好的提升趋势，更容易形成独特的竞争优势。

（二）工资增长引发的专业化分工

产业分工是指以收益递增为特征的纵向产业内分工和以比较优势为特征的横向产业间分工交织的经济现象。二战前的国际分工基本上是产业间分工，第三次科技革命改变了国际分工的形式和趋势，产业内分工迅速发展。鉴于随着经济全球化趋势的加强，产业内分工在贸易中所占的份额越来越大的趋势，这里重点研究产业内部分工。

区域产业结构演变模式至少存在两种，即以支柱产业更替为主要特征的和以专业化成长为主要特征的产业结构演变模式。早在亚当·斯密的《国富论》中就已经提出了分工与经济增长的命题,认为专业分工能够提高生产效率。迈克尔·波特认为专业化是生产率和竞争优势的基础。以专业化成长为主要特征的产业结构演变模式,可以描述为区域产业建立在资源禀赋和比较优势基础上,依托专业化分工,经过知识技能、人力资源等的积累,逐步建立起新的竞争优势,并趋向价值链高端,获取高附加值。

专业化分工主要表现为“迂回生产”的延伸和价值链扩展,所增加的中间环节既是价值的新增长点,又为技术进步和经济增长提供了更大的空间,是产业高级化的重要内容。用垂直分工来近似表示产业“迂回生产”的程度,斯蒂格勒的垂直整合的生命周期理论(Life Cycle Theory of Vertical Integration)对垂直分工有较全面的论述,认为产业周期和垂直分工水平之间存在着倒U型曲线关系,市场成熟期的垂直分工水平高。国际上,Holmes(1999)使用投入—产出率,即投入品与最终销售比率来测度垂直分工,用产业附加值率可以达到同样的效果。产业附加值率的计算公式为:产业附加价值率 = 产业增加值/产业总产值,由于中间品的存在,产业总产值实际上被重复计算了,而产业增加值是不变的,因此,较低的产业附加价值率表示了较高的垂直分工水平,从而表明专业化分工程度较高。

长三角地区是我国主要的产业集聚区,是专业化分工程度最高的地区。由表11可知,改革开放以来,长三角地区工业附加价值率处于下降趋势,尤其是1978—1995年下降明显,专业化分工程度提高较快。相比较而言,浙江工业附加价值率处于长三角地区的最低水平,表明浙江工业专业化分工程度最高。事实上,浙江经济正是靠“一镇一品”、“一村一品”这种高度专业化分工的产业集群带动发展起来的,并取得全国领先地位。需要说明的是,由于统计口径的调整,浙江工业2003—2005年附加价值率较前期有所增加,这是因为国有及规模以上非国有企业的专业化分工水平比大量规模以下非国有企业专业化分工水平要低。即使如此,2003—2005年浙江国有及规模以上非国有企业专业化分工水平也在逐步提高。

表7.11　长三角地区工业附加价值率

年份	浙江省	江苏省	上海市
1978	35.24	34.59	40.01
1985	31.93	29.34	35.77
1990	25.82	23.25	27.27
1995	20.43	20.80	23.94
2000	20.80	22.50	24.29
2002	20.94	23.45	23.73
2003	24.07	25.89	24.48
2004	21.97	—	23.93
2005	20.91	24.82	24.47
2006	20.57	24.89	23.79

注:浙江省、江苏省2003—2005年的统计口径调整为全部国有及规模以上非国有企业。

资料来源:历年《浙江统计年鉴》。

(三)工资增长引发的产业结构转换

地区各产业的经济总量增长速度的差异导致了产业结构组成的变化。一个地区内部各产业增长速度差异大,结果该地区产业结构转换快;反之,则产业结构转换慢。因此,可用产业结构转换系数(即产业增长速度差异)来衡量浙江省产业结构转换速度,计算公式如下:

$$\delta = \sqrt{\sum_{i=1}^{n}(X_i - X_p)^2 R_i / X_p}$$

其中,X_i 是 i 产业的年增长速度,X_p 是GDP年增长速度,R_i 是

i 产业占 GDP 的比重。

同时，产业结构转换方向描述了产业发展趋势，也是衡量浙江产业结构转换的重要指标。产业结构转换方向的计算公式为：$\alpha_i = (1 + X_i)/(1 + X_p)$，其中 X_p 是 GDP 年增长速度，R_i 是 i 产业占 GDP 的比重。

表 7.12　全国和浙江省三次产业结构转换系数和转换方向

年份	浙江省				全国			
	转换系数	一产转换方向	二产转换方向	三产转换方向	转换系数	一产转换方向	二产转换方向	三产转换方向
1980	0.43	0.84	1.15	1.053	0.08	0.97	1.02	1.00
1985	0.17	0.89	1.06	1.04	0.26	0.89	0.99	1.15
1990	0.03	1.00	0.99	1.01	0.17	1.08	0.97	0.98
1995	0.06	0.95	1.00	1.02	0.04	1.01	1.01	0.98
2000	0.16	0.92	0.98	1.06	0.13	0.91	1.00	1.03
2002	0.12	0.90	0.99	1.04	0.08	0.95	0.99	1.03
2004	0.07	0.94	1.02	0.98	0.06	1.04	1.01	0.98
2005	0.05	0.95	0.99	1.02	0.08	0.96	1.03	0.98
2006	0.09	0.91	1.00	1.01	0.07	0.95	1.02	0.99

资料来源：历年《中国统计年鉴》、《浙江统计年鉴》。

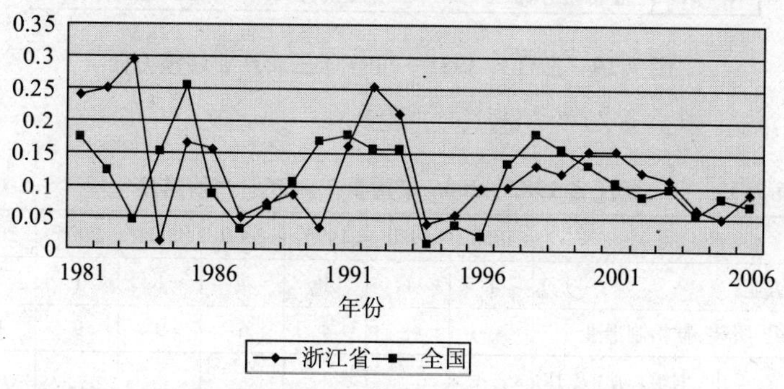

图 7.18　全国和浙江省 1981—2006 年产业转换系数

资料来源：历年《中国统计年鉴》、《浙江统计年鉴》。

由表7.12、图7.18可知，改革开放以来，全国和浙江三次产业转换系数总体上均经历了一个由高到低的过程，表明三次产业增长速度差异越来越小。与全国三次产业转换系数相比，浙江三次产业转换系数变动幅度较大，这反映了浙江三次产业结构经历了迅速调整的过程。1978年浙江三次产业国民生产总值比例为1∶1.14∶0.49至2006年调整为1∶9.20∶6.82。又由图7.19可知，浙江三次产业转换方向，第一产业的转换方向自1982年起几乎一直低于1，不断向第二产业和第三产业转移；第三产业的转换方向高于第二产业，但自2003年起，浙江第二产业的转移方向大于第三产业转移方向，这也是对浙江先进制造业基地建设成果的肯定。

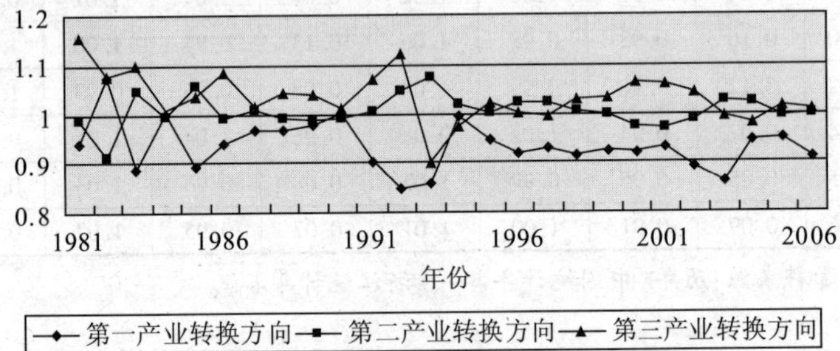

图7.19 浙江省1981—2006年三次产业转换方向

资料来源：历年《浙江统计年鉴》。

表7.13 浙江省1985—2006年重要工业产业产值排序

产业类别	1985	1990	1995	2000	2004	2005	2006
纺织业	1	1	1	1	1	1	1
纺织、服装、鞋帽制造业	—	—	4	6	9	9	10
皮革、毛皮、羽毛（绒）及其制品业	11	11	11	11	11	12	12
造纸及纸制品业	10	9	13	13	13	13	13

续表

产业类别	1985	1990	1995	2000	2004	2005	2006
化学原料及化学制品制造业	4	3	3	4	5	5	7
化学纤维制造业	12	12	12	12	8	8	8
塑料制品业	5	5	7	10	10	10	9
金属制品业	7	6	9	9	12	11	11
通用设备制造业	2	2	5	3	4	3	4
交通运输设备制造业	8	10	8	5	6	6	5
电气机械及器材制造业	3	4	2	2	2	2	2
通信设备、计算机及其他电子设备制造业	6	7	10	7	7	7	6
电力、热力的生产和供应业	9	8	6	8	3	4	3

注:1985 年和 1990 年的通用设备制造业调整为机械制造业;电力、热力的生产和供应业的 2003 年和 2004 年数据相差过大。

资料来源:历年《浙江统计年鉴》。

表 7.14　　1978—2006 年浙江省工业结构调整

	1978	1985	1990	1995	2000	2004	2005	2006
轻工业	60.58	51.16	63.51	56.77	54.12	46.00	45.99	43.79
重工业	39.42	29.87	36.49	43.23	45.88	54.00	54.01	56.21

资料来源:历年《浙江统计年鉴》。

由表 7.13 可见,比较明显的是,纺织、服装、鞋帽制造业,塑料制品业、金属制品业的重要性下降,尤其是塑料制品业和金属制品业下降明显,由 1985 年的中间位置下降至最末位。化学纤维制造业、交通运输设备制造业的地位逐步上升,电气机械及器材制造业和通信设备、计算机及其他电子设备制造业的位置虽然几乎没有变动,但其与纺织业的差距逐步缩小,由 1985 年分别占纺织业的 34.15% 和 15.68% 到 2006 年占纺织业的 61.17% 和 45.59%。总体来看,改革开放以来,浙江省工业结构发生了重大调整,由原来以轻工业为主转变为以重工业为主的工业结构(见表7.14)。

五、促进工资增长与产业高级化的思路与建议

事实证明,长期低工资不仅不利于居民收入水平提高,而且阻碍了产业高级化进程。以低工资优势参与国际分工,不但无法获取高附加值,而且低工资比较优势容易丧失,导致产业发展停滞,甚至倒退。工资增长能够促进产业高级化,但过快的工资增长会大大降低产业高级化进程的可持续性。如何确定合理的工资增长幅度,以保证产业高级化顺利进行?为此,在回顾浙江省工资增长与产业高级化进程的基础上,得出调节工资增长,促进产业高级化的总体思路,并提出如下政策建议。

(一)工资增长与浙江产业高级化的基本进程

改革开放以来,浙江工资水平绝对额增长迅速,但工资总额在GDP总额中的比例偏低,低于全国水平,且呈持续下降趋势,仅在2003年以后有所增加。浙江经济增长没有带来工资水平的同步增长,这与浙江"富民强省"的发展理念不符,工资水平仍有较大的增长空间。部门工资差距及制造业工资水平低下成为在保持工资继续增长的同时亟待解决的问题。

在工资增长的替代效应和产业扩张效应的影响下,浙江产业结构经历了一个明显的高级化过程。工资增长引发了浙江产业价值链的提升,在研发设计、市场营销水平提高的同时,以人均技术装备水平为代表的工艺水平、制造能力迅速提高。辅以政府政策引导,浙江日益增强的制造优势成为产业高级化进程中的一大亮点。工资增长引发了浙江产业专业化分工,使其成为我国产业专

业化分工程度最高的区域之一。高度的产业专业化分工，曾经是浙江经济发展特色之一，现在也将是浙江产业高级化的重要内容。工资增长还引发了浙江产业结构转换，第一产业持续向第二、三产业转换，二、三产业发展迅速，新兴产业迅速成长。工业结构中轻、重工业地位变化，重工业产值超过轻工业，浙江经济进入新的发展阶段。同时，浙江产业价值链的提升、产业专业化分工水平的提高以及产业结构转换提高了浙江经济在国内、国际分工中的地位，改善了国内、国际贸易结构，促进了浙江企业利用新的竞争优势走出去。

需要注意的是，在浙江产业高级化过程中，工资水平与技术进步的关联性不高，技术进步不明显，而资本深化程度逐步提高，出现了资本过度深化。浙江经济发展的资本驱动特征日趋明显。显然，这种产业高级化形式没有充分利用浙江省及全国的比较优势，是一种不可持续的产业高级化形式。分析可知，劳动力供求结构性矛盾是阻碍浙江产业高级化顺利进行的重要原因，成为亟待解决的问题。

（二）工资增长与浙江产业高级化的总体思路

工资水平零增长或过低增长，过分依赖廉价劳动力，产业发展容易陷入“低工资水平→低附加值→低工资水平→……”困境之中。而工资增长过快则容易使产业在尚未建立起新的竞争优势前迅速失掉原有比较优势，同样对产业发展不利。只有保持合理的工资增长幅度，才能促进产业高级化顺利进行，进入“工资增长→产业高级化→工资增长→……”良性循环。

工资增长，劳动力生产要素价格上升，在其他条件不变的情况下，将引发资本、技术对劳动力的替代，对劳动力的需求下降，即工资增长的替代效应。资本、技术对劳动力的替代，同一产出中资本、技术含量上升，产业高级化进程开启。工资增长的替代效应和产业发展的扩张效应在推动产业高级化的同时，改变了对劳动力的需求，包括劳动力需求数量和结构。调整过的劳动力需求和劳动力供给影响了工资水平的变化，并再次影响产业高级化进程。在产业高级化进程中，资本、技术对劳动力的替代，表现为资本深化和技术进步，对资本深化和技术进步的侧重不同则产生了不同的产业高级化形式。促进产业高级化顺利进行的工资增长幅度是在充分考虑现有工资水平和劳动力需求供给的基础上确定的。

改革开放初期大量的剩余劳动力为保持低工资提供了可能性，而近年来爆发的“民工荒”不但宣告了劳动力供给数量的短缺，同时也暴露出劳动力供给结构不能满足经济发展需要的问题，即高素质的劳动力供给更为紧张。上述情况的出现与长期低工资水平不无关系，长期低工资降低了劳动力自身的人力资本投资额，劳动生产率无法迅速提高，大量劳动力的素质得不到提高。浙江经济正是在上述背景下发展起来的，工资增长必然引起资本、技术对劳动力的替代，但由于人力资本的专属性特征，工资增长更多的是引发资本对劳动力的替代，表现为资本深化。工资水平的进一步增长，更大程度上只会引起资本过度深化，表现为资本过度深化形式的产业高级化。资本过度深化显然不是适合浙江经济发展的产业高级化形式，它忽视了我国仍然具有的劳动力供给比较优势，同时大量使用相对短缺的资本，是一种以比较优势替代比较劣势的做法。然而，浙江产业高级化确实走了资本深化道路，由此反映出劳动力供求在结构上的严重矛盾。劳动力供给结构成为左右浙江省产业高级化选择的关键所在。浙江资本过度深化的产业高级化形式，必将引起工资增长的不均衡性。这种工资增长的不均衡性表现在少量符合劳动力需求结构的劳动力工资得以增长，而大量不符合劳动力需求结构的劳动力工资则会下降，由此形成“二元结构”的劳动力市场。

可见,通过工资增长来促进浙江产业高级化的总体思路在于:首先,要明确只有合理的工资增长才能促进产业高级化;其次,工资增长幅度要根据现有要素供给情况决定。相对而言,劳动力要素供给数量依然充足,但劳动力供给结构严重限制了对劳动力的需求;再次,工资增长幅度要结合产业发展情况及劳动力要素在产业发展中的贡献度,要在产业发展成本和效率工资间取得平衡。

(三)工资增长与浙江产业高级化的政策建议

合理的工资增长幅度,可以促进产业高级化顺利进行。目前,浙江经济发展正进入产业高级化关键时期,通过工资增长来促进浙江省产业高级化,并选择恰当的产业高级化形式,对于促进浙江经济可持续发展具有重大的现实意义。

第一,构建完善的劳动力价格形成机制,为工资增长创造条件。首先,要发挥市场机制在劳动力价格形成中的基础性作用。改革开放以来,我国劳动力市场逐步引入市场机制,劳动力市场的“二元结构”问题得到很大程度的改善。浙江经济的主体是民营经济,2006 年民营经济创造的经济增加值占全省生产总值的71%,浙江被认为是我国市场化程度最高的省份之一。因此,可以认为浙江劳动力市场的市场化程度也是较高的。但是,由于浙江劳动力市场中正规劳动力市场和从属劳动力市场并存,缺乏制度性规范,劳动力供求双方信息不对称,市场机制发挥作用依然受限。为此,要加强劳动力市场规范化建设,消除劳动力供求双方信息不对称问题,确保市场机制发挥作用。其次,要发挥决策部门对工资增长的能动性指导作用,建立辅助性的工资增长机制。按照国家统一规范和要求,定期对各类企业中不同职业的工资水平进行调查分析,同时前瞻性地将工资增长与产业发展导向挂钩,发布不同职业的劳动力市场工资指导线,确保工资合理增幅,推进产业高级化,并避免形成工资差距。再次,推广集体协商制度,提高劳动者谈判能力,均衡劳资双方利益关系。集体协商制将平等和社会公正的概念引入劳动力市场,能够维系劳资利益均衡,是适合现阶段市场经济环境、保障劳动者权益、确保工资增长的有效机制。浙江省私营企业众多,相对于国有企业而言,往往缺乏对劳动者权益的保护,工资水平较低。因此,浙江大力推广集体协商制度,有利于工资增长的实现,是劳动力价格形成机制的重要组成部分。

第二,加大人力资本投资力度,组织多形式的劳动技能培训,提高劳动者素质,以解决劳动力供求结构矛盾,确保产业高级化顺利进行。劳动力供求结构相匹配,是保证产业高级化顺利进行的关键。事实上,正是浙江劳动力供求矛盾导致浙江省走上了资本过度深化形式的产业高级化道路。可见,浙江通过加大人力资本投资,提供劳动技能培训来解决劳动力供求结构矛盾更具迫切性。

人力资本的特殊性在于,它具有双重属性特征,即“物”的属性特征和“人”的属性特征。解决劳动力供给结构问题,既要通过劳动技能培训来提高劳动者素质,又要通过工资增长、效率工资等形式激励劳动者能动地发挥其技术技能水平。在对劳动者的人力资本投资中,劳动者自身的投资也是重要组成部分,而工资增长可以为劳动者自身人力资本投资提供资金支撑。工资增长与人力资本投资相辅相成,能够形成“工资增长→人力资本投资增加→工资增长→……”的良性循环。因此,制定相应的优惠政策措施,引导劳动者将工资增长部分中更高比例的资金用于人力资本投资,也是解决目前浙江劳动力供求结构矛盾的重要举措。

第三,改善劳动环境与生产条件,引入 SA8000 社会责任标准等以提高劳动标准。人力资本的发挥显然也会受到劳动环境、生产条件的影响,劳动环境、生产条件的改善能够激发劳动者生产积极性,提高劳动生产率,起到与效率工资同样的效果。SA8000 社会责任标准是社会对资本权利的规范和限制,是对劳动者权益的保护。以 SA8000 社会责任标准为代表的相关规范的实施,提高了劳动标准,调动了劳动者参与生产的积极主动性。同时,SA8000 社会责任标准的实施成为企业良好形象的外显信号,有利于企业竞争力的提高,推动产业高级化进程。

由于浙江大多数中小企业集中在附加值低的劳动密集型产业或生产环节,劳动环境、生产环境较差,对劳动者的正当权益保障不足成为企业难以吸引技能人才的重要原因。因此,即使工资增长、存在适合需求的劳动力供给这两项条件都具备,劳动环境、生产条件和劳动标准也有可能阻碍产业高级化进程。浙江省中小企业数量众多,在劳动环境、生产条件和劳动标准方面与大型企业相比具有先天劣势,上述因素阻碍产业高级化进程的可能性更大。为此,改善劳动环境、生产条件,提高劳动标准,是促进浙江省产业高级化的重要一环。

第四,在逐步解决劳动力供给结构问题的基础上,转变浙江产业高级化形式,降低资本深化程度,发展劳动密集型技术进步。在产业高级化形式中,至少存在资本密集型技术进步(资本深化)和劳动密集型技术进步两种形式。采取何种产业高级化形式,往往取决于产业发展的要素禀赋情况。要通过已有的比较优势来促进产业高级化,并在产业高级化进程中形成新的竞争优势。

虽然近年来我国“民工荒”问题日益明显,但是浙江经济在参与国际分工的过程中,劳动力要素依然是产业发展的比较优势。因此,劳动密集型技术进步形式的产业高级化理应成为首选,但劳动力供求结构矛盾严重限制了浙江产业高级化向正确的方向发展。只有在工资适度增长,劳动力供求结构矛盾逐步缓解的基础上,才能转变浙江产业高级化形式,保障浙江产业高级化顺利进行。

第八章

创新体系:转型升级的基本支撑

浙江经济转型的核心是实现从资本驱动型经济向创新驱动型经济的转变,经济增长方式从数量型增长转向质量型增长,其基础是发展高质量经济活动。在浙江经济转型过程中,浙江经济发展的经济活动质量、创新方式、资本体系、组织与制度等方面都会发生相应的转变。浙江区域创新体系的全面和系统性提升有助于将浙江经济发展所需的创新要素引入区域经济系统内,创造更为有效的创新资源配置方式,实现新的系统功能,从而全面提升自主创新能力,促进高质量经济活动的发展,推动产业结构升级,促进浙江创新型经济的发展。

一、浙江经济转型中区域创新体系的重要作用

目前，浙江经济发展正处于从投资驱动发展阶段向创新驱动发展阶段转变的时期。在浙江经济转型过程中，其创新方式、经济活动质量、资本体系、组织与制度等方面都会发生相应的转变：技术创新方式从模仿与学习为主逐渐转向自主创新与原创创新为主，经济活动质量从以低 R&D 投入、低风险、低利润、低产业集中度、报酬递减为特征的低端产业活动逐渐转向以高 R&D 投入、高风险、高利润、高产业集中度、报酬递增为主的高端产业活动。

区域创新体系建设促进了创新活动中知识创造和应用体系的专业化分工与合作，可以有效推动区域内创新要素的创造、积聚和有效利用，因此区域创新体系将构成浙江从资本驱动经济向创新驱动经济转型的核心组织和制度构架。

（一）经济发展阶段的相关理论

著名学者迈克尔·波特建立并完善了竞争优势理论。竞争优势理论指出一国产业竞争力取决于多种因素，包括要素条件、本国需求条件、相关和支持产业及企业战略、结构与竞争状态等因素，同时还与政府及发展机遇有关。波特根据竞争优势理论把经济发展划分为四个阶段：

第一阶段是廉价劳动力、自然资源等“生产要素驱动发展阶段”，此阶段的竞争优势主要取决于一国在生产要素上拥有的优势，即是否拥有廉价的劳动力和丰富的资源。

第二阶段是大规模投资、改善技术装备成为支撑经济发展主

要因素的“投资驱动发展阶段”，此阶段的竞争优势主要取决于资本要素，用以大量投资可更新设备、扩大规模、增强产品的竞争能力。

第三阶段是创新能力及其水平成为驱动经济发展主要动力的“创新驱动发展阶段”，研究与开发为核心的技术创新活动。

第四阶段是“财富驱动发展阶段”，此阶段创新、竞争意识明显下降，经济发展缺少强有力的推动。

表 8.1　　经济发展的三个主要阶段

生产要素驱动阶段	投资驱动阶段	创新驱动阶段
• 天然资源、地理位置、低廉的工资等基本生产要素是竞争优势的主要来源 • 通过进口、外国直接投资及模仿来吸收技术 • 企业以价格竞争，缺乏接触客户的直接渠道 • 企业在价值链中的角色有限，主要停留在组装、劳动力密集的制造业和资源采集业 • 对世界经济的景气循环、商品价格及汇率都极度敏感	• 提供标准化的产品及服务效率是竞争优势的主要来源 • 通过授权、外国直接投资及模仿获得技术，在吸收国外技术的同时，也有改善技术的能力 • 国家的“钻石体系”大量投资于有效率的基础建设和现代化的生产流程 • 企业提供代工制造，并且延伸在价值链中的能力 • 专注于制造业与服务业的出口	• 动用全球最先进技术的创新产品和服务是竞争优势的主要来源 • 国家“钻石体系”的特色是具备所有要素的优势，以及深化的产业群聚 • 企业以独特且放眼国际的策略来竞争 • 整体经济中服务业比重很高，能够抵御外来的冲击

资料来源：(美)迈克尔·波特．国家竞争优势[M]．北京：华夏出版社，2002.

区分经济发展阶段的关键区别在于创新模式的转变。按照迈克尔·波特教授的分析，由投资驱动阶段进入创新驱动阶段，技术进步将由模仿创新向自主创新转变。在廉价劳动力、自然资源生产要素驱动发展阶段，技术的来源等主要是模仿和引进；在投资驱动发展阶段，技术的来源主要是外商直接投资、技术许可和模仿创新；在创新驱动发展阶段，技术创新模式要从模仿创新转向自主创新，通过原始创新、集成创新和引进技术再创新，实现科技成果的产业化，既拥有自主创新的技术，又拥有独具竞争优势的创新产品。

如果说浙江经济发展处于投资驱动向创新驱动过渡阶段，则当前的任务就是要加快实现由模仿创新向自主创新的转变，以自主创新为核心战略，促进企业技术创新能力提升和产业升级，实现创新型经济的发展。

（二）浙江经济发展阶段及增长方式的定量分析

为了确定浙江经济发展的阶段性特征，以下以已有相关研究成果为基础，对浙江经济发展中的劳动力、资本、创新等因素对浙江经济增长的影响力进行定量分析。

经济增长方式，是指通过不同的要素投入和技术组合获得经济增长的途径和方法。经济增长的源泉不仅来自生产要素投入的增加，而且依赖于生产效率的提高。生产要素一般可以分为三类：自然资源、劳动和资本，任何生产过程都离不开这三大生产要素。但在不同生产过程、不同的技术条件下，它们的比例是不一样的，由此实现的生产效率也不同。

通过对浙江自然资源、劳动、资本、R&D 等经济要素与经济增长之间关系的定量分析，可以为客观分析浙江经济发展的所处阶段以及未来发展趋势与方向提供依据。近年来，许多学者对浙江省要素投入与经济增长间的关系进行了实证研究，相关研究的结论较为一致，认为目前浙江经济发展具有以下特点和趋势。

1. 资本投入是浙江经济增长的主要驱动力

陈建军（2000）、郑小勇（2004）、程跃秋（2005）以固定资产投资代替资本投入，对浙江省要素投入与经济增长间的关系进行了实证研究，得出在 1980 年到 2000 年浙江经济增长这一阶段当中，明显属于投入驱动型增长。刘亚军、倪树高(2006)估算了浙江资本投入数据,发现浙江经济增长取得了相对较高的增长效率,不过全要素增长率较低,甚至从20世纪90年代中后期至今还一直处于负增长的状况。战明华、史晋川(2006)也使用了估算的资本投入数据,对浙江省全要素生产率进行分解,结果表明,在20世纪90年代中期以前,浙江省的全要素生产率水平高于全国且绝对水平也较高,但90年代中期以后,浙江省的全要素生产率有较大下降且基本与全国趋同。刘锋(2007)对1978—2005年间浙江省经济增长因素的分析显示,资本投入增加对总产出的贡献率明显高于劳动贡献率和技术进步贡献率,在28年间有18个年份资本贡献率高达60%以上。①

李冬琴(2009)采用柯布—道格拉斯生产函数模型,对1990—2006年间浙江投入对经济增长的贡献进行了计量分析,并对资本、劳动和R&D投入对经济增长的贡献率进行了测算,结论是:1990—2006年间,浙江资本投入对经济增长的贡献度超过50%,是经济增长的主要驱动力,浙江经济增长属于外延式增长。

2. 创新要素影响力近年来呈上升趋势

李冬琴(2009)的研究显示,1990—2006年间,浙江R&D投入对经济增长的贡献率为21.88%,浙江R&D投入对GDP增长的贡献率呈不断加速上升趋势。表8.2显示,1990—2006年浙江R&D投入的年均增速在20%以上,1990—2003年R&D投入增长率呈下降态势,但2004—2006年投入增长率又迅速提升。这主要是由于2004年以来促进自主创新,建设创新型省份等政策逐步落实、浙江科技投入迅速增长的结果。

① 刘锋. 技术进步对浙江省经济增长影响的实证研究[J]. 经济论坛,2007(23).

表 8.2　　浙江各种要素投入的贡献率比较

年　份	增长率				要素投入贡献率		
	GDP	劳动率	资本	R&D	劳动力	资本	R&D
1990—1994	19.70	0.83	16.86	22.77	1.76	39.59	13.87
1995—1999	10.99	0.04	17.08	21.94	0.13	71.86	23.95
2000—2003	9.34	1.72	14.20	20.78	7.69	70.30	26.69
2004—2006	8.71	1.97	11.17	22.84	9.45	59.36	31.47
1990—2006	14.31	1.36	17.91	26.09	3.98	57.90	21.88

资料来源：李冬琴．浙江 R&D 投入对经济增长贡献的实证研究[J]．企业经济，2009(3)．

（三）浙江经济转型的主要特点与趋势

目前，浙江经济发展中存在较严重的结构性问题，解决问题的关键是完善有利于创新要素配置的体制机制，全面提升自主创新能力，发展创新型经济。

1. 浙江经济发展的结构性矛盾突出，投资驱动的数量型增长模式难以持续

目前，浙江经济的结构性矛盾非常突出，主要表现在产业结构不合理，产业层次偏低，经济增长以规模扩张、资本投入驱动为主。浙江产业结构中，传统劳动密集型产业比重偏高，竞争优势不断减弱。目前，传统劳动密集型产业存在着如下三个矛盾：大规模生产与低附加值的矛盾、高市场份额与低利润率的矛盾、大产业与小企业的矛盾。多数制造业仍然处于产业链的低端，产品附加值不高，随着劳动力、资源、土地、环境等要素约束效应的日益明显，加之人民币升值影响，长期来依赖低成本、低价格的竞争优势已大幅度弱化。特别是在金融危机的冲击下，出口依赖性强的大量传统制造企业直接面临生存危机。

2. 高新技术产业发展滞后和整体创新能力不足导致产业发展水平不高

首先，从沿海省市比较来看，浙江高新技术产业发展相对滞后，高新技术产业产值低，对产业发展的带动能力不足。2008 年，广东高新技术产业 2.2 万亿元、江苏 1.8 万亿元、山东 1.9 万亿元、上海 6500 亿元、浙江仅 8685 亿元，远远落后于兄弟省份。浙江高技术产业总产值占全国的比重仅为 7% 左右，比广东、江苏、山东等低 10 多个百分点。

其次，由于历史原因，浙江缺乏大院大所大企业等高水平创新机构，整体自主创新水平不高，创新投入不足，2008 年 R&D 投入占 GDP 1.6%，略高于全国平均水平。浙江整体结构性矛盾和创新能力的不足使企业缺乏自主技术能力，核心技术和关键设备过度依赖进口，消化吸收再创新和自主开发能力不强，发明专利比例较低，导致浙江主要产业呈现低端化趋势，即使在国内同行业内也处于低端环节。目前，浙江主要制造业的人均附加值远远低于全国主要制造业。同时，工业增加值率仅为 20.2%，分别比山东、广东、江苏低 4.8、4.8 和 3.2 个百分点。

3. 浙江经济发展阶段对自主创新模式提出内在要求

根据经济学理论，经济发展的不同阶段对创新的要求是不一样的，主要用 GDP 及与 R&D 费用的比例关系划分。从表 8.3 可以看出，在工业化第二阶段和工业化后阶段，技术创新模式开始以创造技术的自主创新模式为主。

表 8.3　　不同经济发展阶段的技术创新模式

工业化阶段	工业化前阶段	工业化第一阶段	工业化第二阶段	工业化后阶段
经济标志（人均 GNP）	<300 美元	300～2000 美元	2000～4750 美元	>4750 美元
技术标志（R&D/GNP）	<1%	1%～2%	2%	>2%
创新技术阶段	使用技术为主	改进技术为主	创造技术为主	创造技术为主

2008年，全省人均GDP达到6078美元，浙江省已处于工业化后期的发展阶段，进入全面提升工业化、信息化、城市化、市场化、国际化水平的重要时期。已有国际经验表明，西方发达国家在人均GDP超过3000美元后，开始进行经济结构调整，发展模式从依赖要素资源消耗向依靠科技知识转变，经济增长从投资、出口主导向消费主导转变，从而进入新的发展阶段。而亚洲国家在人均GDP达到5000美元后，也开始进行相似的经济转型升级过程。目前，浙江的人均GDP远远高于这两个指标性的数字。因此，浙江有必要系统化全面提升自主创新能力，促进创新型经济的发展。

（四）区域创新体系升级是浙江经济转型的核心环节

浙江经济转型的内涵是从资本驱动经济向创新驱动经济的转型，经济增长方式从数量型增长转向质量型增长，其基础是发展高质量经济活动。浙江区域创新体系的全面和系统性提升有助于将浙江经济发展所需的高端创新要素引入区域经济系统内，创造更有效的创新资源配置方式，实现新的系统功能，从而促进高质量经济活动的发展，推动产业结构升级，促进浙江创新型经济的发展。

1. 浙江经济转型中主要经济特征的变化

在浙江经济从资本驱动经济向创新驱动经济转型的过程中，其创新方式、经济活动质量、资本体系、组织与制度等方面都会发生相应的转变（见表8.4）：

（1）技术创新方式从模仿与学习为主转向自主创新与原创创新为主。

（2）经济活动质量从以低R&D投入、低风险、低利润、低产业集中度、报酬递减为特征的低端产业活动转向以高R&D投入、高风险、高利润、高产业集中度、报酬递增为主的高端产业活动。

(3)人力资源需求从低端产业活动所需要的制造型人才和学习型人才转向高端产业活动所需要的创新型人才、创业型人才、创意型人才、知识服务人才等高端人才及团队。

(4)主导资本体系从规避风险的银行资本与制度化程度较低的民间信贷转向以高度专业化、创新性强、寻求高利润的风险资本和知识资本。

(5)经济组织与经济制度发展从以“优化生产要素和资本配置”为重点的基础产业体系、有形财产权制度转向以“优化创新要素配置”为重点的区域创新体系和知识产权制度。

表 8.4　　经济转型中主要经济特征的变化

经济转型	创新方式	经济活动质量	人力资源	资本体系	组织与制度
资本驱动的经济	模仿与学习	低 R&D 投入、低风险、低利润、报酬递减	制造型人才 学习型人才	银行资本 民间信贷	基础产业体系 有形财产权制度
创新驱动的经济	自主创新 原创创新	高 R&D 投入、高风险、高利润、报酬递增	创新型人才 创业型人才 创意型人才	风险资本 知识资本	区域创新体系 知识产权制度

2. 浙江经济转型的基础是发展高质量经济活动

浙江经济转型的内涵是从资本驱动经济向创新驱动经济的转型，经济增长方式从数量型增长转向质量型增长，其基础是发展高质量经济活动。演化经济学在分析国家经济发展的演化规律过程中，指出不同国家或区域的经济活动质量水平决定了产业报酬水平、产业集中度、竞争优势等，并提出经济活动质量指数及其相关指标(见表 8.5)。总的来看，高质量经济活动的核心就是技术创新能力。

在浙江经济转型过程中，通过发展以技术创新为特征的高质量经济活动，有助于实现产业结构优化升级，人均 GDP 从 6000 美元向1万美元递增，国际市场竞争优势显著增强的经济发展目标。

表8.5　　经济活动质量指数的主要指标比较

经济活动	学习曲线	产　出	技术进步	R&D活动	干中学	信　息	投　入
高质量	陡　直	高增长	快　速	高水平	非常必要	不完全	巨大且不可分
低质量	平　坦	低增长	很　少	低水平	很少出现	完　全	可　分
工资水平	规模和范围经济	产业集中度	风　险	产　品	竞　争	报酬机制	与新古典假设关系
高	重要的潜力	高	进入和退出壁垒高	品　牌	不完全动态	递　增	不相关
低	很　少	很　低	进入和退出壁垒低	普　通	完　全	递　减	是其合理代表

资料来源：(挪威)赖纳特．穷国的国富论[M]．北京：高等教育出版社，2006.

3. 浙江经济转型的核心环节是区域创新体系升级

区域创新体系是区域范围内各种与创新相关的主体要素、制度和政策所构成的网络体系。由于区域创新体系的发展体现了创新活动中知识创造和应用体系的专业化分工与合作，可以有效推动区域创新要素的产生、集聚、整合和利用，因此区域创新体系就构成了浙江从资本驱动经济向创新驱动经济转型的核心活动主体、组织和制度构架。

浙江区域创新体系的全面和系统性升级有助于将浙江经济发展所需的创新要素引入区域经济系统内，创造一种新的更为有效的资源配置方式，实现新的系统功能，从而全面提升自主创新能力，促进高质量经济活动的发展，推动产业结构升级，形成区域竞争优势，促进浙江创新型经济的发展。

区域创新体系升级对促进浙江经济转型主要有以下几个方面的作用机制：

(1)从组织和功能层面看，区域创新体系升级可以促进以企业为核心的区域创新主体的培育,形成区域创新的合作组织体系机制,提高区域经济组织对创新资源要素的培育、积聚、优化、整合和利用能力,从而提高区域创新能力,促进区域经济的高质量增长;

(2)从制度和运作机制层面看,区域创新体系升级可以根据浙江经济转型的战略目标和实际创新需求,制定不同层面和不同影响机制的创新政策和制度,激励、支持和引导企业等主体的创新活动,提升区域创新活动对经济增长的直接影响能力;

(3)从产业升级和人力资源层面看,区域创新体系升级可以为知识和技术密集型产业的发展创造基础条件、产业技术空间和人力资源支持,促进高新技术产业发展传统产业改造,并推动知识型服务业的快速发展。

二、浙江区域创新体系发展与升级情况

在浙江经济转型过程中,浙江区域创新体系可以通过组织创新和合作网络体系升级,强化创新活动中知识创造、应用和服务体系的专业化分工与合作机制,形成更加有利于区域创新要素集聚、配置、利用的组织和制度构架,从而加快各类区域创新主体的培育及相互间合作,实现浙江区域创新体系的全面系统化升级,为浙江创新型经济的发展提供强大的组织和制度保障。

近年来,在经济转型升级过程中,浙江重点加强了区域创新体系的系统化升级,取得显著成绩。以下,从浙江区域创新体系的组织创新和合作网络体系升级的视角对浙江区域创新体系的发展与升级情况进行系统分析。

(一)区域创新体系的组织构架与升级机制

区域创新体系的组织构架包括创新主体和创新主体间的合作

网络体系。区域创新体系升级的主要发展机制是区域创新主体的组织创新与创新合作网络体系的完善，以形成有利于区域创新要素集聚和市场化配置的组织和制度构架。

1. 区域创新体系的组织构架

区域创新体系的组织架构是指在特定的经济区域内和特定的社会经济文化背景下，各种与创新相关联的主体要素，以及协调各要素之间关系的制度和政策所构成的网络（见图8.1）。

（1）区域创新体系的主体要素，即创新活动的行为主体，包括企业、大学、科研机构、各类中介组织、金融投资机构和政府机构。区域创新体系的主体要素各有其不同的作用和职能。其中，企业是技术创新的主体，也是创新投入、产出以及收益的主体，是区域创新体系的核心。政府机构是区域创新体系的形成和发展的重要组织和管理主体。

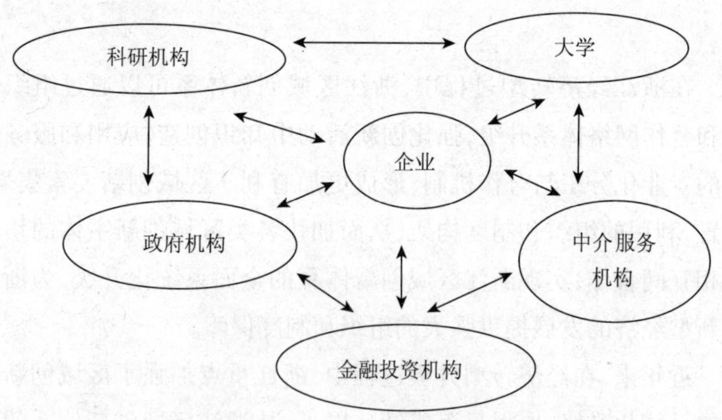

图8.1 区域创新体系的组织构架

（2）区域创新合作网络体系是创新主体之间合作互动形成的创新合作网络体系，是区域创新体系的组织构架的关键环节。在区域创新合作网络体系中，企业、科研机构、大学、金融投资机构、中介机构、政府间形成信息高效流动、资源分配合理、发挥各自优势的机制。

2. 区域创新体系的发展升级机制

区域创新体系升级的主要发展机制是区域创新主体的组织创新与创新合作网络体系的完善,以形成有利于区域创新要素集聚和市场化配置的组织和制度构架。从组织和功能层面看,区域创新体系升级可以促进以企业为核心的区域创新主体的培育,形成区域创新的合作组织体系机制,提高区域经济组织对创新资源要素的培育、积聚、整合和利用能力,从而提高区域创新能力,促进创新型经济的加速发展。

一方面,通过区域创新主体的组织创新可以培育创新型经济发展所需要的企业、科研机构、大学、金融投资机构、中介机构、政府机构等创新主体,强化不同区域创新主体的创新功能,为经济转型升级提供组织保障和创新人力资源。

另一方面,通过市场化配置与政府引导的作用机制,加强创新合作网络体系的构建与完善,可以完善不同类型创新主体之间的分工与合作机制,创造更为有效的创新资源配置方式,形成企业、科研机构、大学、金融机构、中介机构、政府间的信息高效流动、资源分配合理、发挥各自优势的合作体系机制,进而形成浙江经济从资本驱动向创新驱动转型的组织和制度构架和网络化效应。

(二)政府区域创新战略与政策体系的发展

区域技术创新是在一定的制度、组织和文化背景下所进行的技术活动,市场在激励技术创新方面具有自我组织、自我加强的作用,但是市场在激励技术创新方面也存在一定的缺陷和市场失灵现象,这就需要各级地方政府从整个区域的角度来协调体系内的技术创新活动。区域创新体系在发展过程中,逐渐由靠政府推动转变为市场多元主体共同推动。① 目前，浙江区域创新体系尚处于发展成长阶段，政府在区域创新体系的构建中具有非常重要的作用。

1. 科技发展战略的创新

(1)较早提出科教兴省战略。1992 年 7 月，省委、省政府作出《关于大力推进科技进步、加速经济发展的决定》，是全国较早提出科教兴省战略，以发展科技教育振兴经济的省份。1996 年，省委、省政府提出深入实施科教兴省战略，加速科技进步的重大战略举措。

(2)率先实行市县党政领导科技进步目标责任制。1995 年，率先启动创建科技工作先进县市。1996 年在全国率先实行市县党政领导科技进步目标责任制，明确了各级政府发展科技创新的战略责任。

(3)全面实施科技强省和自主创新能力提升行动计划。2002 年，省十一次党代会上提出了建设科技强省的战略目标，2006 年 3 月，省委、省政府出台《加快提高自主创新能力，建设创新型省份和科技强省的若干意见》和《浙江省科技强省建设与“十一五”科学技术发展规划纲要》。2008 年，浙江省政府实施“自主创新能力提升行动计划”，浙江科技创新战略开始进入全面提升自主创新能力，加快经济转型升级的新阶段。

2. 科技体制的市场化改革

浙江在全国较早开展科技体制的市场化改革，通过相关政策创新，推动科研院所的市场化改革，促进技术要素市场化配置，取得显著成效。

(1)促进技术要素参与股权和收益分配的政策创新。浙江是

① 张敦富．知识经济与区域经济[M]．北京：中国轻工业出版社，2000.

最早在全国实施鼓励技术要素参与收益分配政策的省份。1998年10月，率先在全国出台了《浙江省技术要素参与分配的若干规定》，之后又陆续出台了一系列相关政策。相关政策创新有力推动了科研院所的改制，极大地激发了广大科技人员的积极性与创造性，对发展高新技术企业、加速科技成果转化都产生了深远的积极作用。

(2)率先实行科研院所体制改革。1997年开始，开展了以"结构调整、人才分流、机制转换、制度创新"为重点的改革，通过产权制度的改革，提升科研院所的科技创新能力。

3. 区域创新体系的全面建设

浙江省通过一系列政策创新，积极加强创新载体的引进和产学研合作平台等的发展，使以企业为主体、市场化导向、产学研紧密结合的区域创新体系初具规模。

(1)区域创新体系的基础建设——"六个一批"创新载体。2002年以来，浙江把实施"六个一批"创新载体(一批重点企业研发机构、一批重点实验室和试验基地、一批重点科研院所、一批重点科技企业孵化器、一批重点区域科技创新服务中心、一批重点科技中介机构)作为建设区域创新体系的基础建设工程。

(2)区域创新体系的整合提升——重大科技创新平台。在"六个一批"创新载体建设的基础上，浙江省大力加强公共基础条件平台、行业专业创新平台、区域创新服务平台等三类重大科技创新平台建设。

(3)外部高端创新资源引进——大院名校共建创新载体。2003年以来，浙江省大力引进大院名校，共建创新载体，集聚国内外优质科技资源，为省内创新体系建设服务，先后引进共建乌克兰国家科学院国际技术转移中国(嘉兴)中心、清华长三角研究院、中科院宁波材料所等众多的高水平创新载体。

(4)创新资源的网络市场——浙江网上技术市场。2002年,浙江省充分利用信息网络技术手段,创建了中国浙江网上技术市场,实现了产学研合作创新体系的网络化和信息化,并结合网上技术市场活动周等各种形式的网下活动,促进了浙江技术创新活动和产业对国内外智力资源更加及时、高效地利用。

(三)企业技术创新体系的培育与绩效

企业技术创新体系是区域创新网络体系的核心组成部分。企业是创新活动中最活跃的要素,区域内企业的创新能力及创新绩效直接决定了区域的创新能力及绩效。长期以来,浙江市场经济发展比较完善,企业技术创新活动比较活跃。

1. 企业技术创新能力的整体情况

在市场经济机制和政府引导扶持的作用下,浙江企业技术创新活动较为活跃,企业家创新意识不断增强,企业创新费用支出稳步增长,创新产出效果显著,创新活动覆盖面高于全国平均水平,企业创新取得了明显进步。目前,浙江大中型工业企业的技术中心或研究所数量、增长率,以及有科研机构企业的比例、技术改造投入额等指标分别居全国第1、第1、第2、第2。①

据2007年浙江省第一次全国工业企业创新调查,作为全省创新主体的工业企业,有近六成开展了创新活动,大大高于全国28.8%的平均水平(见图8.2)。另衡量企业自主创新投入的R&D经费支出占全部创新投入的比例达到39.5%,亦高于全国32.3%的平均水平;全省拥有自主品牌的企业占全部企业的56.4%,高于全国平均水平21.6个百分点。②

---

① 中国科技发展战略研究小组.中国区域创新能力研究报告(2008)[M].北京:科学出版社,2009.

② 浙江省统计局.浙江省工业企业创新调查报告.http://tjj.zj.gov.cn

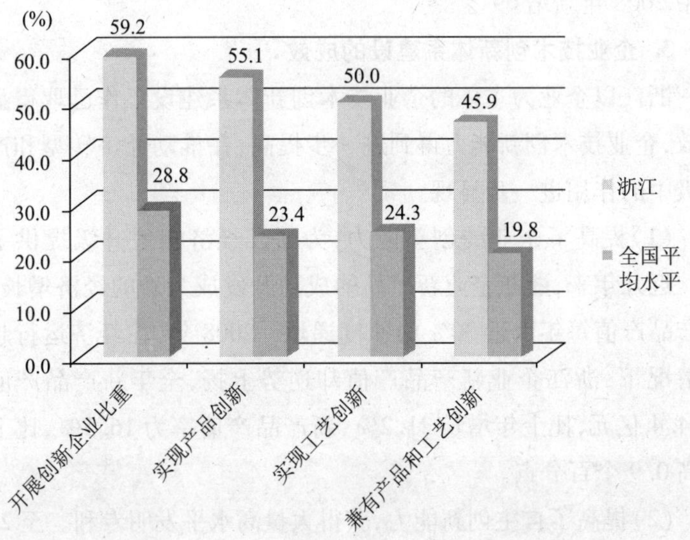

图 8.2　浙江工业企业开展技术创新活动的比例

2. 企业技术研发机构的发展

近年来浙江省重点加强了对企业研发机构建设的支持力度，通过促进企业建立高新企业研发中心、企业技术中心等机构，来增强企业研发能力。

(1)高新企业研发中心。目前，全省共有省级高新技术企业研究开发中心 813 家，其中 2008 年新培育省级高新技术企业研发中心 168 家，主要分布在机械、电子通信、生物医药和轻工纺织等领域。省级高新技术企业研发中心在推动企业和区域科技进步中起到了明显的作用。

(2)企业技术中心。2008 年，康恩贝制药等 7 家企业技术中心被列为国家级企业技术中心，目前浙江国家级企业技术中心达 37 家，数量从全国的第六位升至第四位；省级企业技术中心 477 家，其中2008年新增69家。①

3. 企业技术创新体系建设的成效

浙江以企业为主体的企业技术创新体系建设工作已取得显著成效，企业技术创新能力得到进一步提高，在推动经济转型和产业升级中的作用进一步显现。

（1）提高了企业的创新能力，为浙江经济转型升级提供了动力。近几年来，浙江企业新产品的成功开发成为新的经济增长点，新产品产值每年以近30%的速度递增。2008年，在经济运行趋紧的情况下，浙江企业新产品产值却逆势上扬，全年新产品产值为6804.4亿元，比上年增长21.2%，新产品产值率为16.5%，比上年提高0.9个百分点。

（2）提高了自主创新能力，获得大量高水平发明专利。至2008年9月，707家企业研发中心共承担国家级项目685项、省部级项目1616项，获授权国外专利243项、国家发明专利583项，实用新型专利2690项，参与制定国家标准与行业标准770项。

（3）推动了区域或行业的科技进步。如涌现了绍兴科技轻纺中心、永康五金工具中心等为区域经济服务成效明显的区域性企业技术中心，海正制药研发中心将关键中间体转移给周边中小企业生产，积极为它们提供技术服务指导，并且对质量进行监督，在自身发展的同时，带动行业内中小企业共同发展。

（四）科研院所的知识创新体系

在浙江区域创新体系发展中，科研院所的市场化转制是强化科研院所市场化发展的体制机制，促进科研院所创新资源的优化配置，提升区域创新体系整体知识创新能力的重要环节。

---

① 浙江省经贸委．浙江国家级企业技术中心数跃居全国第四[J]．浙江日报，2008-12-8.

1. 科研院所的市场化转制

浙江的院所改革工作的核心内容是通过机制转换和制度创新,把具有面向市场能力的院所推向市场,推向经济建设主战场,从体制上解决科技与经济脱节的问题。1997 年开始,开展了以“结构调整、人才分流、机制转换、制度创新”为重点的新一轮改革,通过产权制度的改革,提升科研院所的科技创新能力。这一阶段改革中,针对不同的院所采用不同的改制方式:合并、整体进入企业集团或高校和整体改制为科技型企业等。目前,开发类院所产权制度改制工作基本完成。

2. 科研院所市场化改革的效果

(1)现代科技型企业的形成与快速发展。以产权制度改革为突破口、以建立现代企业制度为目标,通过资产重组,部分院所已初步形成了集科工贸于一身、多元化发展的科技型企业。良好的企业化市场化机制使科研机构经济实力和经济效益都有了长足的发展。如省化工研究院于 1999 年 9 月整体转制成立浙江化工科技集团有限公司。目前是国家南方农药创制中心浙江基地、国家消耗臭氧层物质(ODS)替代品工程技术研究中心及浙江省氟化工工程技术研究中心的依托单位。2008 年,集团公司技工贸业务收入 13. 9 亿元,总资产 13. 6 亿元,出口创汇 7300 万美元。

(2)公共科技服务能力有所增强。公益类科研院所积极发挥自身优势,努力为全社会提供公共科技服务,取得了明显的社会经济效益。省信息院承担的中国浙江网上技术市场,累计发布技术难题 15312 项,累计签约项目 3798 项,技术合同金额 34. 6 亿元,上网企业达 69412 家,高新技术产品交易正式签约数 1622 项,高新技术产品交易合同成交金额 44 亿元,发挥了很好的社会效益。

(3)科研院所整体实力的提升。目前,全省各类科研机构已达

875 家，其中在浙部属院所 25 家，省属科研院所 40 家，市县属科研院所 151 家，民营科研机构 16 家，引进共建创新载体 643 家。至 2007 年底，全省科研院所（不含新引进共建的创新载体）资产总额已超过 160 亿元，比 2006 年增长 23%，其中省属科研院所总资产 55.9 亿元，比 2006 年增长了 24.2%；技工贸总收入达到 40.1 亿元，为 2002 年的 3.8 倍，技工贸总收入超过 1 亿元的省属科研院所已达到 11 家。

（五）大学的人才培养和科技创新体系

在区域创新体系发展中，大学主要从事知识的传播、创新型人才的培养和开发，同时大学的科技创新研究以及与产业界的合作创新也是区域创新体系的重要创新和产业化环节。目前，浙江的大学人才培养和科技创新体系的发展保持了较高水平，对提升区域创新体系的整体水平发挥了至关重要的作用。

1. 高等教育与创新人才培养

全省共有普通高等学校 77 所，其中大学建制的高校 11 所、普通本科学院 19 所、普通高等专科学校 4 所、高职院校 43 所。近年来，高等教育在校、招生、毕业的学生数量持续增加（详见表 8.6），为浙江区域创新体系建设和经济发展提供了大量优质人力资源。

表 8.6　2008 年浙江普通高等院校学生规模

	本专科在校生	本专科招生	本专科毕业生	研究生在校生	研究生招生	研究生毕业
人数（万人）	83.22	26.57	20.32	3.58	1.37	0.89
同比增长（%）	7	6.4	10.5	14	11.1	21.1

2. 重点实验室和试验基地建设

重点实验室和试验基地建设是大学进行科技创新的主要组织，也是区域创新体系的重要组成部分。截至 2008 年底，省级以上重点实验室（含试验基地）达到145家，其中国家级重点实验室12家。重点实验室和试验基地的发展壮大为培养科技人才和研发产品起到了积极的作用。至2008年底，81家省级重点实验室、试验基地共有人员2662人，其中正高职称人员606人，副高职称人员745人，院士14人。2008年，完成各类课题2236项，总经费8.55亿元，为企业解决技术难题1045项，经费2.15亿元。获国家和省部奖励92项，发表论文、著作3287篇（部），专利授权466项。据不完全统计，2008年转化科研成果347项，新增产值92.81亿元，创利税12.55亿元。

（六）科技中介服务体系

在区域创新体系中，科技中介服务体系是影响科技成果市场化的重要环节，对促进R&D活动以及其进一步的产业化非常重要。

1. 科技企业孵化器建设

至2008年底，全省共有各类孵化器83家，数量居全国第三，其中国家级孵化器15家、省级以上孵化器36家（含国家级15家），孵化器面积达到212万平方米。累计孵化企业5350家，在孵企业3472家，从业员工61123人，在孵企业当年技工贸总收入达116亿元，上缴税收5.3亿元。目前，浙江科技企业孵化器建设发展已呈现以下特点：

一是政府主导，科技部门成为孵化器建设和管理的主角。全省孵化器中，有2/3的孵化器是以政府资金为主投入建设的，其中有相当数量是由当地科技部门投资创办。

二是多元化投入，民间资本积极介入孵化器建设。全省已投用的孵化器总投资中，社会资本占45%。许多企业从产业发展特点出发，自筹资金，腾出场地，组建企业化运作的孵化器。

三是政策配套，为创新创业营造良好氛围。各级政府在推进孵化器建设的同时，制订了一系列的配套扶持政策，支持孵化企业的发展。各地扶持孵化器的政策措施一般包括创立种子资金、建立科技担保公司、制定税费优惠政策、鼓励引进人才政策等多种形式。

四是提供优良服务，完善孵化器创业服务平台建设。各级孵化器除了为创业企业提供后勤保障外，注重吸引专利、法律、金融、会计、咨询、税务、资产评估、技术交易、创业投资等机构参与，为孵化企业提供便利的中介服务，降低企业的创业成本。

2. 科技创新服务中心（生产力促进中心）建设

至2008年底，全省已有国家级生产力示范中心9家，省级区域科技创新服务中心107家，其他生产力促进中心18家。2008年，105家区创中心总投入9284.5万元，其中政府投入占49.4%。2008年，区创中心共服务企业20585家，开展科技咨询服务活动11782项次、各种技术服务6603项次、人才与技术中介服务948（人）次，培育科技型企业470家。通过各种服务，为企业增加销售额108.4亿元，增加利税6.73亿元，为社会增加就业岗位12.4万人。同时，区创中心实现服务收益2.04亿元。

3. 科技中介机构建设

浙江省近年来加快了重点科技中介机构建设，通过大力发展和规范技术评估、技术咨询、技术服务、技术转移、专利代理、科技信息等各类科技中介组织，培育发展一批具有较强服务功能的重点科技中介机构，强化中介功能，提高服务水平，成为技术市场发展的服务平台和科技成果转化的桥梁。2008年，省科技厅、省发改委等九部门制定下发了《关于大力促进科技中介机构发展的若干意见》（以下简称《意见》），以进一步促进科技中介机构的发展。

（七）创业投资体系与新型金融投资机构

以创业投资为代表的新型金融体系是区域创新体系的重要环节，也是促进浙江经济转型和产业升级的重要发展动力机制。创业投资体系的发展有助于形成浙江创新型经济的金融基础体系,促进浙江高技术产业和企业发展,推动浙江民营资本优势的转型升级。

1. 以创业投资为核心的新型金融体系与浙江经济转型升级

(1)创业投资的概念与功能。创业投资(又称创业风险投资、风险投资)是指向主要属于科技型的高成长性创业企业提供股权资本,并为其提供经营管理和咨询服务,以期在被投资企业发展成熟后,通过股权转让获取中长期资本增值收益的投资行为。创业投资是融筹资、投资、资本运营和资本循环为一体的金融系统工程,其高度组织化、科学化和程序化的运行机制和资产治理结构,使其成为现代金融体系中一个重要的资本运作模式。

(2)以创业投资为核心的新型金融体系的特点。技术创新活动是一个高风险、高投入的投资活动。一方面,国际调查显示创新活动中新产品开发的失败率高达95%;另一方面,企业技术创新活

表8.7　新型金融与传统金融的比较①

	新型金融(创业投资)	传统金融(银行贷款)
服务对象	中小型企业和高技术企业为主	大中型企业和成熟传统企业
运行方式	通过组合投资规避项目投资风险	通过担保和抵押控制风险
目标模式	采用股权式投资、着眼企业的发展前景和长期经营的利润	采用贷款方式、关心企业短期安全性
管理方法	参与企业经营管理与决策;管理者是复合型人才	不介入企业决策系统
蜕资渠道	多元化的蜕资渠道能使风险资本不断循环增值	按贷款收回本息、不分享高回报
制度功能	在推进金融资本与产业资本结合上具有产业筛选功能、风险分散功能、要素集成功能、激励创新功能等	产业筛选、风险分散和激励创新等功能不强

① 辜胜阻,洪群联,张翔．论构建支持自主创新的多层次资本市场[J]．中国软科学,2007(8).

动的各个阶段都需要大量的资金投入。因此以专业化水平高、承担风险能力强为主要特征的创业投资就成为企业技术创新活动和高技术产业发展的重要保障。国际经验表明,发达的创业投资体系及其高技术产业的联动机制,极大地推动了国家或区域自主创新活动和高技术产业的发展。由于以创业投资为核心的新型金融体系所具有的独特优势(见表8.7),因此,在创新型经济发展中,新型金融体系发展具有举足轻重的作用。

(3)浙江经济转型升级中创业投资体系发展的重要性。

首先,创业投资体系发展可以有力支持高新技术产业的发展。创业投资是高新技术产业化的“孵化器”和“发动机”。创业投资在高新技术产业化各个阶段的进入,不仅可以实现传统金融方式所不能提供的高风险、数额巨大的资金需求,而且可以发挥创投企业的专业能力,促进高新技术产业的快速发展。

其次,创业投资体系发展有助于缓解科技型中小企业发展的资金短缺问题。长期以来,在传统的金融机制下,浙江科技型中小企业比较难于获得银行贷款,资金短缺一直是制约科技型中小企业发展的瓶颈问题。而创业投资在中小型科技企业自主创新活动中扮演了重要的角色,有助于降低融资成本,促进中小型科技企业的创新活动和产业化发展。

最后,创业投资体系发展可以促进浙江民间资本优势向风险资本优势和高技术产业发展优势转变。民营资本发达、民间投资活跃是浙江经济发展的特色和优势所在,但以往民间投资行为难以合理引导和规范。浙江创业投资体系的发展可以成为拓宽融资渠道、规范民间资金的重要方法,促使民间资本优势的转型升级,同时推动高技术产业发展优势的加速形成。

2. 浙江创业投资体系发展的特点与趋势

目前,浙江创业投资体系已经进入快速发展期,创业投资行业的良性循环机制逐渐形成，民间资本体系的转型升级初步显现，开始对促进浙江经济转型升发挥重要作用。总的来看，目前浙江创业投资体系具有以下几个方面的特点及发展趋势：

(1)创业投资发展环境不断优化。我国创业投资发展的政策机制和市场环境不断完善。2006 年以来，我国出台《国家中长期科学和技术发展规划纲要》及其配套政策、《创业投资企业管理暂行办法》、《关于促进创业投资企业发展有关税收政策的通知》等一系列扶持政策。特别是 2009 年创业板市场的设立，解决了长期以来困扰创业投资业发展的退出机制问题。

浙江省各级政府非常重视创业投资业发展对经济转型升级的重要促进作用，出台了相关政策措施。2009 年 5 月，省政府出台《关于促进股权投资基金发展的若干意见》，明确鼓励社会资本投向股权投资基金领域，以构建“结构合理、功能完善、富于弹性”的地方金融体系。2009 年 3 月，省政府设立创业风险投资引导基金，通过扶持创业投资企业的发展，逐级放大，引导社会资本进入创业投资领域。杭州、宁波、温州等地政府也已经出台相应政策及建立引导基金。

(2)创业投资机构进入快速发展阶段，民间投资方式开始转型升级。近年来，浙江创业投资活动日趋活跃，投资机构数量迅速增加。省发改委的数据显示，截至 2009 年 3 月末，全省备案的创投企业已达 60 家，涉及创投总资本超过 52 亿元，备案创投机构的总数和管理团队总数均居全国第二，创投机构总数占全国 14.6%。实际上，浙江还有更多的创业投资机构蛰伏于民间。目前，杭州拥有近 200 个创投机构。温州创投基金 300 多个，投资总额 1500 亿元。①

---

① 风险投资网．浙江省出台鼓励政策 3 年后 PE 基金中民资超 500 亿．http://www.chinavcpe.com

(3)创业投资对高技术产业的促进作用不断加强。高新技术产业是浙江创业投资资金投向的重点。据调查，创业投资对浙江高新技术产业化及科技型企业发展的支持作用十分明显，风险资金投向相对集中，主要分布在软件产业、制造业、通信、新能源、高效节能技术以及网络产业、IT 服务业等领域，占投资总数的 70% 以上，其中高新技术产业占投资总数 60% 以上。

(4)创业投资企业呈现规范化、专业化、合作化、规模化的发展趋势。首先，浙江创业投资企业普遍管理规范、运作良好，专业化水平不断提高。许多企业已初步建立起符合自身特点的项目投资与管理模式，主要表现在：①管理团队素质较高；②注重增值服务；③初步建立了项目投资管理制度和私募基金。

表 8.8　2008 年度浙江本土十佳创投机构

浙江华睿投资管理有限公司	浙江天堂硅谷创业集团有限公司	通联创业投资股份有限公司	杭州如山创业投资有限公司	浙江省科技创业投资有限公司
管理资本规模 20 亿元，2008 年投资项目数 5 个，2008 年上市项目数 2 个，重点投资领域为装备制造业、消费品行业、高科技行业等。	管理资本规模 20 亿元，2008 年投资项目数 5 个，重点投资领域为医药化工、机电一体化、再生资源开发和利用等。	管理资本规模 3 亿元，2008 年投资项目数 1 个，2008 年上市项目数 1 个，重点投资领域为新型材料、机电一体化、环保节能、装备制造、汽车零部件、可再生能源和新能源、高效农业。	管理资本规模 3 亿元，2008 年投资项目数 3 个，重点投资领域为装备制造业、精细化工、金融等。	管理资本规模 4 亿元，2008 年投资项目数 1 个，2008 年上市项目数 1 个，重点投资领域为新经济、新技术、新材料、新能源、新服务，高技术、高成长、高增值行业。

续表

浙江华睿投资管理有限公司	浙江天堂硅谷创业集团有限公司	通联创业投资股份有限公司	杭州如山创业投资有限公司	浙江省科技创业投资有限公司
管理资本规模10亿元，2008年上市项目数1个，重点投资领域为生物医药、新材料等。	管理资本规模8亿元，2008年投资项目数2个，重点投资领域为互联网通信、教育、金融、环保节能等现代服务业。	管理资本规模13亿元，2008年投资项目数5个，重点投资领域为电子信息、环保、医药化工、新能源、文化教育、生物科技、新媒体等行业，及传统行业产生重大变革的优秀中小型企业。	管理资本规模2亿元，2008年投资项目数4个，重点投资领域为新能源及节能减排等高科技领域。	管理资本规模3.34亿元，2008年投资项目数2个，重点投资领域为中小高新技术企业、有连锁概念的消费及特色金融等行业。

其次，浙江出现企业合作投资的投资联盟，促进了创业投资机构的发展（见表8.8）。2008年10月，由浙江产权交易所牵头，国内11家创投机构组建的浙江投资联盟成立，初始可投资金额达20亿元。投资联盟聚合、引导社会投资力量共同参与股权投资，创投机构的整体投资能力大大增强了，也相对减少了单家企业所承担的风险。

（八）区域合作创新网络体系的升级

近年来浙江省各级政府根据国际创新活动的发展趋势，针对浙江科技创新资源长期缺乏的实际情况，通过引进大院名校共建创新载体、建设重大公共创新平台、建立浙江网上技术市场等一系列措施，形成了有利于产学研合作以及国内外创新资源共享的合作创新网络体系，为提高科技创新能力、促进经济转型升级提供了合作创新平台。

1. 引进国内高端科研院所，共建创新载体

2003年浙江提出“引进大院名校，共建创新载体”的发展思路，通过这种团队式引进高技术创新载体，形成高水平创新的自主发展能力，建立和完善有利于引进人才、留住人才的创新机制。

(1)引进共建创新载体，大幅度提升整体技术创新能力。在浙江各级政府、科技系统和有关部门以及企业的共同努力下，引进大院名校工作取得了初步成效。至2008年底，引进大院名校共建创新载体总数已达643家，总投资178亿元，共引进科技人员1.4万余人，引进成果1464项，引进专利1672项。

首先，加强了重量级创新载体的引进。近年来，浙江省引进共建了多家重量级创新载体：中国科学院宁波材料技术与工程研究所、中科院嘉兴应用技术研发与转化中心、浙江清华长三角研究院以及浙江加州国际纳米技术研究院等，为进一步加强浙江与高水平研究机构的合作，形成核心技术自主创新能力与持续创新能力创造了有利条件。目前，这些载体已成功积聚了一批国内外优秀人才，研发和转化了一批高科技产业化成果，孵化了一批具有高成长性的科技型企业，取得了显著成效。如，中国科学院宁波材料技术与工程研究所的组建极大地提高了浙江省在材料领域的科技创新能力和高新技术产业化能力，目前组建了6个科研事业部，承担5个国家科技支撑、863个自然科学基金项目，已经与一批企业建立了战略合作关系。

其次，各地市对大院名校的引进。浙江各地市政府都积极开展引进大院名校和研究机构、共建创新载体的工作，为本地区提高科技创新能力和为经济持续发展提供创新网络体系。如，杭州引进共建创新载体136家，包括诺基亚、三星电子、华为3COM、思科系统(中国)网络技术公司、微软(中国)公司、中国计算机软件与技术服务总公司等。宁波引进共建创新载体70家，包括中国兵器科

学研究院宁波分院、中科院宁波材料所、宁波市中科集成电路设计中心、抚顺石油化工研究院、中石化宁波工程公司、化学工业二院(宁波)工程公司。

(2)企业为主体的共建创新载体的重要作用。近年来,浙江省以企业为主体,积极引进大院名校和大企业、大集团,共建研发机构等各种形式的创新载体。目前与企业共建的创新载体518家,占引进总数的80%,集聚高素质科技人才1.5万多人,大批的科技成果向浙江民营企业转移。共建创新载体的研究内容非常广泛,涉及光机电一体化、新材料、化工、生物技术、医药、现代农业等浙江产业结构优化升级的诸多领域。

(3)引进载体从单个引进向连片开发、建立创新园区、产业化开发转变。目前,嘉兴共建创新载体呈现市县联动,呈现全面开花的可喜局面。嘉兴秀洲区已签约引进共建上海交大(嘉兴)科技园,投资10亿元,计划在3~5年内培育高新技术企业100家以上;北京中关村长三角创新园,投资63亿元;上海京城嘉兴科技园,投资10亿元;中国兵器工业集团秀洲光伏产业园,投资50亿元;还有中国节能集团嘉兴产业园。浙江清华长三角研究院已建立5个研究所和5个研究中心,在嘉兴引进、共建和孵化了35家高科技企业,在平湖动工兴建丁基橡胶项目,投资50亿元。

2. 产学研合作的组织创新——重大公共创新平台建设

2006年以来,浙江省在"六个一批"基础上,进一步加强产学研合作,根据系统集成、优化配置的原则,整合各类创新载体和创新资源,通过理事会、股份制、会员制等形式,着力构建跨单位、共建共享的三类重大公共创新平台。

第一,建立和完善大型精密仪器协作共用、科技文献资源共享和实验动物等公共科技基础条件平台。

第二,围绕先进制造业、现代农业、环境资源和健康与安全等重点领域，建设一批行业与专业创新平台，形成一批从研究开发到产业化的产学研战略联盟。

第三，围绕改造提升块状特色经济，集聚区域内外的创新资源，建设一批区域创新平台，逐步实现产业集群向创新集群的跨越。

(1)重大公共创新平台建设的进展。目前，启动建设了33个重大科技创新平台。至2009年初，浙江按照政府搭建平台，平台服务企业，企业自主创新的总体要求，共投入13.7亿元资金，在“六个一批”创新载体建设基础上启动建设了33个跨单位、跨部门、跨地区的公共科技基础条件平台、行业创新平台和区域创新平台等三类重大创新平台，其中公共科技基础条件平台有6个、行业创新平台22个、区域创新平台5个；加入平台服务层的企业达8700多家。从总体上看，重大公共创新平台进展顺利，并初显成效。科技文献、大型仪器设备和实验动物3个基础条件平台已成为长三角地区共享公用的服务平台，现代纺织技术平台已被科技部、财政部初步确定为面向全国的长三角地区纺织产业创新支持平台。

(2)重大公共创新平台的主要特点与体制机制创新。第一，整合科技资源，强化公共服务。在科技资源整合方面，如科技文献平台联合了省科技信息研究院、浙大图书馆、省图书馆等10家省内主要科技文献图书收藏单位，极大地提高了科技文献资源利用率，平台存储的科技文献资源总量已占全省的90%以上，文献资源品种、规模和整合度都达到了国内一流水平。大型科学仪器协作共用平台已有全省高校、科研院所等121家单位参加，入网仪器1200多台(单台价格超过30万元人民币)，涵盖了光谱、质谱、色谱等各类分析测试仪器，仪器设备使用率比原来提高了30%左右。

在创新人才集聚方面。目前，参与平台建设的中级职称以上科技人员已达到7000人,其中高级职称人员约1800人,有24位院士参加平台的建设工作。现代纺织技术及装备创新服务平台集聚了约300名科技人员,软件产业科技创新服务平台集聚了200多名科技人员。

在强化公共服务方面。目前,行业和区域创新平台累计承担国家级和省部级科研项目301项和606项,获资助经费分别达3.17亿元和2.87亿元;提供检测服务约78万次,服务收入2.9亿元;推广技术成果606项,预计新增产值56.1亿元;培训职业技能人员6.7万人次,制定国家和行业标准252项,获授权专利405项;加入平台服务层的企业数达8644家,为企业解决的技术难题2174项,获横向技术服务收入3.37亿元。

第二,形成以企业为主体,政府为主导,产学研相结合的体制机制创新。实现产学研结合,跨单位整合科技资源,关键在于建立利益共享、风险共担的体制机制。浙江省根据"以股份制形成核心层,理事会形成紧密层,会员制形成服务层"的思路指导33个平台从各自的实际出发,以不同的形式进行着体制机制创新的积极探索,取得了明显的成效。新药创制、机械制造、木材加工等平台以理事会形成核心层、紧密层,以会员制形成服务层。纺织创新平台借鉴股份制形式,明确了核心共建单位的权益和义务,又登记为民办非企业法人,为平台免税创造了条件。汽车及零部件平台由浙江大学牵头,以理事会形式联合台州、温州、金华等地形成紧密层和服务层,浙大部分老师个人出资组建公司负责平台运行管理和协调。

第三,加强团结高效的管理团队和科学健全的管理制度。重大创新平台的基本特征决定了其管理和运行的难度非常大。要确保平台的有效运行和发展,必须建立团结高效的管理团队和科学健全的管理制度,特别是要形成一个具有强烈事业心和团结协作精神,具有较强组织协调能力的领导核心和工作班子。近两年运行发展较好的平台都有比较强的工作班子,都建立了较完善的理事会章程和一整套科研、人事、财务、设备和收入分配等方面的管理办法,建立了相应的决策咨询、监督、协调和执行机构。

3. 创新资源的网络化交易平台——网上技术市场

2002 年,浙江省为了进一步提高产学研合作能力,更加及时、高效地利用国内外智力资源为浙江技术创新和产业发展服务,创建了中国浙江网上技术市场,实现了产学研合作与交易体系的网络化和信息化。

(1)形成创新资源的网络化合作机制。目前,中国浙江网上技术市场共有 11 个市级市场,94 个县(市、区)分市场、25 个专业技术市场,已经成为国内目前规模最大、影响最广的信息化、网络化技术市场。2008 年技术市场合同成交金额 58.9 亿元。至 2008 年底,网上技术市场累积发布技术难题 49591 项,成交签约项目 18917 项,技术合同成交额 169 亿元,上网企业累计达到 90658 家,发布英文技术难题 1009 项,引进共建创新载体签约 592 项。网上技术市场通过高效率地配置科技资源,大大促进了全国科技资源与浙江省科技需求的结合,推动了企业与全国高校、科研院所的合作。

(2)集聚国内外智力资源,提升浙江科技综合实力和创新能力。浙江通过建立网上技术市场,加强大院名校引进,团队式引进人才,捆绑式开发项目,从高层次改善浙江的创新能力和投资发展环境,从而推动浙江省产业结构升级,推动浙江经济发展和社会的进步。2003 年以来,借助网上技术市场活动周与俄罗斯应用化学科学中心、中国科学院、清华大学等国内外大院名校,联合共建创新载体达 500 多家,其中 80% 是以企业为主创建的,为浙江科技强省建设提供了强有力的人才和科技保障。

(3)创建成果和资本超市，让全国的高技术成果对接浙江的市场和资本。浙江充分利用网上技术市场，进一步加快全国高技术成果在浙江转化为现实生产力。近年来的“浙江网上技术市场活动周”组织了国家863计划成果与浙江民营企业对接活动，浙江几十家民营企业与清华大学、中科院、同济大学、天津大学等863技术成果提供方签署了合作项目。与此同时，网上技术市场通过征集、展示需融资项目，促进出资方与需资方的对接，已有广东创业投资集团等省内外多家投资机构与几十个需融资项目达成进一步洽谈计划。资本方的介入，使网上技术市场不仅仅作为技术的市场，更是技术与资本结合的市场，在促进国内外“智力”和“资力”与浙江民企实现良好对接方面发挥越来越重要的作用。

三、浙江区域创新体系发展中存在的问题

浙江也是全国创新能力最强的地区之一，各项优势都比较均衡，主要创新指标增长速度较快。政府和企业的科技投入整体规模较大，但是相对GDP和产业规模而言，科技投入仍然不高，高新技术产业在经济发展中的比重偏低。特别是随着经济转型升级需求的日益迫切，区域创新体系发展不完善、产业结构不合理等的诸多矛盾越来越突出。以下结合相关统计数据和相关研究成果对浙江区域创新体系发展中存在的主要问题进行初步的总结分析。

(一)浙江省区域创新能力发展水平和主要问题的比较分析

本书主要根据中国科技发展战略研究小组研究发表的《中国区域创新能力研究报告(2008)》对浙江省区域创新能力进行整体评价并针对浙江存在的不足作出比较分析。《中国区域创新能力

研究报告》对各省市区技术创新能力状况进行了多年的跟踪分析和评价，提出区域创新能力主要由5个方面的因素构成：知识创造能力、知识获取能力、企业创新能力、技术创新环境、创新的经济绩效。

表8.9　主要省市区域创新能力的比较

省市	综合值	排名	知识创造	排名	知识获取	排名	企业创新	排名	创新环境	排名	创新绩效	排名
浙江	41.09	5	31.68	5	28.52	7	54.64	4	38.56	5	41.33	7
上海	52.99	1	48.07	2	63.78	1	57.09	3	42.74	3	56.28	2
广东	52.65	2	43.93	3	41.72	3	60.61	1	41.95	4	70.80	1
北京	52.20	3	76.90	1	40.64	4	40.83	7	52.61	1	56.03	3
江苏	48.81	4	34.62	4	48.15	2	57.39	2	44.76	2	54.27	4
山东	37.69	6	25.93	11	26.51	8	48.53	5	37.37	6	43.12	6
天津	37.24	7	28.53	7	34.38	5	45.82	6	28.19	12	46.53	5
长三角平均	47.63		38.12		46.82		56.37		42.02		50.63	

1. 整体评价中知识获取能力和创新绩效较弱

目前，浙江的综合区域创新能力得分为41.09，在全国排名第5位，其中企业技术创新能力较强，排名第4位。知识获取能力和创新绩效较弱，排名第7位，值得注意的是，在长三角省市比较中，浙江知识获取能力（28.52）和创新绩效（41.33）显著落后于上海（63.78、56.28）和江苏（48.15、54.27），处于不利地位。

2. 知识创造强度指标偏低，政府和企业的研发投入强度不足

知识创造能力指标由研究开发投入、专利综合指标和科研论文构成。在知识创造能力指标中，政府和企业的研发投入强度不高，排名很低。浙江政府科技投入排名第7位，政府科技投入占地区GDP比重排名第18位，增长率排名第12位；大中型企业科技经费内部支出占销售收入的比重排名第19位。浙江专利和科研论文总量指标排名基本处于前5位，但每亿元科技活动经费内部支出产生的发明专利申请数和授权数分别排名第8、17位，每十万人平均发表的国内论文和国际论文数分别排名第21、13位。

3. 知识获取能力整体水平不高，项目平均成交金额较低

知识获取能力包括科技合作、技术转移和外资投资等方面。同省异单位科技论文、异省科技论文数、异国科技论文数排名分别为第8、8、7位，而以上三个指标按人口比例以及增长率都排名20位以后。企业向高校及科研所的科技投入水平平均为第8位，而增长率仅为第19位，技术市场交易额、大中型工业企业国内技术成交金额、国外技术引进金额都在全国前7位以内，但相应的每项交易的平均成交额以及增长率都为中下游水平；外商投资较高，但增长率较低。

4. 企业技术创新能力增长率相对偏低，研发人员比例和技术改造投入较低

企业技术创新能力由企业研发投入能力、设计能力、制造能力和创新的产出能力构成。企业实用新型和外观设计申请数排名为第2位和第5位。大中型工业企业中，新产品销售收入和增长率排名第5、15位，研发人员数计增长率、科技经费内部支出都排名前5位，但研发人员在就业人员中的比重仅为4.48%，排名第19位；科技经费增长率和占销售收入的比重也仅分别排名在第15位和第19位，平均生产经营用设备原价、技术改造投入额分别排名第30、25位，处于落后水平，新产品销售收入及占销售收入的比重都较高，但增长率为37.08%，仅处于中等水平。

5. 创新环境中的增长率指标偏低，高新技术企业比例过低，金融支持不足

创新环境包括创新基础设施的发达程度、市场需求水平、劳动者素质、金融环境和创业水平。创新环境中的各项增长率指标普遍偏低。政府财政支出排名第 5 位，而占 GDP 的比重及增长率分别为第 29、26 位；教育经费支出排名第 3 位，而占 GDP 的比重及增长率分别为第 22、26 位。特别值得注意的是，高新技术企业数量和增长率分别排名第 9、8 位，而高新技术企业数量占规模以上工业企业的比重为 5.01%，排名倒数第 1 名；大中型工业企业科技活动获得金融机构的贷款总额、增长率、平均金额分别为第 6、22、20 位，有待进一步提高。

6. 创新绩效中高新技术产业发展和环保水平差距明显

创新的经济绩效包括宏观经济、产业结构、产业国际竞争力、居民收入水平和就业水平。创新绩效的主要不足之处体现在高新技术产业发展水平和产业环境保护水平的明显差距。高新技术产业产值排名第 5 位，而高新技术产业产值占工业总产值的比重、产值增长率、高新技术产业就业人数增长率分别排名第 19、13、31 位，电子信息产业制造业的相关发展指标均排名第 7 位。环保指标中，除每万元 GDP 的能耗总量和工业废气排放总量水平的排名第 3、7 位，其他指标大多排名在 20 位左右，处于落后水平。

（二）区域创新体系发展中的产业结构问题

目前，浙江产业结构的低端化问题已经成为制约区域创新体系发展的重要因素。从表 8.10 可以看出，浙江前 10 位制造行业的人均附加值大大低于全国 10 大制造业的平均发展水平，浙江产业存在低端产业为主、附加值低、产业层次低、创新能力弱的结构性问题。2008 年，浙江传统劳动密集型产业比重，比全国平均水平高 10 个百分点左右。① 浙江产业的结构问题对区域创新体系发展产生了重要影响。

---

① 卓勇良．浙江强化结构创新的战略转变[J]．浙江日报，2009－3－10.

表 8.10　　浙江与全国十大制造业的比较　单位：%，万元/人·年

浙江十大制造业	比重	人均附加值	全国十大制造业	比重	人均附加值
纺织业	12.51	71367	电子通信设备	11.09	134790
电气机械及器材	9.18	89210	黑色金属冶炼	9.53	295869
通用设备制造	7.71	81294	交通运输设备	7.68	170696
交通运输设备	6.40	99718	化学原料及制品	7.58	193027
化学原料及制品	6.40	186388	电气机械及器材	6.79	134783
电子及通信设备	5.42	88689	纺织业	5.30	78465
化学纤维制造	4.58	214059	通用设备制造	5.21	121403
金属制品	4.34	71797	有色金属冶炼	5.10	286530
有色金属	4.19	203467	石油加工及炼焦	5.05	384050
塑料制品	4.13	85142	农副食品加工	4.95	175319
合计/平均	64.86	92192	合计/平均	68.26	161832

资料来源：国家统计局．中国统计年鉴/浙江省统计局．浙江统计年鉴[M]．北京：中国统计出版社，2008．

一方面，浙江产业发展的结构性问题导致高新技术产业发展慢，高新技术产业产值低，高新技术企业数量少。2008 年，浙江高新技术产业产值为 8685 亿元，而广东为 2.2 万亿元，江苏 1.8 万亿元，山东 1.9 万亿元，上海 6500 亿元。高新技术产业产值和高新技术企业数量占规模以上工业企业的比重均大大低于全国平均水平，因此浙江区域创新体系发展面临其核心创新主体——高新技术企业发展不充分的困境，整个区域创新体系的创新动力不足，技术创新资源的积累和利用能力较弱。

另一方面，由于低端传统制造业和高新技术产业二者间对科技创新要素和区域创新体系的需求有很大差异，低端传统制造业的发展对配套的创新资源服务要求不高，因此浙江大中型工业企业中科技经费占销售收入的比重、研发人员在就业人员中的比重等主要创新指标均低于全国平均水平。浙江高新技术产业发展缓慢，使高新技术产业发展所需的大学、科研机构、中介机构和金融

机构等创新组织的发展也面临创新市场服务的需求不足，整个区域创新体系的创新结构也呈现低端化特点。与此同时，低端化传统制造业集群的发展也使地方政府的创新政策出现“路径依赖”，缺乏对高新技术产业的有效扶持和激励。

综合以上分析，加快产业结构调整，大力发展技术密集、资本密集型的高新技术产业有利于从整体上提升浙江企业的技术创新能力，也有利于政府、大学、科研机构、中介机构和金融机构加快发展路径的创新化转型，有利于各类创新资源的吸纳和优化配置。

（三）区域创新体系的组织结构问题

相对于浙江经济转型升级的发展趋势与需求，目前浙江区域创新体系自身发展存在着较为明显的结构性缺陷，有许多结构性和体制性障碍有待进一步清除，许多有利于经济转型升级的重要体制机制有待进一步建立完善。

1. 高端创新组织和科技人才缺乏，科技基础条件薄弱

长期以来，高端科技资源的不足一直是制约浙江区域创新体系发展的重要因素。一方面是由于社会历史原因，国家对浙江的教育科技投入较少，高等院校、大院大所和大企业办得也少，导致浙江科技基础条件薄弱，高级科研人员严重不足；另一方面是因为浙江产业层次低、企业规模小，对技术的需求少，以致浙江对高端创新组织和高级科技人才的承载能力、吸纳能力相对不足。从每百万人研发人员数量看，浙江分别是广东的78%、江苏的58%、辽宁的56%；高层次创新人才紧缺，高级技术职称人员只占人才总量的3.9%，低于5.6%的全国平均水平。尽管近年来浙江通过引进大院大所共建创新载体取得显著效果，但新引进的高端创新资源与区域经济及相关产业企业的融合互动还需要一个长期的过程。

2. 政府和企业创新投入不足，创新政策和产业政策亟待转型

尽管近年来浙江省各级政府越来越重视对科技创新在经济社

会发展中的作用，显著加大了对科技创新活动的经费投入，但由于以往科技创新投入的基础较差，科技创新投入数量和质量还存在整体创新投入不足、强度不大，投入分散，战略导向不明确等问题，同时对企业创新投入的支持不足。2008 年，R&D 投入占 GDP 1.6%，仅略高于全国平均水平，相应的企业科技经费增长率、占销售收入的比重等的国内排名都比较靠后。

值得注意的是，由于以往浙江在发展区域经济和传统产业集群过程中积累了许多促进经济数量型发展的政策经验（如低工资、低地价、低环保的产业政策），而这些经验在促进创新型质量型经济发展中不一定有效。创新型经济中对政府在科技创新投入水平、方式及方向等方面的能力提出了更高要求。特别是在科技创新在经济转型和产业升级中作用日趋重要的情况下，各级政府必须加快创新政策和产业政策的战略转型，加强创新政策和产业政策的战略研究，深入探讨区域经济转型和产业升级的方向、方式和重点突破口，加大科技创新投入的整体水平和支持力度，促进区域创新体系的进一步完善和加强，加快经济转型升级。

3. 科技创新活动规模小、水平低，自主创新和产业优化整合不足

由于浙江中小企业较多，大中型企业少，同时长期以来企业技术创新又主要是以技术模仿、技术引进基础上的改进为主，因此浙江企业的创新活动中偏向于创新成果的应用，自主创新少、水平低，这种状况导致了浙江吸纳、转化的技术成果必然集中在中小项目和技术含量较低的项目，而对技术含量高的重大技术成果或无需求或无能力吸纳、转化。目前，浙江吸纳科技成果的能力总体上还处在数十万元水平，对数百万元的技术成果需求有限，而对重大技术成果基本上还没有吸纳、转化能力。

从整体上来看，企业科技创新活动规模小、强度低，企业平均生产经营用设备原价、技术改造投入额等排名在全国处于落后水平，高水平的产业核心技术和自主知识成果明显偏少，在国际及全国产业和技术分工中处于劣势地位。因此，加强创新型企业培育和产业结构优化升级，加大对产业核心技术的重大专项研究已经迫在眉睫。

4. 产学研合作与公共创新平台技术交易的制度化、组织化有待加强

尽管浙江企业与高校科研院所的技术交流与合作比较活跃，但目前相关促进激励产学研合作的制度和相关组织的发展还非常滞后，更有利于高技术产业发展、具有更高市场效率的产学研合作机制还没有真正形成。目前，大学中普遍存在重视论文发表和专利申请，而技术产业化不足、研究成果束之高阁的现象。浙江科研机构改制后，虽然创新能力和市场经济效益有大幅度的提高，但产业带动效应并不明显。同时，产学研合作中技术市场和科技中介机构的作用没有得到有效的发挥。目前，产学研合作难度较大和技术市场不健全成为阻碍企业自主创新的最主要外部因素。

由于缺乏制度化、组织化的产学研合作和技术市场，企业获得科技成果的交易成本过高。一方面，科技成果的技术不够成熟，无法判断成果的应用前景，企业也缺乏了解科技成果的信息，这些都阻碍了企业从高校和科研院所获取技术并进行商业化。另一方面，高等院校和科研机构的科技成果一般以学术研究为目的，商品化能力较差，而一般企业仅能进行应用技术开发，两者之间缺乏必要的过渡环节，即在基础研究和应用研究之间缺乏市场化的企业基础研究工作。在这种情况下，浙江还明显缺乏基于产学研合作的公共技术平台，产业技术整体进步缺乏应有的合作创新网络及相应动力机制的支持，产业创新能力处于低水平徘徊的阶段。

5. 开放式的国际化创新网络尚未建立

目前，国际创新活动中，开放式国际化创新网络的建设已经成为国家间企业间竞争与合作的主要发展方向。由于浙江以往在引进外商投资及国际技术合作中的发展策略与广东、江苏等兄弟省市有所不同，浙江省更多的是通过购买先进技术或先进设备来提高产品的技术含量和本土企业的创新能力，而广东、江苏等更注重引进外资来发展高新技术产业。通过多年来的发展，广东、江苏的高新技术产业规模明显大于浙江，同时这些省份也积累了参与国际合作、发展高新技术产业和企业的丰富经验。虽然浙江民营企业家近年来加快了进入高新技术产业的步伐，并取得突出成绩，但从经济转型升级的角度来看，浙江还有必要加强对建立开放式的国际创新网络的研究，通过加强国际合作促进对国外先进技术引进、先进经验的学习，通过高效率的技术引进与学习，提高自主创新能力，加快企业培育和产业升级的步伐。

四、加快浙江区域创新体系升级的对策建议

针对浙江经济转型的发展需要和浙江区域创新体系存在的主要问题，对浙江加快区域创新体系升级提出如下对策建议。

（一）以经济转型升级为核心，促进区域创新体系的战略转型

目前，浙江经济已经进入从投资驱动型经济向创新驱动型经济转变的关键时期。这一阶段，一方面，创新与技术进步为内容的创新型经济发展，将增强浙江经济发展中创新性要素的供给能力，并以创新性要素供给替代自然资源不足和克服环境制约，使科技进步、研发投入、人力资本投入、高新技术产业等成为提高资源利用效率，促进经济质量型增长的主要驱动力，从根本上提升浙江产业的发展水平以及企业的核心竞争优势。另一方面，创新驱动的

经济发展方式是一项系统工程，需要进一步加快区域创新体系的战略转型，加强技术研发和成果转化、风险资本市场发展、知识产权保护等各个环节的体制创新，通过企业、市场、政府的共同作用，为创新型经济的发展提供相应创新性质的基础设施、组织体系、制度环境，从而促进创新性要素的集聚与有效利用。因此，浙江必须以经济转型升级为核心，加快区域创新体系的战略转型和全面发展，大幅度加大创新要素的投入力度，使浙江加快实现经济增长动力的转换。

2007 年，浙江省针对经济转型升级、全面加强自主创新能力、加快区域创新体系战略转型开始实施《浙江省自主创新能力提升行动计划(2008—2012)》(简称《计划》)。具体来看，《计划》提出了“一个突破”：在自主创新的体制机制上实现新突破；“三个改变”：改变创新人才不足、改变科技物质基础条件薄弱和改变高新技术产业发展滞后的局面；“五个翻番”：科技投入、科技活动人员、发明专利、新产品销售收入、高新技术产业产值翻番。《计划》所提出的以上发展目标和相应的政策措施为解决浙江区域创新体系发展中的主要瓶颈问题，全面提升整体自主创新能力提供了有利政策保障，因此全面贯彻实施《计划》是今后一个时期区域创新体系建设的核心环节。

因此，各级政府应以《计划》为基本战略方案和指导思想，充分认识加快区域创新体系战略转型的重要意义，根据各地经济社会发展的实际情况，全面深入实施自主创新战略，落实和创新相关政策，有针对性地加强区域创新体系的建设。

(二)加快各类区域创新组织培养和引进，积聚优质创新资源与人才

由于目前浙江区域创新体系发展中最突出的问题在于优质创新资源积累不足，不能满足经济转型升级对创新组织和创新人才

的需要,因此完善区域创新体系的关键是加快各类区域创新平台、载体建设和人才引进,为构建以企业为主体、市场为导向、产学研结合的区域创新体系提供充足优质创新资源保障。主要包括以下几个环节:

1. 加强企业创新机构和自主创新能力的培养

引导创新要素向企业积聚,支持企业加快研发机构建设,积极培育高新技术企业和科技型中小企业,特别是通过企业研究院(研发中心)的建设和重大项目支持,着力培育创新型企业和一批具有较强自主创新能力的大企业大集团。鼓励大中型企业与高校、科研院所联合共建研发机构,鼓励有条件的大企业建立研究院,争取成为国家工程技术研究中心和企业技术中心。同时,完善促进科技型中小企业发展的政策,使科技型中小企业数量和质量有大幅度的提升。

2. 以三类重大创新平台建设为核心,促进产学研合作机制与组织创新

重大创新平台是支撑行业和区域自主创新与科技进步的重大创新载体,是科技创新活动的重要基础设施和条件保障,是当前浙江区域创新体系建设的重点。在重大创新平台建设的过程中,应加强促进产学研合作组织与机制创新。一方面,通过重大创新平台建设与"六个一批"创新载体建设的有机结合,以重大创新平台建设促进相关的重点实验室、试验基地、科研院所、科技企业孵化器、科技中介机构和企业研发机构的发展,同时可以根据不同行业和区域创新活动的实际需要组建一批产学研战略联盟,促进产学研合作组织的进一步发展。另一方面,在重大创新平台建设中,应积极深化科技体制机制改革,大胆探索平台组织方式、市场化运作方式、相关主体的利益保障机制等各种形式的体制机制创新,形成完善风险共担、利益共享的产学研合作新机制,促进创新资源的优化配置与高效合作。

3. 构建完善的创新服务体系

创新服务体系的发展可以促进知识流动、技术扩散和科技资源的有效配置，减少相关创新主体的技术创新与转移的风险。首先，应构建完善的科技中介服务网络体系，为数量不断增多、创新活动日趋活跃、要求不断提高的各类创新主体的技术创新与商业化活动提供专业、便利、全程有效服务的中介服务体系。可以鼓励支持市县、高校和科研院所创办技术转移、技术经纪、科技评估等科技中介机构，择优重点扶持一批基础较好、能力较强、信誉优良的科技中介机构。其次，加快科技企业孵化器建设，扩大孵化面积、强化孵化功能，建立公共实验室、检测中心、商务中心、信息服务平台，为在孵企业提供各种配套服务，同时鼓励有条件的企业利用现有厂房改建或投资新建孵化器，发展科技服务业。最后，应加快区域创新服务中心建设，加强产学研合作，集聚人才，提高创新服务能力，为中小企业提供技术开发、技术转让、技术咨询、技术培训等技术服务。依托大中型企业设立的区域创新服务中心，要强化公共服务，形成大企业带动中小企业发展的有效机制。

（三）以产业结构优化升级促进区域创新体系的升级

以产业高端化为特征的浙江产业结构优化升级，有助于调整工业化中期形成的“轻小集加”的工业结构，促进产业创新活动，促进创新要素的积聚和有效利用，对区域创新体系的升级具有根本性的推动作用。因此，浙江应主要选准重点项目和重点行业、重点企业，加大对技术研发投入的力度和集中度，努力在关键技术、共性技术领域取得新突破，可以为促进产业高端化，提高浙江创新型经济的发展创造有利条件。

1. 加强产业布局和规划引导,促进产业带和产业集群的高端化发展

以环杭州湾电子信息产业带、温台沿海装备制造临港产业带、金衢丽汽车零配件产业带等三大产业带为核心,着力培育汽车及关键零部件、船舶修造、电气机械、电子及通信设备、轴承、阀门等十大产业集群。

主动承接国际产业的转移,发展先进装备制造业。积极开展面向国家大工程、连续化大生产和浙江区域块状经济发展的关键制造装备及自动生产线的研究开发和推广应用,提高工业整体装备水平和自主创新能力。同时,培育一批具有国际竞争力的装备制造业大企业大集团和产业集群,促进装备制造业向制造集约化、设备成套化、服务网络化发展。

运用高新技术和先进适用技术改造传统产业,使传统产业的生产工艺、产业形态、产品性能发生重大革新,促使传统制造业向高附加值制造业方向发展。运用电子信息、现代生物、新材料、高效节能及新型环保等高新技术,改造机械、化工、纺织、轻工、模具等传统产业,增强传统产业的竞争能力。

2. 积极参与高新技术前沿领域研究,促进浙江高技术产业的跨越式发展

浙江应加快发展高新技术产业,充分利用高新技术的跨越式创新和我国的产业化的市场优势,使浙江高新技术产业实现跨越式发展。首先,根据国内外高新技术产业发展的经验,加强原创创新和集成创新的研究对高技术产业发展具有基础平台和知识储备的作用。浙江应加大基础研究投入,积极参与高新技术产业发展的前沿领域研究,同时加强对原创创新和集成创新高技术产业发展的规律研究和战略研究,加快原创创新和集成创新的高技术产业发展,实现高技术产业跨越式发展。其次,应通过强化和完善高技术产业发展的政策机制，促进一批具有先导作用和能大幅度提高产业附加值的高新技术产业发展，大幅度提升高技术产业产值和影响力。结合浙江高技术产业发展已有优势，重点发展通信设备、软件、生物与新医药、电子元器件、仪器仪表和新能源等高技术产业。

3. 加强核心技术研发，促进产业价值链升级

通过产业技术创新和企业自主创新的支持政策，培育企业产品创新能力，大幅度提升企业新产品产值率。一方面，围绕浙江产业发展的汽车及关键零部件、网络和通信技术及装备、新型电子元器件、可再生能源利用、生物制药、重大机电装备、可再生能源利用、现代纺织与服装、高档皮塑加工、绿色化工等重大科技专项和优先主题攻克一批具有全局性、带动性的关键共性技术，争取在关键技术、共性技术领域取得新突破，培育具有自主知识产权的高技术产业群，抢占产业竞争的制高点。另一方面，加快重点行业重点企业的发展，积极实施“958”行业龙头骨干企业技术赶超计划和万亿技改促进升级计划，纺织服装、皮革塑料、化学原料及化学制品、通用设备制造、建筑材料、船舶修造等重点行业的规模、效益和技术水平均居全国前列。同时，加快将浙江重点骨干企业，培育为创新型企业，引导实力雄厚的创新型企业通过产业拓展，进入高科技产业、重化工业。

第九章

人力资本:转型升级的核心要素

从现实经济的发展看,经济增长越来越倚重于人才资源,如何使资源优势向经济优势转化,使物质资源变为社会财富,其关键越来越取决于人才因素。在知识经济和经济全球化条件下,人才已成为世界各国和地区竞相争夺的战略资源。谁拥有了人才,谁就能在激烈的市场竞争中赢得主动,人才资源已经成为区域经济发展的第一要素。任何地区要实现高质量、高效益的可持续发展,都必须拥有大量的高素质人才。浙江在资源环境的严酷约束下,要保持发展优势,实现经济可持续发展,只有加强人力资本投资,提升区域要素质量,利用人才资源这一能动的、可再生的资源,以人才求发展,以人类自身的持续发展来保证经济的可持续发展。

一、人力资本是推动区域经济持续发展的原动力

人力资本表现为人的知识、技能、资历、经验和熟练程度，是劳动者在创造物质财富和精神财富过程中的智力和体力的总和。一般可概括为人的能力和素质。人力资本在推动国家和地区经济持续发展中的重要作用，现已成为共识。

（一）人力资本理论的演进

1. 西方人力资本的理论渊源

人力资本理论的历史渊源可以追溯到18世纪，18世纪中叶欧洲产业革命后，人类进入了大工业时代，生产力发生了三大变革：一是自然力代替人力，机械生产代替手工业生产；二是科学技术代替了经验工艺套路，科技与生产互动作用日益加强；三是专业技术培训代替作坊师徒传教，人的知识和技术因素在生产中的作用越来越大。著名的古典学派代表亚当·斯密首先注意到人力资本问题，亚当·斯密在肯定劳动创造价值，以及劳动在各种资源中的特殊地位的基础上，明确提出了劳动技巧的熟练程度和判断能力的强弱必然要制约人的劳动能力与水平，而劳动技巧的熟练水平要经过教育培训才能提高，教育培训则是需要花费时间和付出学费的。这可被认为是人力资本投资的萌芽思想。斯密认为经济增长主要表现在社会财富或者国民财富的增长上，财富增长的来源取决于两个条件：①专业分工促使劳动生产率的提高，因为分工越细人们劳动效率越高；②劳动者数量的增加和质量的提高。

李嘉图继承并发展了斯密的劳动价值学说，坚持了商品价值

量决定于劳动时间的原理。他还把人的劳动分为直接劳动和间接劳动。直接劳动是指投在直接生产过程中的劳动，它创造商品的价值；间接劳动则指间接投在所需生产资料上的物化劳动，它不创造价值，只是把原有的价值转移到商品中去。李嘉图曾明确指出机器和自然物不能创造价值，只有人的劳动才是价值的唯一源泉。

穆勒也继承了斯密的一些思想，穆勒认为技能与知识都是对劳动生产率产生重要影响的因素，他强调取得能力应当与机器、工具一样被视为国民财富的一部分。穆勒富有创造性的论点是：从传统经济增长与资源配置的生产性取向出发，指出教育支出将会带来更大的国民财富。

法国经济学家萨伊的某些观点尽管曾经受到马克思的严厉批评，但他也是提出人力资本思想萌芽的经济学家之一。萨伊认为，花费在教育与培训方面的费用总和称为“积累资本”，受过教育培训的人的工作报酬，不仅包括劳动的一般工资，而且还应包括培训时所付出的资本的利息，因为教育培训支出是资本。特别是他提出的科学知识是生产力的一部分的思想，无疑是非常重要的划时代的理论贡献。

古典经济学的集大成者、19 世纪末英国著名经济学家马歇尔也提出知识和组织是资本的重要组成部分，是最有力的生产力。在进一步的研究中，马歇尔指出知识和组织是一个独立的生产要素，他认为教育投资对经济增长起重要作用。

2. 现代人力资本理论

由于科学技术的进步、社会生产力的发展以及其他社会因素的影响，一些学者开始注重对人力资本进行系统研究。特别是从 20 世纪 50—60 年代以来，关于人力资本投资的研究形成了一个高峰。

这一时期对人力资本理论研究较突出的是美国经济学家雅各

布·明塞尔(Jacob Mincer)，他在1958年发表的《人力资本投资与个人收入分配》一文中首次建立了个人收入分析与其接受培训量之间关系的经济数学模型。之后，在他的另一篇论文《在职培训：成本、收益与某些含义》中，根据对劳动者个人收益率差别的研究，估算出美国对在职培训的投资总量和在这种投资上获得的私人收益率。但遗憾的是，明塞尔的研究在当时并未引起重视。

这一阶段，人力资本理论正逐步融入主流经济学。比较有代表性的是美国两位著名的经济学家舒尔茨和贝克尔；而对人力资本要素作用的计量分析则首推爱德华·丹尼森。

(1)舒尔茨的人力资本理论。西奥多·W. 舒尔茨(T. W. Shulz)是从动态角度去考察“人”在经济发展中的作用。源于对“增长剩余”问题的思考，取得重大理论突破，提出人力资本理论。舒尔茨认为人力资本是“通过对人进行投资而形成的，是一种隐含在人体内的知识、技能、经验和专业化熟练程度的综合能力”。该理论观点主要有三方面：第一，倡议广义的资本概念。舒尔茨指出，因为资本种类是多种多样的，首先，我们应该定义一个广义的资本，认为资本只有物质形式是一个严重的错误。物质资本的形成只是其中的一部分，更重要的组成部分是人力资本。[①] 第二，论证人力资本投资是经济增长的重要源泉。通过论证，得出人力资本投资回报远远高于物质资本投资所得，人力资本积累是经济增长的源泉，并指出传统的体力劳动观已经无法适应经济发展需要，在生产中必须重视提高体力劳动的智力水平，如对农民进行农业科技推广、技术培训教育，让他们获得更多更好的教育，以此增加农民的收入，推动经济的发展。第三，教育是形成人力资本的主要途径。舒尔茨把人力资本投资的途径分为正规教育、医疗保健、在

① (美)舒尔茨. 报酬递增的源泉[M]. 北京：北京大学出版社，2001

职培训、成人学习和就业迁移五种。

另外，舒尔茨还从人力资本产权角度阐述了有关制度选择与变迁问题，为人力资源制度安排提供了理论指导。

(2)贝克尔的人力资本思想。加里·S. 贝克尔(Gary. S. Becker)同舒尔茨一样对人力资本理论做出了开创性贡献。他通过精细的数学分析方法，为看似抽象的人力资本理论提供了微观经济分析基础。正是因为他把微观经济分析领域推延到非市场行为的人类行为领域而获得1992年的诺贝尔经济学奖。作为人力资本理论基本架构者之一，他的人力资本理论基本内容有两方面：第一，对人力资本投资行为的合理性进行了实证分析。贝克尔认为："唯一决定人力资本投资量的重要因素可能是这种投资的有利性或收益率。"具体讲只有在教育培训的收益预期等于或大于支出资本价值时，个人、家庭、企业以及其他经济主体才会对自身、儿女、员工进行人力资本投资。第二，贝克尔把人力资本理论推广到人口和家庭经济学领域。他把家庭视作一个生产单位，把孩子视作"耐用消费品"，认为父母养育孩子、对孩子进行人力资本投资也是经过"成本—收益"分析的。

(3)丹尼森的人力资本理论。爱德华·丹尼森(Edward Denison)对人力资本理论的贡献在于对人力资本要素作用的计量分析。由于在用传统经济分析方法估算劳动和资本对国民收入增长所起的作用时，会产生大量未被认识的、难以用劳动和资本的投入来解释的"残值"，丹尼森对此做出了最令人信服的解释。他最著名的研究成果是通过精细分解计算，论证出美国1929—1957年经济增长中有23%的比例归功于教育的发展，即对人力资本投资的积累。许多人认为从20世纪60年代开始长达十多年的全球各国教育经费的猛增，在很大程度上归功于丹尼森的研究成果。

（二）当代人力资本理论的新发展

21 世纪，人力资本领域的研究思路发生了变化，把对一般的技术进步和人力资源的强调变成了对特殊知识即“专业化的人力资本”的强调，使人力资本研究具体化、数量化，并揭示了人力资本的“外部效应”和“外溢效应”。由于知识资本理论的兴起，人力资本理论的研究主线又有了新的动向。出现了“组织资本、知识资本、人力资本、结构资本、关系资本、顾客资本、社会资本、创新资本、过程资本”等多维的资本概念（Edvinsson 和 Malone，1997）。①

斯图尔特（Stewart T. A.，1994）②指出，知识资本是企业、组织和一个国家最有价值的资产，员工的技能和知识、顾客忠诚，以及公司的组织文化、制度和运作中所包含的集体知识，都体现着知识资本。埃德文森和沙利文（Edvinsson 和 Malone，1997）③认为知识资本是企业真正的市场价值与账面价值之间的差距，他们将知识资本分为人力资源和结构性资本。其中人力资源指组织中所有与人的因素有关的方面，包括企业的所有者、雇员、合伙人、供应商以及所有将自己的能力、诀窍和技能带到企业的个人，他们所拥有的知识，都是以未编码的、潜含的形式存在。结构性资本指不依附于企业人力资源而存在的组织的其他所有能力，可分为有形和无形两部分，无形部分包括企业的信息技术、用户数据库、经营流程、战略计划、企业文化、企业历史、企业目标和价值观等。有形部分包括财务资产、设施和企业资产负债表中有价值的所有项目。前者

① Edvinsson，L. and Malone，M. Intellectual Capital：Realizing Your Company's True Value by Finding Its Hidden Roots[M]. New York：Harper Business. 1997：52.

② Stewart T A，Your company's most valuable asset：intellectual capital[J]. Fortune，1994，3（10）：68－74.

③ Edvinsson，L. and Malone，M. Intellectual Capital：Realizing Your Company's True Value by Finding Its Hidden Roots[M]. New York：Harper Business. 1997.

可称为编码的知识资产，它是企业创新的源泉，后者称为经营性资产，它是知识资产实现其价值的重要途径。对知识资本的定义会计学上集中于无形资产，而管理学更多地集中于能力和竞争力，即做事的能力。[①] 可见，知识资本不仅包括人力资本，而且包括为实现人力资本价值所必需的其他资本。知识资本通过人力资本而增进，人力资本通过知识资本而成长。人力资本侧重于从宏观角度进行研究，体现出经济学领域的扩张，而知识资本则更强调企业的人力资本及其价值的实现所必需的其他资本的支持。知识资本是人力资本发展、深化的产物，更多的属于管理学的范畴，而人力资本则是经济学范畴。人力资本是国家竞争力的标志，尤其是在知识经济时代表现更明显，而知识资本则是企业竞争力的标志，它侧重于对知识资本的评估和管理。知识资本理论将传统的有形资本和无形资本、物质资本和非物质资本、账面价值和市场价值以及物质资本和人力资本等多对概念统一在知识资本框架中，有效地说明了人力资本与结构资本之间的互动关系，改变了传统企业财务与会计无法科学评估知识、技能等无形资产的局面，从而为企业选择正确的经营方针和发展战略提供指导，适应了知识经济时代企业资本运营与资本管理的新变化。

（三）人力资本理论的内涵

1. 人力资本的定义

对人力资本定义时序性的分析能使我们对人力资本理论和人力资本投资之间的发展分析有一个系统的把握。表 9.1 是西方学者对人力资本的代表性定义。

---

① Alison Dean. Martin Kertschmer. Can ideas be capital? Factors of production in the postindustrial economy: A review and critique [J]. Academy of Management Review. 2007, Vol. 32, No. 2: 573 - 594.

表 9.1 西方学者对人力资本的定义

作　者	时间	定　义	因变量
Shultz, T. W.	1961	人力资本是人们通过教育和培训获得的知识和技能形式的资本，这种资本是能够获得产出效益的有目的的投资的产品	能够获得回报的在人身上的投资
Mincer, J. J.	1962	作为学校教育的人力资本投资将提高劳动力素质	劳动力素质
Denison, E. F.	1962	作为教育形式的人力资本投资能够促进经济增长，这种有比例的经济增长不是通过增加资本、劳动和生产性土地的数量，而是通过改进劳动力的教育水平实现的	改进的劳动力
Becker, G. S.	1964	个人在教育形式上的投资将达到边际收益等于边际成本的一点，收益既表现在私人增加的额外收入上，也表现在社会因教育水平提高而提高的劳动生产率上	私人和社会在教育投资上的收益
Bowman, M. J.	1969	人力资本理论是研究投资的，在社会服务、健康和教育上的投资和物质资本的投资是相似的	投资
Blaug, M.	1976	人力资本是人们通过多种形式花费在自身上的投资。购买教育和培训不是为了当前的就业，而是为了未来的货币和非货币收益。个人和政府在教育上承担的直接和间接成本是与个人一生的收入相联系的	货币和非货币收益
Psacharopoulos, G. and Woodhall, M.	1985	人力资本是通过正规和非正规的教育、培训投资进行的，这种投资通过提供知识、技术、态度和经济社会发展所需的激励而提供和促进个人劳动生产率的提高	劳动者的生产率
Romer, P. M.	1986	人力资本是“新增长理论”的一种要素，强调内生性的知识创造能够对提高的获利机会和更好的教育等市场激励做出反应	提高获利机会

续表

作　者	时间	定　义	因变量
Psacharopoulos, G.	1985	人力资本是通过教育和培训投资形式形成的。结果是提高了工作场所员工的劳动生产率	提高劳动生产率
Romer, P. M.	1987	人力资本作为增长理论的延续，更强调知识的内生性。组织收益的增加主要是通过人力资本的专业化获得的	增加知识存量
Romer, P. M.	1990	组织、国家和经济拥有的人力资本的大量增加能够提高整个人力资本存量。经济拥有的大量的人力资本能够促进经济增长速度的加快	加快经济增长速度
Becker, G. S., Murphy, K.. and Tamura, R.	1990	从生育形式上定义人力资本，人力资本投资与家庭规模有关，家庭规模较小的社会能够对人力资本投资较多，也能从经济增长中获得更多的收益	加快经济增长
Cohn, E. and Geske, T. E.	1990	人力资本是通过教育和培训进行的投资，这种投资能获得个人和社会两方面的收益。学校教育和培训能提高个人的劳动生产率，因此能提高个人在劳动力市场上获得高工资的机会，当然也就能提高社会的产出	提高劳动生产率
Becker, G. S.	1993	研究个人在教育和培训上投资的人力资本理论，与企业在设备上的投资是相同的。考察教育形式的投资在就业和收入上的经济影响，显示出这种理论对投资的激励影响	就业和收入
Bontis, N.	1996	个人和政府在教育和培训上的支出被看做是投资。这种投资期望能够在未来获得货币和非货币的收益	货币和非货币的收益

续表

作者	时间	定义	因变量
Fitz-Enz, J.	2000	人力资本是个人能够带给工作的一些特性：智力，完成工作的能力，积极的工作态度，忠诚和承诺等。个人能够学习的能力：态度，想象力，创造性，智慧悟性（如何做好事情）	劳动生产率和效率
David, P. and Lopez, J.	2001	人力资本是后天获得的能力，这些能力能够持续地在社会效果评价活动的质量业绩中表现出积极的影响	质量业绩

资料来源：Fredrick Muyia Nafukho, Nancy R. Hairston and Kit Brooks (2004), Human capital theory: implications for human resource development, Human Resource Development International. 7(4):545－551.

我国学者在研究人力资本时，大多接受了舒尔茨等经典人力资本理论家所下的定义，围绕知识、技能、健康和经验等展开各种表述，但在表述方式以及内涵和外延界定上各有不同，大体上可以分为价值论、因素论、费用论、资本论等（见表9.2）。

表9.2　国内学者对人力资本的定义

类型	作者	时间	定义
价值论	刘迎秋	1997	人力资本指的是凝结在人体中的能够使价值迅速增加的知识、体力和技能的总和
	李忠民	1999	人力资本指的是凝结在人体内，能够物化于商品或服务，增加商品或服务的效用，并以此分享收益的价值
	王金营	2001	人力资本是指一个国家或地区中每个人具有的知识、能力、健康等个体人力资本构成因素的整合，并能够物化于商品和服务，提高商品和服务产出效应的价值
	权锡鉴	2004	人力资本是指特定行为主体为增加未来效用或实现价值增值，通过有意投资活动而获得的，存在于人体之中的知识、技术、创新概念和管理方法等综合的价值

续表

类型	作者	时间	定　义
因素论	李建民	1999	从个体角度，人力资本是指存在于人体之中，后天获得的具有经济价值的知识、技术、能力和健康等质量因素之和；从群体角度，人力资本是指存在于一个国家或地区人口群体每一个人体之中，后天获得的具有经济价值的知识、技术、能力及健康等质量因素之整合
	温海池	2000	人力资本是指通过人力资本投资形成、寄寓在劳动者身上并能够为其带来持久性收入来源的生产能力
	姚树荣 张耀奇	2001	人力资本是指特定行为主体为增加未来效用或实现价值增值，通过有益投资活动而获得的、具有异质性和边际收益递增性、依附于人身上的知识、技术、信息、健康、道德、信誉和社会关系的总和
	姚宝刚	2004	人力资本是存在于人的身体内的，后天获得的具有经济价值的知识、技术、能力以及健康的质量因素之和
资本论	丁栋虹	1999	人力资本具有不同的生产力形态，包括异质型人力资本和同质型人力资本，前者是指在特定历史阶段中具有边际报酬递增生产力形态的人力资本。后者是指在特定历史阶段中具有边际报酬递减生产力形态的人力资本
	兰玉杰 陈晓剑	2003	人力资本是指凝结在人体之中，投入到生产中的知识、技术、能力、健康和努力程度等因素的价值总和。它是以劳动者的异质性为前提，它反映了人的观念、知识、技术、能力和健康等质量要素的稀缺性以及相应的市场供求关系
	蒋满霖	2004	以较大的技艺、知识等形式体现于一个人身上而不是体现于一台机器上的资本。人力资本可以分为两部分：一部分为先天外生性的人力资本，代表了人力资本的初始状态和初始存量；另一部分为后天努力内生性的人力资本，可以视为人力资本的动态流量
	莫志宏	2004	人力资本是继工业经济之后与新的社会形态相对应的新的资本形式，它意味着向人投资而不是向物投资成为社会经济领域的主导现象，并且这种现象成为社会生产力发展的微观动力机制

续表

类型	作者	时间	定义
资本论	俞荣建	2005	对具有能动性人格特征与自然遗传禀赋的人，通过教育、培训、卫生保健、迁移以及“干中学”等投资所形成的具有一定价值并表现为知识、技能、健康和经验等具体形态的依附于人体的特殊资本
	俞荣建	2005	人力资本的三维集成观点认为，人力资本是人力资本的价值内涵、人力资本形态异化，以及人力资本人格化特质三个维度的有机集成。人力资本的三维集成决定了人力资本作为特殊资本的独特属性，并使之根本地区别于物质资本。三个维度之间非对称统一的相互作用及复杂关系，决定了个体人力资本之间的差别，以及个体人力资本的演化路径
费用论	何承金	2000	人力资本的全部要素概括为教育投资、科学研究费用、卫生保健费用、劳动力国内流动支出、国际移民费用

资料来源：根据相关文献整理。

从表9.1和表9.2国内外学者对人力资本的定义可以看出，对人进行投资的结果，在个体水平上表现为知识、技能和健康水平的提高，在组织水平上表现为劳动生产率和获利水平的提高，在社会水平上表现为整个社会收益水平的提高。

2. 人力资本理论的主要框架

通过以上的分析，我们可以发现现代人力资本理论主要包括以下几方面的内涵：①人力资源是一切资源中最主要的资源，人力资本理论是经济学的核心问题；②在经济增长中，人力资本的作用大于物质资本的作用。人力资本投资与国民收入成正比，比物质资源增长速度快；③人力资本的核心是提高人口质量，教育投资是人力投资的主要部分。不应当把人力资本的再生产仅仅视为一种消费，而应视同为一种投资，这种投资的经济效益远大于物质投资的经济效益。教育是提高人力资本最基本的主要手段，所以也可以把人力投资视为教育投资问题。生产力三要素之一的人力资源显然还可以进一步分解为具有不同技术知识程度的人力资源。高技术知识程度的人力带来的产出明显高于技术程度低的人力;④教育投资应以市场供求关系为依据,以人力价格的浮动为衡量符号。

虽然,这一总结尽管并非无懈可击(譬如,人力资本理论是经济学的核心问题这一结论就值得商榷),但基本上给出了人力资本理论的框架。

二、浙江人力资本投资的基本情况

进入新世纪以来,浙江省积极实施人才强省战略,进行教育强省建设,增加人力资本投资,为全省经济社会又好又快发展提供了坚强有力的支撑和保障。

(一)加快教育强省建设,增加人力资本投入

近年来,浙江全面实施"创业富民、创新强省"总战略,以"公平、均衡、素质、质量、协调"为主线,深化教育体制改革,增加人力资本投入。① 目前,浙江省各项教育事业的发展情况如下:

1. 义务教育

2008 年,浙江全省共有义务教育中小学 6200 所,较上年减少 414 所。校舍总面积 4312.34 万平方米,增长 1.46%;仪器设备值 36.81 亿元,增长 10.1%;图书 1.16 亿册,增长 4%。专任教师 28.54 万人,增长 2.04%。义务教育入学率 99.97%、巩固率 99.99%、完成率 97.8%。

其中,小学全省共有 4417 所,比上年减少 396 所;招生 55.78

① 有关教育方面数据,除特别说明外,均取自浙江省教育厅.2008 年浙江教育事业发展统计公报[R],2009-02-26.

万人，比上年增加 0.93 万人，增长 1.8%；在校生 332.28 万人，比上年减少 3.18 万人，下降 0.95%。小学入学率、巩固率均为 99.99%。校舍总面积 2293.18 万平方米，增长 2.4%；仪器设备值 20.33 亿元，增长 9.2%；图书 6925.03 万册，增长 3.4%。专任教师 16.78 万人，比上年增加 0.22 万人。小学生师比为 19.8∶1，每名教师负担学生数比上年下降 0.5 人。小学专任教师学历合格率及小学高学历（专科及以上）教师比例分别达到 99.6% 和 81.7%，分别比上年提高 0.2 个、3.2 个百分点。

初中全省共有 1783 所，比上年减少 18 所；招生 62.21 万人，比上年减少 0.27 万人，下降 0.4%；在校生 184.99 万人，比上年增加 5.52 万人，增长 3.1%。初中入学率、巩固率分别为 99.92%、99.98%。校舍总面积 2019.16 万平方米，增长 5.7%；仪器设备值 16.48 亿元，增长 11.2%；图书 4678.14 万册，增长 4.9%。初中专任教师 11.76 万人，比上年增加 0.35 万人。初中生师比 15.7∶1，与上年持平。初中专任教师学历合格率及初中高学历（本科及以上）教师比例分别达到 99.2%、77.3%，分别比上年提高 0.2 个、4.9 个百分点。

义务教育阶段校均办学规模，小学由上年的 697 人提高到 752 人；初中由 997 人提高 1037 人，分别比上年增加 55 人、40 人。全省小学 6 个班级以下小规模学校（教学点）由上年的 555 所减少到 465 所，占小学校数的 10.5%。初中 6 个班以下学校数由上年的 43 所减少到 38 所（其中 3 班以下为零）。

义务教育学校办学条件，小学生均校舍建筑面积为 6.9 平方米，比上年增加 0.23 平方米；生均图书小学 20.8 册，比上年增加 0.8 册；每百名学生拥有计算机台数小学由上年的 8 台增加到 8.8 台；小学体育运动场（馆）面积达标校数的比例为 74.4%，比上年提高 6 个百分点；体育器械配备达标校数比例为 80.3%，提高 5 个百分点；音乐器材配备达标校数比例为78.9%，提高5.3个百分点；美术器材配备达标校数比例为77%，提高5.2个百分点；数学自然实验仪器达标校数比例为83.7%，提高4.4个百分点；建立校园网的学校达到62.9%，提高8.9个百分点。初中生均校舍建筑面积为10.92平方米，比上年增加0.27平方米。生均图书初中25.3册，比上年增加1.3册；每百名学生拥有计算机台数初中由上年的10.9台增加到11.7台；初中体育运动场(馆)面积达标校数的比例为85.5%，提高2.7个百分点；体育器械配备达标校数比例为87.8%，提高2.8个百分点；音乐器材配备达标校数比例为84%，提高2.8个百分点；美术器材配备达标校数比例为83.4%，提高2.4个百分点；理科实验仪器达标校数比例为90.9%，提高0.62个百分点；建立校园网校数比例为80.9%，提高5.1个百分点。

2. 学前教育和特殊教育

全省学前三年入园率为92%，比上年提高1个百分点。全省幼儿园10212所，在园幼儿为159.34万人，比上年增加11.56万人。全省幼儿园教师共7.97万人，比上年增加0.65万人，幼儿教师学历合格率为97.8%，比上年提高0.7个百分点。

2008年全省特殊教育学校64所，特殊教育学校和普通学校招收残疾学生1864人。特殊教育在校生1.29万人，其中盲人学校在校生328人；聋人学校在校生2716人；弱智学校在校生4167人。在普通学校随班就读和在附设特教班就读的残疾儿童5712人，占特殊教育在校生总数44.2%。特殊教育学生在小学阶段学习的8985人，占特殊教育在校生总数的69.5%；初中阶段3631人，占28.1%；高中阶段308人，占2.4%。

3. 高中段教育

全省高中段教育(包括普通高中、职业高中、普通中等专业学校、成人中等专业学校和技工学校)共有学校1123所。招生54.54

万人，比上年增加 1.86 万人；在校生为 157.7 万人，比上年减少 8.61 万人。普通高中与中等职业教育招收初中毕业生的比例为 1.05∶0.95。初中毕业生升入高中段的比例为 97.48%，高中段教育毛入学率为 91.5%，高中段教育巩固率 98.66%，分别比上年提高 0.93 个、0.5 个、0.16 个百分点。

其中，普通高中学校 594 所，招生 28.19 万人，比上年增加 0.52 万人，增长 1.9%；在校生 84.82 万人，比上年减少 2.26 万人，下降 2.6%；毕业生 29.59 万人，比上年增加 0.24 万人。普通高中专任教师 6 万人，比上年增加 0.07 万人，生师比 14.1∶1。专任教师学历合格率 97.6%，比上年提高 0.8 个百分点。普通高中办学条件，生均校舍建筑面积、生均教学仪器设备值分别为 23.3 平方米、2460 元，分别比上年提高 5.0%、9.6%。普通高中体育运动场（馆）面积达标校数为 91.6%；体育器械配备达标校数为 93.1%；音乐器材配备达标校数为 91.6%；美术器材配备达标校数为 92.4%；理科实验仪器达标校数为 94.6%；建网学校比例达到 94.6%。

中等职业教育学校（包括职业高中、普通中等专业学校、成人中等专业学校和技工学校）529 所，招生 26.35 万人，在校生达到 72.88 万人，毕业生 24.67 万人。中职毕业生中获得职业技术证书的人数为 16.81 万人，比上年增加 0.2 万人，占毕业生总数的 75.5%。完成农村预备劳动力培训 3.5 万人。中等职业学校办学条件，2008 年中等职业学校生均校舍建筑面积 15.5 平方米，比上年增加 0.8 平方米；生均图书 23.5 册，比上年增加 0.4 册；生均仪器设备值 2988 元，比上年增加 391 元；2008 年，中等职业教育专任教师 3.11 万人，生师比 20.3∶1，专任教师学历合格率为 89.9%，比上年提高 2 个百分点。双师型教师占专任教师和专业课教师的比例分别达 23.6%、53.6%，分别比上年提高 2.8 个、4.3 个百分点。

4. 普通高等教育

全省共有普通高等学校77所(含筹建高职院校1所),其中大学建制的高校11所、普通本科学院19所、普通高等专科学校4所、高职院校43所。研究生、本科、专科招生比例为1∶9.48∶9.91;普通高考录取率为75%,比上年提高3个百分点;高等教育毛入学率为40%,比上年提高2个百分点。

研究生招生13691人,比上年增加1365人,增长11.1%,其中:博士生招生1864人,硕士生11827人。在学研究生35812人,比上年增加4403人,增长14%,其中:博士、硕士在校生分别为7449人、28363人。毕业生8944人,增长21.1%。全省另有专业硕士学位招生3644人,在校生10932人。地方属普通高校招收研究生7501人,比上年增加1329人,增长21.5%。其中:博士生217人,硕士生7284人;在学研究生18985人,毕业生3575人,分别比上年增加4023人、1184人,增长26.9%、49.5%;其中:博士、硕士在校生分别为646人、18339人;博士、硕士毕业生分别为83人、3492人。

高等教育全日制本专科招生数和在校生数持续增加。2008年共招生26.57万人,比上年增长6.4%,其中本科招生12.99万人,增长8.2%;高职(高专)招生13.58万人,增长4.8%;在校生数83.22万人,增长7%,其中本科在校生46.69万人,增长8.3%,高职(高专)在校生36.53万人,增长5.3%。毕业生20.32万人,比上年增加1.93万人,增长10.5%。

全省普通本、专科招生比达48.9∶51.1,其中省地方属院校本、专科招生比达47.9∶52.1。普通高等学校(不含独立学院和分校点)校均规模为10808人,比上年提高704人。

全省普通高等学校教职工7.6万人,比上年增加0.23万人;其中专任教师4.78万人,增加0.22万人。专任教师中副高职称以上教师所占比例达到39.34%，比上年提高3.19个百分点；具有硕士以上学位教师比例57.1%，比上年提高7.8个百分点。生师比17.41∶1。

普通高校校舍建筑总面积2681.59万平方米，比上年增加97.16万平方米，增长3.8%，生均校舍建筑面积32.2平方米；藏书6623.36万册，比上年增加508.65万册，增长8.3%，生均79.6册；仪器设备值89.53亿元，比上年增加10.48亿元，增长13.3%，生均仪器设备值10759元。

5. 成人教育与职业培训

全省独立设置成人高校11所，成人高等学历教育本专科招生10.48万人，比上年减少0.7万人，下降6.3%；在校生30.79万人，比上年减少0.12万人，下降0.04%；毕业生10.26万人，比上年增加1.89万人。成人学历教育以函授和业余为主，函授和业余学生占在校生总数的86.8%，学生中年龄在30岁以下的学生占83.8%。普通高校远程教育本专科招生1.76万人，在校生4.29万人，分别比上年增加0.17万人、0.28万人。190万人次参加各类学历教育和非学历教育证书的自学考试，50万人次报考高等学历教育自学考试，全年本专科自考毕业生达1.3万余人。

加强以职工转岗、农民转业为重点的职业培训。2008年全省共扫除青壮年文盲0.35万人。成人技术培训学校6788所，注册学员达428.42万人次，结业460.49万人次。共有125.73万人次通过各种培训，比上年增加26.95万人次。

6. 民办教育

2008年，全省共有独立设置的民办普通高校12所，独立学院22所。民办普通本专科（含高职）招生、在校生分别为8.28万人、27.42万人，分别比上年增加0.7万、1.95万人，增长9.2%、7.7%，各占全省普通本专科招生、在校生总规模的31.2%、

32.9%。其中独立学院共招生4.43万人，比上年增加0.11万人；在校生16.92万人，比上年增加0.96万人，增长6%；独立学院的本科招生数4.35万人、在校生数16.51万人，分别占全省普通本科招生数和在校生数的33.5%、35.4%。

全省有民办普通高中187所，在校生18.19万人，占普通高中在校生总数的21.5%；民办中等职业学校127所，在校生9.88万人，占中等职业教育在校生总数的15.6%。民办普通初中175所，在校生20.26万人，比上年增长11.4%，占普通初中在校生总数的11%。民办普通小学212所，在校生30.91万人，增长10.6%，占普通小学在校生总数的9.3%。民办幼儿园8227所，在园学生101.42万人，比上年增长10.6%，占在园幼儿总数的63.7%。

全省民办学校教师总数10.2万人，占教师总数的20.2%，其中：民办幼儿园5.08万人；民办小学1.19万人；民办普通中学2.22万人；民办中职学校0.41万人；民办高校1.3万人。

(二)实施人才强省战略，开发人才资源

2003年12月，浙江省委、省政府召开全省人才工作会议，作出了《关于大力实施人才强省战略的决定》，并颁发《实行浙江省特级专家制度暂行规定》等10个政策性配套文件，制订了《浙江省"十一五"人才发展规划》，有力推动了全省人才工作的全面开展。目前全省有各类人才524.7万人，每万人口中拥有人才1071人。在人才工作和人才队伍建设方面，浙江的主要特点如下：

(1)积极开展多种形式的人才培养工作。深入实施新世纪"151人才工程"，五年来共选拔第一、二层次培养人员569名，重点资助人员54名，"新世纪百千万人才工程"国家级人选48名。每年选拔资助一批"151人才工程"培养人员和企业高级经营管理人员到国外进行培训深造，年举办省级专业技术人员高级研修班30期以上，积极组织实施WTO事务专业人才和反倾销法律人才培

养，开展计算机应用能力和外语水平等级培训考核。

（2）建立健全引进人才的绿色通道。大力实施浙江省万名高层次人才引进工程，每年组团赴省外开展较大规模的人才招聘活动。据不完全统计，2003 年以来全省引进各类人才 12.1 万余名，其中高层次人才 1.5 万余名。

（3）不断优化人才资源配置。全省共有各类人才市场及中介组织 297 个，2007 年共举办人才交流会 1865 场。网上市场发展迅猛。浙江人才网目前日访问人数达 22 万人次，在国内同类网站中名列前茅。

（4）大力引进国外人才智力。连续九年在省政府举办的浙江投资贸易洽谈会上举行引进国外智力洽谈会，达成科技智力合作意向 1946 项；先后在日本、韩国、法国、德国、美国、俄罗斯举办了国际人才交流会。2003 年以来全省执行计划内经济技术、管理类引智项目 2239 项，聘请外国专家 3050 名。

（5）创新留学人员和博士后工作。连续七年组团赴海外慰问和招揽留学人员，连续五年会同人事部专家与留学人员服务中心等举办留学人员和科技项目网上洽谈会。目前，浙江已建立留学人员创业园 9 个（其中国家级 4 个），海外留学人员来浙江工作的有 4800 余人。全省共有博士后科研流动站 48 家、工作站 70 家，省级博士后工作试点单位 54 家，博士后科技创新基地 5 家，其中，2003 年以来新建博士后科研流动站 9 家、工作站 40 家；目前在站博士后有 750 余名，累计招收博士后突破 1700 名。

（6）加强人才交流与合作。充分发挥省人才交流中心北京办事处的作用，每年组织清华、北大等全国著名高校研究生赴浙社会实践考察活动。积极推进长三角人才开发一体化进程，先后与陕西、黑龙江等兄弟省市开展人才交流合作活动。

(三)人力资本投资在浙江省经济转型中的作用

在知识经济和经济全球化条件下,人才已成为世界各国和地区竞相争夺的战略资源。谁拥有了人才,谁就能在激烈的市场竞争中赢得主动,人才资源已经成为各地区经济发展的第一要素。人力资本投资在浙江省经济转型中的作用,可以概括为以下几个方面:

(1)人才资源可推动经济高质量、高效益的增长。从现实经济的发展看,经济增长越来越倚重于人才资源,如何使资源优势向经济优势转化,使物质资源变为社会财富,其关键越来越取决于人才因素。正如美国斯坦福大学经济学家米勒所言:“知识经济就是人才经济。”人才是知识经济活的载体,是知识的生产、传播和应用的关键力量。科学技术作为第一生产力,在现代经济发展中起着非常重要的作用,而人才资源是生产力的主体,它能使科学技术真正地转化为生产力。因此,任何区域经济要实现高质量、高效益的增长,必须拥有大量的高质量的人才。

针对浙江省人力资本水平与经济增长水平不相匹配的经济现象,孙敬水和许利利(2008)利用浙江省 1985—2004 年统计数据,论证了浙江人力资本与经济增长之间的关系。通过建立人力资本评价体系,运用因子分析法测算出浙江人力资本综合指数 H;运用计量分析方法,论证了人力资本与经济增长之间存在着长期协整关系;通过建立模型,得出以下结论:浙江人力资本对经济增长有显著影响,其人力资本的产出弹性大于物资资本的产出弹性,简单劳动力的产出弹性为负值,表明人力资本对经济增长的拉动力要大于物质资本,简单劳动力已经处于过剩或饱和状态,提高劳动力素质尤为重要。① 因此，浙江省要保持发展优势，实现经济跨越式发展，并在全国的人才争夺战中立于不败之地，只有根据自身特点，充分认识到人才的重要性，树立"人才资源是第一资源"的观念，强化人才资源的经济意识，才能以人才促发展，实现经济高质量、高效益的增长。

（2）人才资源有利于区域优势产业的发展。根据林毅夫等人的研究表明，发展中国家和地区的现代化发展，主要有两种战略类型选择：一种是超前战略，就是不顾资源的约束，推行超前重工业的优先发展战略；一种是比较优势战略，就是利用自身比较优势的发展战略。印度、乌拉圭、菲律宾、阿根廷等国家实行超前战略的失败，韩国、新加坡等实行比较优势战略的成功，说明浙江省要实现经济的跨越式发展，必须选择具有浙江比较优势的高新技术产业为突破口，加速用高新技术改造传统产业，加快产业结构的优化、升级和产业结构调整，使其经济增长迅速驶入快车轨道。而这一目标的实现，最根本的条件就是要拥有相对充裕的人才资源。

（3）人才资源是实现可持续发展的基础和保障。近年来，通过深刻总结国内外在发展问题上的经验教训，人们普遍认识到必须牢固确立和认真落实"以人为本，全面、协调、可持续发展"的科学发展观，来促进经济、社会和人的全面发展。人类的生产活动是人才资源与物质资源相结合的过程，人类自身能力的持续发展是构筑和推进人类发展过程的原动力。人类可持续发展的希望在于人类自身发展能力的持续发展。所以，浙江省在有限资源越来越少、环境破坏加剧的情况下，最重要的是要利用人才资源这一能动的、可再生的资源，以人才求发展，以人类自身的持续发展来保证经济

① 孙敬水，许利利．人力资本与经济增长关系实证分析——以浙江省为例[J]．数理统计与管理，2008(5)．

的可持续发展。

三、浙江人力资本投资方面存在的主要问题

虽然近年来浙江人力资本投资逐渐增加,人力资源素质有所提高,但与经济转型升级的要求相比,还存在着诸多的问题。

(一)人力资本构成方面,结构性矛盾突出

(1)高层次、高技能人才明显短缺。浙江两院院士、国家有突出贡献中青年专家、享受国务院政府特殊津贴专家等领军人才数量少于沿海省市,高层次研发人员短缺,自主创新能力不强,使浙江难以在科技竞争中占据前沿位置;具有战略眼光和国际市场开拓能力的优秀企业家明显缺乏,不能满足浙江开放型经济发展的需要;高技能人才总量缺口较大,成为制约浙江打造先进制造业基地战略目标实现的重要因素。

(2)人才资源的结构性矛盾比较突出。人才资源主要集中在传统产业,新兴产业领域的人才明显不足,外向型人才、高新技术人才和复合型人才尤其缺乏;非公有制经济组织人才总体层次偏低,有竞争力的经营管理人才和技术创新型的专业技术人才集聚不足,非公有制经济新飞跃受到人才瓶颈制约;欠发达地区各类人才严重短缺,人才流失趋势加剧,难以适应区域经济社会协调发展的需要。

(二)人力资本培育方面,与浙江经济发展不相称

(1)人口总体受教育状况居全国中等偏下水平,与经济发展不相称。根据第五次人口普查数据,2000 年浙江省每十万人中拥有大专以上人口数比全国低 347 人;拥有高中和中专教育的人口数低 343 人;拥有初中教育的人口数低 639 人;人口平均受教育年数

比全国少0.18年。浙江人口受教育状况的9个指标数值，居全国的位次在15至22位之间。2005年，浙江省文盲人口占15岁及以上人口的比例达到11.95%，在全国各省(直辖市、自治区)中排名20位。由此可以得出这样的总体印象：浙江人口受教育状况居全国中等偏下水平，经济是强省，而人口文化教育却不是强省(见9.3)。

表9.3　　2000年浙江省与全国人口受教育水平比较

指　　标	浙江	全国	相差	位次
每十万人中拥有大专及以上教育人口数(人)	3196	3543	-347	17
每十万人中拥有高中和中专教育人口数(人)	10785	11128	-343	18
每十万人中拥有初中教育人口数(人)	33353	33992	-639	17
人口文盲率(%)	8.55	9.08	-0.53	15
城镇人口文盲率(%)	5.06	5.22	-0.16	22
乡村人口文盲率(%)	8.95	11.55	-2.60	20
文化程度综合均值(%)	7.425	7.554	-0.129	20
大学文盲比(%)	45.61	50.60	-4.99	17
人口平均受教育年数(年)	7.49	7.67	-0.18	22

从2000年人均GDP数据分析，除沪、京、津外，浙江、广东、江苏人均GDP列全国第4~6位，从经济实力和发展水平看，浙、粤、苏基本相当。但是，从人口总体受教育状况看，浙江却与广东、江苏有很大差距。在上述的9个教育指标中浙江列全国第15至22位，而江苏除文盲率、大学文盲比几个指标列全国第11至20位外，其他指标均在10位以内；广东除每十万人中拥有大专及以上教育人口数列全国第13位外，其他8个指标均在10位以内(见表9.4)。如果计算9个指标的简单加权平均数，浙江为19.7、江苏为9.0、广东为7.7。浙江比江苏平均落后10.7位，比广东落后12位。

表 9.4　　浙、苏、粤人口受教育水平比较

指　　标	浙江	排名	江苏	排名	广东	排名
每十万人中拥有大专及以上教育人口数(人)	3196	17	3919	9	3557	13
每十万人中拥有高中和中专教育人口数(人)	10785	18	13079	8	12929	9
每十万人中拥有初中教育人口数(人)	33353	17	36365	9	36681	7
人口文盲率(%)	8.55	15	7.88	13	5.17	2
城镇人口文盲率(%)	5.06	22	4.65	20	2.84	4
乡村人口文盲率(%)	8.95	20	7.48	12	5.07	3
文化程度综合均值(%)	7.425	20	8.026	7	7.975	8
大学文盲比(%)	45.61	17	61.84	11	90.67	8
人口平均受教育年数(年)	7.49	22	7.89	9	8.12	7

资料来源：浙、苏、粤3省统计年鉴。

(2)基础教育发展还不够平衡。从区域看，农村和欠发达地区办学水平和教育质量都与城市存在较大差距。2006年，普通中学校舍危房中，88.21%在县镇和农村；普通小学校舍危房中，93.95%在县镇和农村。① 普通中学的计算机教室数量，城市是农村的4.89倍；普通小学的计算机教室数量，城市是农村的1.17倍。普通中学的语言室数量，城市是农村的6.76倍；普通小学的语言室数量，城市是农村的1.84倍。从层次上看，幼儿教育和高中教育是薄弱环节。2006年，浙江省普通小学和普通初中的入学率分别是99.99%和99.72%，而学前三年入园率和普通高中的毛入学

① 本部分有关教育的数据除特别说明外，均来自陈一新，陈永昊主编．浙江民生报告第二册的第二章教育发展报告[M]．北京：光明日报出版社，2008.

率只有87.0%和90.2%。从学生群体看,贫困家庭子女、民工子女接受教育的质量相对还比较低。

(3)优质高教资源供给不足。专科、本科和研究生的比例结构不尽合理,2004年浙江高校在校研究生、本科生和专科生(含高职生,下同)的比例为1∶13∶12,全国平均值为1∶10∶7。研究生数量偏少,又绝大多数集中在浙江大学(该校研究生数占全省的85%)。2004年全省地方高校博士点14个,硕士点228个,在全国列倒数第6位。① 省属高校总体实力不强,全省高校拥有全国重点学科25个,其中24个集中在浙江大学;全省只有浙江大学1所"211工程"高校,低于广东(5所)、江苏(11所)、山东(3所)和福建(2所)。国家重点学科、实验室、工程研究中心数量明显不足。

高等教育的学科专业优势与特色不明显,对产业结构调整和经济社会发展的适应性有待提高。虽然近几年浙江加强了学科专业建设力度,高等教育学科专业覆盖面已经得到较大扩张,高校新设置了一批如交通运输、交通工程、车辆制造维修等市场急需的专业和信息技术、生命科学、新材料等服务于浙江支柱产业、先进制造业的专业,但由于时间不长、积累不够,优势和特色尚未形成,与产业转型和经济社会发展对人才不断提出的新要求不相适应。

(4)教育经费投入比例较低。2006年,浙江省财政性教育经费占国内生产总值的比例只有2.32%。生均预算内教育经费公用部分与发达省份相比还有一定的差距。浙江省对教育经费的投入占财政支出的比重,虽然已经超过了广东省,但与江苏省比还有不少差距。

(5)教师队伍的学历水平偏低,师质队伍结构性短缺。目前,

① 浙江省教育厅规划课题组.浙江省"十一五"教育发展规划研究报告.2005.

浙江的教师整体学历水平还不是很高,尤其是高等学校教师队伍的学历水平与全国先进省份差距较大。同时,高等学校教师队伍的结构性短缺问题也较突出,表现在:①学科分布不均衡,英语、计算机等公共学科和一些新兴学科、应用学科的交叉复合型教师仍呈短缺状态。②学历结构不合理,由于高等职业学校的批准设置,使得全省高校专任教师中具有研究生学历者所占比例有所下降,高职院校教师中具有研究生学历者仍然较少。③有些高校中青年学术骨干仍严重脱档,尚未形成合理梯队。

(三)人才资源开发方面,投入的力度仍需进一步加大

(1)人才工作体制机制不够健全。党管人才的实现形式和有效途径需进一步探索,宏观调控的有效方法和手段还要不断创新;选人用人机制不够健全,以社会需求为导向的人才培养机制尚未完全形成;统一开放,竞争有序的人才市场体系还需进一步健全,服务功能和服务水平有待提高;分配激励机制不够合理,收入分配的平均主义与差距悬殊同时并存,影响社会的稳定和人才效益的发挥;覆盖全社会的人才社会保障体系尚未建立,人才流动的后顾之忧还比较多。

(2)人才资源开发投入的力度还要进一步加大。对人才资源的开发投入还未引起足够重视,重使用轻培养,培养与使用脱节的现象大量存在;政府对人才资源开发的投入比例不高,用人单位的人才开发投入不足,培训经费严重短缺;政府、社会、单位、个人多元化投入机制亟待建立,人才投入的效益有待提高。

四、强化人力资本投资的对策建议

(一)加强教育工作,提升浙江人力资源素质

(1)继续加强教师队伍建设。教师是教育的第一资源,没有高

素质的教师,就没有高质量的教育。从促进教育科学和谐发展出发,加强教师队伍建设,要把工作的重点放在农村中小学教师队伍建设上。继续实施领雁工程,改善提高中小学教师待遇,解决农村中小学教师紧缺问题。要完善教师准入和培训制度,加强教师队伍建设,归根结底要走规范化、制度化的道路。在借鉴学习先进国家和地区经验的基础上,进行建立科学的教师准入制度和培训机制的探索,规范教师准入门槛,拓宽优秀大学生进入教师队伍的渠道,建立教师定期培训制度,保证和促进教师队伍质量的不断提高。

(2)不断推进区域教育的均衡协调发展。教育发展不平衡问题,在城乡之间、地区之间、学校之间、人群之间仍比较突出。这也是择校风屡禁不止的重要症结。为此,必须坚定不移地实施教育资源配置向农村、欠发达地区、薄弱学校和困难群体倾斜的政策,要改善农村学校办学条件。要促进教师合理流动,继续跨地区做好教师支教工作,完善教师结对、挂职锻炼、短期交流等制度,多形式组织和鼓励更多的优秀教师到农村和欠发达地区开展支教活动。

(3)大力强化素质教育。素质教育是关系孩子、家庭、国家前途命运的大事,必须深化对素质教育的认识,进一步增强推进素质教育的责任感、使命感乃至危机感。要下决心推进减负,努力把中小学生过重的课业负担降下来,把教师过重的工作负担降下来。要改进教学,自觉按教育规律和学生成长规律开展教学和办学活动。要加强德育教育,要把促进学生身心健康作为加强素质教育的重要切入点。

(4)努力提升发展职业教育。面对经济形势的深刻变化,无论是保经济增长,还是促转型升级,都对发展职业教育提出了新的要求。这种要求更多地表现为质量。经过多年的发展,浙江职业教育已有一定规模,考虑到今后浙江中小学生数量整体会呈下降趋势,产业结构整体又呈上升趋势,职业教育应不失时机地把工作重点转到提升水平上来。要优化中等职业教育专业布局和结构,统筹规划职业学校专业设置和招生录取工作,引导职业学校加强特色培育,防止并制止学校专业设置的低水平重复。要加快“双师型”教师培养,在加强对现有教师培训的同时,支持学校特聘一些专业技术人员担任兼职教师。要建立完善制度环境,推动“工学结合、校企合作”,不断拓展学校、企业、行业合作共赢的局面。

(5)进一步加强高等教育。强化高等教育为经济和社会发展服务的意识,特别是为浙江转型升级服务的意识。要提升服务高度,通过目标创新成为经济转型升级的助推器;要挖掘服务深度,通过组织创新构筑服务经济转型升级的大平台;要拓展服务广度,通过途径创新扩展服务经济转型升级的领域;要加大服务力度,通过政策创新建立服务经济转型升级的保障体制。同时,还要重视解决高校学科专业与经济社会贴得不紧的问题,探索建立全省人才需求和学科专业设置分析系统,支持高校从经济社会发展实际和毕业生就业状况出发,加快调整优化学科专业结构。要努力把扩大招生与提高高等教育质量有机结合好,积极争取扩大研究生招生和高职院校招生。要改进教学评价和质量监测办法,修订完善教师教学业绩考核制度,进一步建立健全促进教学的激励机制。

(二)加强创新型人才队伍建设,提升浙江自主创新能力

(1)加强高层次、创新型人才选拔培养工作。按照深入推进省“新世纪151人才工程”、“百千万科技创新人才工程”的总体部署和要求,要进一步加大工作力度,强化培养措施,健全多层次、多渠道、多形式的高层次、创新型人才培养体系。做好国务院特殊津贴

专家、省第二批特级专家选拔工作，通过重点选拔和培养，努力造就一支具有创新精神和竞争能力的高层次人才队伍。

(2)积极推进专业技术人员继续教育。要以能力建设为核心，以高层次人才为重点，开展大规模的继续教育活动，促进专业技术人员继续教育更好更快发展。根据“653 工程”的总体部署，结合浙江现代农业、现代制造、现代能源、信息技术、现代管理等五个领域的发展和人员知识更新需要，紧紧依靠行业主管部门优势和作用，大力开展新知识、新理论、新技术、新方法的培训。

(3)大力引进高层次紧缺急需人才。要把大力引进人才特别是高层次急需紧缺人才作为人才资源开发和加强人才队伍建设的重要环节，完善政策，创新举措，做出成效。在继续做好教育、卫生、科研等事业单位人才引进工作的同时，围绕优先发展的重点产业和重点工程，实施浙江省企业紧缺急需人才引进工程，以企业为主体，以项目为载体，省市县联动，通过网上人才需求信息的有效对接、委托人才中介机构“猎头”服务、行业协会推荐、赴省外举办较大规模的高层次人才招聘活动等多种形式，加快引进一批高层次科技创新人才、一批高技能技工人才、一批高素质经营管理人才，切实增强企业自主创新能力，为企业创新创业提供人才智力支撑。

(4)积极开发博士后和海外人才。进一步加强博士后科研流动站、工作站建设，健全博士后工作评估制度，强化管理服务，引导和促进企业博士后科研工作站与企业研发中心建设的有机结合，加大博士后招收力度，创造良好的科研、工作和生活环境，留住并用好博士后人才。完善引进海外高层次留学人才的政策措施，优化创业创新环境，加强留学人员创业园建设，大力实施“钱江人才计划”，拓展对外交流与合作，大力吸纳海外留学人才来浙江创业、为浙江服务。加大引进国外智力工作力度，以多种方式引进国外创新型人才智力。

(5)统筹推进各类人才队伍建设。在坚持党管人才原则下，要更好地发挥人事部门综合管理人才的职能作用，突出重点，统筹兼顾，加强企业经营管理人才、高技能人才、农村实用人才队伍和社会工作人才队伍建设。要重视抓好企业经营管理人才培训，提高经营管理水平，增强企业自主创新能力。要积极组织农技专家走村访户开展科技咨询服务活动，大力培养开发乡土人才和农村实用人才。要加强政策研究，探索建立社会工作人才培养、评价使用和激励保障体系。

(三)完善人力资源开发机制，优化人才发展环境

良好的创业创新环境，对内可产生鼓舞力和驱动力，对外可产生影响力和竞争力。只有不断优化环境，创新人才工作机制，才能更好地激发各类人才的创新活力和创业热情。

(1)建立健全科学化的人才评价机制。以能力和业绩为导向，加快推进人才评价的科学化。要针对不同行业特点，不同职位和职业的要求，制定分类分层的评价指标体系。要针对不同类型人才的特点，改革人才评价方式，积极探索技能竞赛、岗位试用等多种评价方法，避免用一种方法评价所有类型的人才，做到评价主体多元化，评价方法多样化。要将浙江现有的考核办法与学习借鉴国内外先进评价方法有机结合起来，将传统的评价技巧与新技术手段结合起来，将定性技术与定量技术结合起来，不断创新人才评价手段。要树立和强化“人才出自竞争”的观念，建立和健全良性循环的人才竞争机制，让每个人都有机会脱颖而出，显示才干。

(2)建立健全系统化的人才激励保障机制。从满足人才自身实际需要出发，综合运用各种手段，实行有效的激励。一要完善收入分配激励机制。积极推行按劳分配和按生产要素分配相结合的

办法。采用年薪制和股权、期权等多种分配方式，鼓励知识、技术、管理和资本等生产要素参与收益分配，建立符合市场经济法则的人才分配激励机制，做到智力资源资本化，真正体现出知识价值，实现一流人才以一流业绩赢得一流报酬。二要完善奖励制度。各个行业各个层次都应该结合实际，建立省、市级人才奖励制度，对业绩突出的人才给予相应的物质和精神奖励。三要健全和完善以养老保险、医疗保险、失业保险为主要内容的社会保障制度，使人才在多变的市场环境中得到基本的保障。

(3)建立健全人性化的人才服务机制。要在充分了解人才的心理需求、价值观的变化及自我实现需要的基础上，为人才提供有效服务。一要延长人才服务链。要及时掌握人才需求信息，提供人才人事政策咨询，帮助人才量身定做服务项目，有的放矢地开发个性化、特色化的人才服务。要建立与人才的联系制度，做到定期走访，了解需求，倾听意见，变被动为主动，及时排忧解难，为人才提供全程跟踪服务。二要拓宽人才服务渠道。可通过建立人才服务热线，建立领导干部联系专家学者制度和开展春节慰问、向优秀人才寄送生日贺卡等活动，体现人文关怀。通过热线电话、电子邮件、座谈走访、定期接待、召开联谊会、举办沙龙等方式，密切人事部门与人才的联系，使人事部门成为人才之家，增强对人才的吸引力和凝聚力。三要创新人才服务方法。要以建立电子政务为契机，进一步科学配置职能，整合组织机构，改革审批制度，推进政务公开，优化业务流程，构建信息共享机制，实现人才服务的人性化、网络化和现代化。

主要参考文献

1. 厉以宁:《转型发展理论》,同心出版社,1996年。

2. 吴敬琏:《改革,我们正在过大关》,北京三联书店,2001年。

3. 吴敬琏:《转轨中国》,四川人民出版社,2002年。

4. 吴敬琏:《当代中国经济改革》,上海远东出版社,2004年。

5. 吴敬琏:《中国增长模式抉择》,上海远东出版社,2006年。

6. 纪宝成:《转型经济条件下的市场秩序研究》,中国人民大学出版社,2003年。

7. 秦晓:《经济转型和政府经济职能的转变》,《中国经济时报》,2006年1月16日。

8. 周振华:《增长转型》,上海人民出版社,1997年。

9. 林毅夫:《自生能力、经济发展与转型:理论与实证》,北京大学出版社,2004年。

10. 刘世锦等:《增长模式转型与新型工业化道路的选择》,人民大学出版社,2006年。

11. 朱家良:《深化新阶段浙江经济发展战略研究》,《浙江经济》,2004年第14期。

12. 金祥荣:《两难困境:增长方式转变与国际化》,《浙江社会科学》,2005年第4期。

13. 朱卫江:《关于浙江经济转型升级的几点思考》,《政策瞭望》,2008年第2期。

14. 吕炜:《经济转轨理论大纲》,商务印书馆,2006年。

15. 康立、封永平:《斯蒂格利茨经济转型理论评介》,《经济问题》,2005 年第 12 期。

16. 施振荣:《再造宏基: 开创、成长与挑战》,中信出版社,2005 年。

17. 赵景华:《山东民营企业的发展模式与战略选择》,《东岳论丛》,2002 年第 3 期。

18. 陈春知:《民营企业发展的几种主要模式》,《中国乡镇企业》,2003 年第 9 期。

19. 周永亮:《中国民营企业六大成长模式》,《企业管理》,2003 年第 9 期。

20. 吴立平:《我国民营企业成长模式刍议》,《求是学刊》,2008 年第 6 期。

21. 阮兢青、陈文标:《基于企业家资本的民营企业成长模式研究》,《新经济杂志》,2008 年第 9 期。

22. 张苗荧:《温州民营企业的战略转型》,《浙江经济》,2008 年第 11 期。

23. 曹建海、黄群慧:《制度转型、管理提升与民营企业成长——以浙江华峰集团为例》,《中国工业经济》,2004 年第 1 期。

24. 李博、邢敏:《转型时期中国企业家成长模式的实证研究》,《山西财经大学学报》,2006 年第 3 期。

25. 张苗荧:《温州模式的华丽转身:困境中的转型升级》,《浙江经济》,2009 年第 12 期。

26. 徐剑锋、罗春华:《走出去,看浙江企业转“危”为“机”》,《浙江经济》,2009 年第 10 期。

27. 李金华等:《中国产业:结构、增长及效益》,清华大学出版社,2007 年。

28. 周叔莲、郭克莎:《中国工业增长与结构变动研究》,经济管理出版社,2000 年。

29. 李善同、高传胜等:《中国生产者服务业发展与制造业升级》,上海三联书店,2008 年。

30. 黄少军:《服务业与经济增长》,经济科学出版社,2000 年。

31. 江小涓:《中国经济的开放与增长 1980—2005 年》,人民出版社,2007 年。

32. 徐剑锋:《台湾产业结构 50 年变动分析》,《台湾研究》,2001 年第 3 期。

33. 林涛、谭文柱:《区域产业升级理论评价和升级目标层次论建构》,《地域研究与开发》,2007 年第 5 期。

34. 何德旭、姚战琪:《中国产业结构调整的效应、优化升级目标和政策措施》,《中国工业经济》,2008 年第 5 期。

35. 王亚平:《新阶段产业结构优化升级的方向与政策》,《宏观经济管理》,2008 年第 7 期。

36. 刘亭:《应对危机和力推新型城市化》,《中国城市化》,2009 年第 5 期。

37. 蔡宁、吴结兵:《产业集群与区域经济发展——基于“资源—结构”观的分析》,科学出版社,2007 年。

38. 陈文华:《产业集群治理研究》,经济管理出版社,2007 年。

39. 程学童、王祖强、李涛:《集群式民营企业成长模式分析》,中国经济出版社,2004 年。

40. 仇保兴:《发展小企业集群要避免的陷阱——过度竞争所致的“柠檬市场”》,《北京大学学报(哲学社会科学版)》,1999 年第 1 期。

41. 仇保兴:《小企业集群研究》,复旦大学出版社,1999 年。

42. 杜江波、薛秀清:《产业集群和行业协会的组织化私序》,《特区经济》,2006 年第 5 期。

43. 顾强:《意大利促进产业集群发展的主要政策和措施——意大利产业集群考察报告之二》,《中小企业简报》,2004 年第 56 期。

44. 胡敏:《企业集群的竞争力提升与技术创新、知识产权保护——基于对温州打火机企业集群发展的研究》,《软科学》,2007 年第 1 期。

45. 黄勇:《关于围绕产业集群构建区域服务体系的思考》,《浙江经济》,2006 年第 16 期。

46. 黄勇:《浙江"块状经济"现象分析》,《中国工业经济》,1999 年第 5 期。

47. 李海东:《区域品牌"搭便车"行为的博弈分析与治理路径》,《江西科技师范学院学报》,2008 年第 2 期。

48. 刘静:《温岭行业工资集体协商制度》,《观察与思考》,2008 年 4 月。

49. 马立人、黄裕侃:《行业商会推动温州合成革企业清洁生产》,《中国环境报》,2005 年 10 月 24 日。

50. 史晋川等:《制度变迁与经济发展:温州模式研究》,浙江大学出版社,2002 年。

51. 宋冬林:《治理效率:一个深化公司治理的新视角》,《当代经济研究》,2002 年第 12 期。

52. 王柏民、牟德刚:《半官方性质行业组织个案研究——温州市鹿城鞋业协会调查与分析》,《温州师范学院学报(哲学社会科学版)》,2002 年第 1 期。

53. 王名:《大力推进行业协会的改革与发展》,《社团管理研究》创刊号,2007 年 10 月。

54. 王伟强、朱林可:《行业协会制度研究——以温州烟具协会为例》,《中共浙江省委党校学报》,2004 年第 4 期。

55. 魏江:《产业集群——创新系统与技术学习》,科学出版社,2003 年。

56. 杨慧:《产业集群治理分析框架初探》,《科学学与科学技术管理》,2006 年第 5 期。

57. 杨树旺:《产业集群治理:结构、机制与模式——兼论我国产业集群治理存在的主要问题及对策建议》,《宏观经济研究》,2008 年第 1 期。

58. 叶水寒、吴沅沅、李吾增、林楠、丁晓浣:《浙江中介服务业发展现状及对策研究》,2005 年 12 月。

59. 余晖等:《行业协会及其在中国的发展:理论与案例》,经济管理出版社,2002 年。

60. 郁建兴:《行业协会:寻求与企业、政府之间的良性互动》,《经济社会体制比较》,2006 年第 2 期。

61. 郑健壮:《基于资源整合理论的制造业集群竞争力研究》,武汉理工大学出版社,2005 年。

62. 郑枕戈:《从平阳水头制革业发展看经济与环保博弈历程》,中共浙江省委党校研究生毕业论文,2006 年 10 月。

63. 朱华晟:《浙江产业群—产业网络,成长轨迹与发展动力》,浙江大学出版社,2003 年。

64. 朱华友:《产业集群治理:一个基于浙江省企业社会责任实证的视角》,《经济地理》,2006 年第 6 期。

65. 陈殷、李金勇:《生产性服务业区位模式及影响机制研究》,《上海经济研究》,2004 年第 7 期。

66. 程大中:《中国生产者服务业的增长、结构变化及其影响——基于投入—产出法的分析》,《财贸经济》,2006 年第 10 期。

67. 高春亮:《文献综述:生产者服务业概念、特征与区位》,《上海经济研究》,2005 年第 11 期。

68. 顾乃华、毕斗斗、任旺兵:《生产性服务业与制造业互动发展:文献综述》,《经济学家》,2006 年第 6 期。

69. 顾乃华、毕斗斗、任旺兵:《中国转型期生产性服务业发展与制造业竞争力关系研究——基于面板数据的实证分析》,《中国工业经济》,2006 年第 9 期。

70. 江静、刘志彪、于明超:《生产者服务业发展与制造业效率提升:基于地区和行业面板数据的经验分析》,《世界经济》,2007 年第 8 期。

71. 李清娟:《我国的生产性服务业发展:以上海市为例》,《经济管理》,2006 年第 23 期。

72. 刘绍坚:《生产性服务业发展趋势及北京的发展路径选择》,《财贸经济》,2007 年第 4 期。

73. 吕政、刘勇、王钦:《中国生产性服务业发展的战略选择——基于产业互动的研究视角》,《中国工业经济》,2006 年第 8 期。

74. 申玉铭、邱灵、王茂军、任旺兵、尚于力:《中国生产性服务业产业关联效应分析》,《地理学报》,2007 年第 8 期。

75. 唐强荣、徐学军:《新型工业化生产性服务业与制造业》,《工业技术经济》,2007 年第 11 期。

76. 陶纪明:《生产者服务业的功能及其增长》,《上海经济研究》,2006 年第 9 期。

77. 王小平:《区域生产性服务业协作机制探讨》,《商业时代》,2007 年第 25 期。

78. 原小能:《论转型经济中生产性服务业的发展》,《南京社会科学》,2005 年第 9 期。

79. 原毅军、耿殿贺、张乙明:《技术关联下生产性服务业与制造业的研发博弈》,《中国工业经济》,2007 年第 11 期。

80. 甄峰、顾朝林、朱传耿:《西方生产性服务业研究述评》,《南京大学学报(哲学·人文科学·社会科学版)》,2001 年第 3 期。

81. 郑吉昌、夏晴:《论生产性服务业的发展与分工的深化》,《科技进步与对策》,2005 年第 2 期。

82. 黄勇、杨周顺:《浙江城市化进程的回顾与展望》,《宁波市委党校学报》,2000 年第 1 期。

83. 钱陈、史晋川:《浙江城市化研究的回顾与展望》,《浙江社会科学》,2006 年第 5 期。

84. 孟海宁、陈前虎、徐鑫:《浙江城市化的转型之路——从囚犯困境到合作博弈》,《城市规划》,2007 年第 3 期。

85. 胡刚、姚士谋:《构建环杭州湾巨型组合城市研究》,《经济地理》,2002 年第 3 期。

86. 乜标:《城市群视角下"服务业与制造业"互动发展机制研究——以浙中城市群为例》,《商业经济与管理》,2008 年第 1 期。

87. 庞晶、叶裕民:《城市群形成与发展机制研究》,《生态经济》,2008 年第 2 期。

88. 陈存友、汤建中:《大都市区城市经济整合发展研究——以长江三角洲为例》,《中国软科学》,2003 年第 6 期。

89. 张京祥、邹军、吴启焰、陈小卉:《论都市圈地域空间的组织》,《城市规划》,2001 年第 5 期。

90. 王兴平:《都市区化:中国城市化的新阶段》,《城市规划汇刊》,2002 年第 4 期。

91. 唐路、薛德升、许学强:《1990 年代以来国内大都市带研究回顾与展望》,《城市规划汇刊》,2003 年第 5 期。

92. 刘君德、舒庆:《中国区域经济的新视角——行政区经济》,《改革与战略》,1996 年第 5 期。

93. 周伟林、郝前进、周吉节:《行政区划调整的政治经济学分析——以长江三角洲为例》,《世界经济文汇》,2007 年第 5 期。

94. 佘丽敏、许学强、袁媛:《佛山行政区划调整与整合发展研究》,《热带地理》,2005 年第 3 期。

95. 罗小龙、沈建法:《跨界的城市增长——以江阴经济开发区靖江园区为例》,《地理学报》,2006 年第 4 期。

96. 郭金喜:《都市型工业集聚效应的动态分析:以上海为例》,《上海经济研究》,2006 年第 3 期。

97. 李王鸣、陈晓平、陈晓秋:《浙江沿海都市连绵区分析》,《经济地理》,1996 年第 3 期。

98. 李王鸣、陈秋晓、戴企成:《杭州都市区经济集聚与扩散机制研究》,《经济地理》,1998 年第 1 期。

99. 王国平:《和谐创业——杭州发展模式研究》,研究出版社,2007 年。

100. 徐剑锋:《城市化——义乌模式及其启示》,《浙江社会科学》,2002 年第 6 期。

101. 张燕生、姚淑梅、刘旭:《开放型经济与我国外经贸发展战略》,《上海证券报》,2005 年 6 月 23 日。

102. 方民生:《内源与外生相融合的发展模式构架——对浙江发展模式转型的思考》,《浙江社会科学》,2005 年第 4 期。

103. 程惠芳、钟山、陈华珊:《浙江省实施"走出去"战略研究》,《浙江社会科学》,2001 年第 1 期。

104. 潘家玮:《跳出浙江发展浙江——浙江人在外投资创业的调查报告》,研究出版社,2005 年。

105. 郭占恒:《浙江提高开放型经济水平研究》,《浙江学刊》,2008 年第 5 期。

106. 江小娟:《吸引外资、对外投资和中国的全面小康目标》,

《国际贸易问题》,2004年第1期。

107. 程惠芳、钟山:《国际直接投资发展研究》,中国经济出版社,2001年。

108. 黄孟复:《中国民营企业“走出去”状况调查》,中国财政经济出版社,2009年。

109. 姚望:《大国崛起的步伐——中国“走出去”战略》,科学出版社,2008年。

110. 胡景北:《工资增长的发展经济学导论》,上海财经大学出版社,1997年。

111. 曾湘泉:《经济增长过程中的工资机制——对中国工资问题的宏观动态考察》,中国人民大学出版社,1989年。

112. 杨淑华:《中国经济增长的路径选择:基于技术进步与就业关系的实证分析》,《经济学动态》,2007年第2期。

113. 胡景北:《对经济发展过程中工资上升运动的解释》,《经济研究》,1994年第3期。

114. 段宾、姜效先、臧振春:《1953~1957年中国资本、资本效率、工资水平和技术进步状况的历史分析》,《经济经纬》,1997年第4期。

115. 冯刚、刘阳:《关于低工资的社会学思考》,《浙江社会科学》,2005年第6期。

116. 岳希明:《我国现行劳动统计的问题》,《经济研究》,2005年第3期。

117. 姚先国、来君:《二元社会结构中的工资决定模型与人口流动——当前“民工荒”现象分析》,《财经研究》,2005年第8期。

118. 章铮、谭琴:《论劳动密集型制造业的就业效应——兼论“民工荒”》,《中国工业经济》,2005年第7期。

119. 陈建军、夏富军:《垂直分工、产业集聚与专业化优势——

兼论长三角地区的制造业优势格局》,《南通大学学报(社会科学版)》,2006 年第 9 期。

120. 张军、吴桂英、张吉鹏:《中国省际物资资本存量估算 1952—2000》,《经济研究》,2004 年第 10 期。

121. 蒋泰维:《2008 浙江科技发展报告》,浙江科学技术出版社,2009 年。

122. 陈劲:《走向自主:浙江产业与科技创新》,浙江大学出版社,2008 年。

123. 陈劲、王焕祥:《演化经济学》,清华大学出版社,2008 年。

124. 刘国新、唐报鹏、罗险峰等:《区域创新与创新能力的评价方法》,《科技管理研究》,2003 年第 8 期。

125. 朱家良:《努力推进创新驱动型经济发展方式的形成》,《今日科技》,2007 年第 8 期。

126. 陈广胜、许小忠、徐燕椿:《区域创新体系的内涵特征与主要类型:文献综述》,《浙江社会科学》,2006 年第 5 期。

127. 黄鲁成:《宏观区域创新体系的理论模式研究》,《中国软科学》,2002 年第 1 期。

128. 李冬琴:《浙江 R&D 投入对经济增长贡献的实证研究》,《企业经济》,2009 年第 3 期。

129. 吴晓波、姜源林、高忠仕:《浙江省创新型经济运行评价及发展对策研究——基于六省市的对比分析》,《技术经济》,2008 年第 10 期。

130. 冯光明:《人力资本投资与经济增长方式转变》,《中国人口科学》,1999 年第 1 期。

131. 倪志远:《知识经济视野下的人力资本开发与经济增长方式转变问题》,《河北大学学报(哲学社会科学版)》,1999 年第 3 期。

132. 刘文:《人力资本理论的演进及对人力资源开发的作用》,《西北人口》,2008 年第 4 期。

133. 段钢:《人力资本理论研究综述》,《中国人才》,2003 年第 5 期。

134. 潘清:《人力资本理论综述——探究人力资本的成因》,《浙江工商大学学报》,2008 年第 5 期。

135. 徐晓玲:《浙江区域经济发展与高职教育关系探讨》,《今日科技》,2008 年第 5 期。

136. 孙敬水、许利利:《人力资本与经济增长关系实证分析——以浙江省为例》,《数理统计与管理》,2008 年第 5 期。

137. 李海宗、肖文芳:《浙江高等职业教育与区域经济共同发展的协调机制研究》,《职业技术教育》,2008 年第 19 期。

138.(比利时)热若尔·罗兰:《转型与经济学》,北京大学出版社,2002 年。

139.(英)阿瑟·刘易斯:《经济增长理论》,商务印书馆,1983 年。

140.(美)H. 钱纳里:《结构变化与发展政策》,经济科学出版社,1991 年。

141.(美)H. 钱纳里,M. 赛尔奎因:《发展的型式:1950—1970》,经济科学出版社,1988 年。

142.(英)亚当·斯密:《国富论》,上海三联书店,2009 年。

143.(英)马歇尔:《经济学原理》,华夏出版社,2005 年。

144.(美)科斯:《企业、市场与法律》,格致出版社,2009 年。

145.(美)奥利弗·威廉姆森:《反托拉斯经济学》,经济科学出版社,1999 年。

146.(英)彭罗斯:《企业成长理论》,上海人民出版社,2007 年。

147. (美)西蒙·库兹涅茨:《各国的经济增长》,商务印书馆,1999年。

148. (美)奥利弗·威廉姆森:《治理机制》,中国社会科学出版社,2001年。

149. (美)迈克尔·波特:《竞争论》,中信出版社,2003年。

150. (美)伊兰伯格,史密斯:《现代劳动经济学》,中国人民大学出版社,2000年。

151. (美)H. 钱纳里,S. 鲁宾逊,M. 赛尔奎因:《工业化和经济增长的比较研究》,上海三联书店、上海人民出版社,1995年。

152. (挪威)埃里克·赖纳特著,贾根良译:《穷国的国富论》,高等教育出版社,2006年。

153. (澳)约翰·福斯特,斯坦利·梅特卡夫:《演化经济学前沿(竞争自组织与创新政策)》,高等教育出版社,2005年。

154. (美)理查德·纳尔森:《经济增长的源泉》,中国经济出版社,1999年。

155. (日)滕田昌久等:《集聚经济学》,西南财经大学出版社,2004年。

156. David J. Teece. Essays in Technology Management and Policy [C]. Pengiun Group,2003.

157. Gary Gereffi, John Humphrey and Timothy Sturgeon. , The Governance of Global Value Chains, Review of International Political Economy, 2005(1), Vol. 12.

158. Kees Van Kersbergen, Frans Van Waarden, Governance' as a Bridge Between Disciplines: Cross-disciplinary Inspiration Regarding Shifts in Governance and Problems of Governability, Accountability and Legitimacy ,European Journal of Political Research, Volume 43: Issue 2, March 2004.

159. Langen P. de, Governance in Seaport Clusters , Maritime Economics & Logistics, June 2004, Vol. 6, No. 2.

160. Lisa De Propris, Systemic Flexibility, Production Fragmentation and Cluster Governance, European Planning Studies, Vol. 9, No. 6, 2001.

161. Victor Gilsing, Cluster Governance: How Clusters Can Adapt And Renew Over Time, Paper prepared for the DRUID PhD-conference, Copenhagen, January 2000.

162. Beyers, W. B. and Lindahl D. P. (1997) "Strategic Behavior And Development Sequences in Producer Service Businesses." Environment and Planning A, 29.

163. Beyers, Producer Services, Progress in Human Geography, 1993, Vol. 17.

164. Browning, H. C. & Singelmann, J. (1975) "The Emergence of a Service Society, Springfield.

165. Browning, H. and J. Singelman, The Emergency of A Service Society: Demographic and Sociological Aspects of The Sectoral Transformation in The Labor Force of The USA National Technical Information Services, Springfield Virginia, 1975.

166. Dunning, J. H. (1981), "Explaining The International Direct Investment Position of Countries: Towards A Dynamic or Development Approach", Weltwirtschaftliches Archiv, Vol. 117, No. 1.

167. Asheim, B. T, Isaksen, A. , Regional innovation Systems: The Integration of Local "Sticky" And Global "Ubiquitous" Knowledge. Journal of Technology Transfer ,2002(1).

168. Cook, Braczyk, Heidenreich, Regional Innovation Systems: The Role of Governance in The Globalized World. London: UCL Press,

1996.

169. Cook & Schienstock, G. Structural Competitiveness and Learning Regions. Enterprise and Innovation Management Studies, 2000 (3).

170. Doloreux: What We Should Know about Regional systems of Innovation. Technology in Society, 2002 (3).

后 记

发展方式转变与经济转型是我国现代化建设中的重大现实问题。党的十七大明确提出以转变经济发展方式为核心内容的经济发展战略后，浙江把加快经济转型作为全面落实科学发展观、促进浙江经济又好又快发展的重要战略加以落实。

本书是在浙江省哲学社会科学规划重大招标项目《转变发展方式 促进浙江经济转型研究》的研究报告基础上整理而成的。课题组通过研究，深化了发展方式转变对于浙江经济转型重要性的认识，在客观评价和系统分析浙江经济发展现状及存在问题的基础上，对浙江发展方式转变和经济转型的核心和关键有了较为准确的把握，进而有针对性地提出了一些对策建议，期望能为浙江省委、省政府及有关部门制定经济发展战略，以及"十二五"规划时提供参考。同时，也期望能为今后浙江省情研究提供一些基础性资料。这里需要特别指出的是，由于受时间和水平的限制，结果与预期相比相差甚远，其中有一些观点和结论还很不成熟，恳请广大读者和专家批评指正。

本书是课题组全体成员集体研究的成果，盛世豪负责总体设计并拟定提纲，徐竹青、徐明华、王祖强负责统稿、修改并定稿，各章的具体写作分工为：导论（盛世豪）、第一章（徐明华）、第二章（徐竹青）、第三章（郑燕伟）、第四章（陈锦其）、第五章（白小虎）、第六章（袁涌波）、第七章（王祖强）、第八章（包海波）、第九章（王立军）。

本书的撰写得到了浙江省哲学社会科学规划项目（08ZDZB05ZD）和浙江省哲学社会科学重点研究基地（科学发展观与浙江发展研究中心）的资助，在此表示感谢。同时，对中国经济出版社为本书出版所作的贡献表示诚挚的谢意。

作　者

2010 年 5 月 30 日于杭州